KB161551

임동석중국사상100

당시삼백수

唐詩三百首

孫洙 編 / 林東錫 譯註

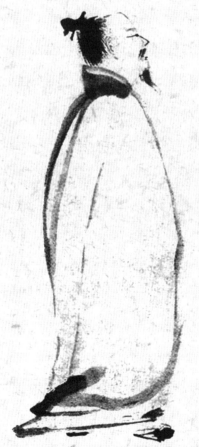

〈李白行吟圖〉宋, 梁楷 그림 도쿄박물관소장

　"상아, 물소 뿔, 진주, 옥, 진괴한 이런 물건들은 사람의 이목은 즐겁게 하지만 쓰임에는 적절하지 않다. 그런가 하면 금석이나 초목, 실, 삼베, 오곡, 육재는 쓰임에는 적절하나 이를 사용하면 닳아지고 취하면 고갈된다. 그렇다면 사람의 이목을 즐겁게 하면서 이를 사용하기에도 적절하며, 써도 닳지 아니하고 취하여도 고갈되지 않고, 똑똑한 자나 불초한 자라도 그를 통해 얻는 바가 각기 그 자신의 재능에 따라주고, 어진 사람이나 지혜로운 사람이나 그를 통해 보는 바가 각기 그 자신의 분수에 따라주되 무엇이든지 구하여 얻지 못할 것이 없는 것은 오직 책뿐이로다!"

《소동파전집》(34) 〈이씨산방장서기〉에서 구당(丘堂) 여원구(呂元九) 선생의 글씨

책머리에

옛날 어린 시절 《오언당음五言唐音》과 《칠언당음七言唐音》, 《백련초해百聯抄解》를 읽으며, 중국 시인들은 참으로 아름다운 말을 많이 한다고 여겼었다. 그것이 시라는 독특한 형식의 그릇에 말을 담았기 때문이라는 것도 모르고 그저 짧은 말로 신기하게 표현하였다고 보았던 것이다. 그리고 다시 조선시대 고판본 《당시선唐詩選》을 읽으며, 가 볼 수도 없는 중국 대륙과 옛 화려했던 당나라 제국, 그리고 거짓말같이 과장된 중국의 자연 풍경 읊은 것을 읽을 때면, 내 생애에 그러한 곳을 가 볼 수 있을까 하는 기대도 가졌었다. 청년이 되어 우전雨田 선생님께 《두시杜詩》를 배울 때는 감탄과 가슴 저미는 내용, 나아가 맛깔스럽게 해석을 놓치지 않는 선생님의 우리말 표현에 흠뻑 빠져들었다. 특히 〈모옥위추풍소파가茅屋爲秋風所破歌〉며 〈객지客至〉는 내 머리에 그대로 그림이 그려지도록 설명해 주셨던 기억이 지금도 새롭다. 그리하여 비록 그 뒤에 시를 전공하는 학문의 길로 들어서지는 않았지만 두보杜甫 관련 원전이며, 당시 관련 전집들을 모아놓고 언젠가는 은일과 한적함을 주된 생활방식으로 삼을 때, 아무런 부담 없이 펼쳐보리라 생각했다. 그리하여 지금도 때때로 망중한을 즐길 때면 다른 책이 손에 잡히지 않으며, 나도 모르게 이런 책들을 들고 고침앙와高枕仰臥 자세로 온갖 상상의 중국 여행을 즐기곤 한다.

그리하여 내친김에 우선 《당재자전唐才子傳》에 손을 대어 보았고, 《천가시千家詩》를 역주해 보았으며, 이제 드디어 《당시삼백수唐詩三百首》를 들여다 보게 되었다. 이 《당시삼백수》는 중국 역사로 보면 비교적 늦은 청나라 말에

형당퇴사衡塘退士 손수(孫洙: 1711~1778)가 편집한 아동용 당시唐詩 학습 교재였다. 당시 "당시 300수만 숙독하면 시를 모르더라도 저절로 읊게 된다"라는 속담에 따라 책이름을 《당시삼백수》라 한 것이며, 각 시체詩體별로 300여 수를 골라 읽고 감상하며 배우고 지을 수 있도록 서당 교재로 꾸민 것이다. 내용이 평이하고 통속적이어서, 다른 전문 학자의 당시에 대한 전문 서적을 제치고 즉시 민간에 널리 퍼져 나가게 된 것이다. 따라서 시기적으로 우리나라 조선시대에는 이러한 책이 없어, 당연히 《당시선》이나 나아가 전문 학자라면 《당시품휘唐詩品彙》 등 다른 책으로 읽어 왔다. 아마 일찍 출현하였다면 우리에게도 필독서가 되었을 것이다.

중국의 많은 문학 장르 중에 당시는 최고의 발명품이다. 양과 질로 보아 창작 문학으로는 정수이며 압권이다. 나아가 지금까지 중국문학 연구서로서 당시만큼 많은 양을 차지하는 부분도 없을 것이다. 그럼에도 초학용 당시 관련 교재가 없는 지금, 이 책은 매우 유용한 가치를 발휘하게 될 것이다. 아울러 중국인이라면 거의 일생 교재로 읽고 있는 이 책을, 우리도 읽고 내용을 알고 있음으로 해서 세계 속의 동양 문화 공유에 큰 도움이 될 것임을 기대할 수 있다.

친구들과 몇몇 스님, 그리고 후배, 동료 교수들과 중국 테마 여행을 다닌 지 꽤 여러 차례 되었다. 그 덕분에 오지며 역사적 주요 지역을 방학 때마다 고행처럼 다닌 기억은 늘 나를 흥분하게 하였다. 넓은 대륙을 샅샅이 보고 이해한다는 것은 불가능하지만 그래도 몇 개 성을 제외하고는 거의 훑어 본 셈이다. 가는 곳마다 각기 보는 눈이 다르고 감회가 다르겠지만,

나는 '당시 여행'(唐詩之旅)의 기분을 느끼지 않은 곳이 없었다. 하서회랑河西回廊 四郡(武威, 張掖, 酒泉, 敦煌)을 거쳐 저 신강新疆 끝까지 가면서는 '西出陽關無故人'이며, '春風不度玉門關', 나아가 '葡萄美酒夜光杯'를 직접 보았고, 티베트 접경 지역에 이르러서는 '歸馬識殘旗'를 읊어보았으며, 삼협三峽 백마성白馬城에 이르러서는 이백李白의 '千里江陵一日還'이며, 구당협瞿塘峽에서는 두보의 '不盡長江滾滾來'를, 성도成都 무후사武侯祠에서는 두보처럼 '丞相祠堂何處尋'을 중얼거리며 찾아가기도 하였다. 두보 초당草堂에서는 "곳 떠러덧는 길흘 일즉 소니 젼추로 쓰디 아니ᄒ다니, 다봇 門을 오늘 비르서 그듸를 爲ᄒ야 여노라(花徑不曾緣客掃, 蓬門今始爲君開)"의 구절을, 옛 《두시언해》로 읊으며 찾았다가 너무 잘 정비되어진 넓은 공원임을 보고는 일면 실망하기도 하였다. 서안西安 화청지華淸池에서는 '在天願作比翼鳥, 在地願爲連理枝'의 양귀비 고사를 떠올리며 〈장한가長恨歌〉 긴 구절을 외어 보기도 하였다.

남경南京 금릉金陵에서는 남조시대 화려했던 오의항烏衣巷 제비를 보고 감상에 젖었고, 낙양洛陽이라면 온통 당시의 배경이 묻어 있는 곳, 그 화려했던 삼채도용三彩陶俑의 동도東都가 지금은 '白頭宮女在, 閑坐說玄宗'의 쓸쓸함이 보이기도 하였으며, 산서山西 행화촌杏花村에서는 '借問酒家何處有, 牧童遙指杏花村'의 풍경은 사라지고, 온통 향내 짙은 도시 구석의 분주汾酒 제조공장을 찾아가 졸졸 떨어지는 원액 90도의 뜨거운 주정 한 모금 얻어 마시고 어질어질 취하여 나오기도 했다. 북경北京은 당나라 때까지만 해도 그저 동북지역 방어지 변방이었나. 북경 밖 사마대司馬臺며 팔달령八達嶺, 거용관居庸關에 이르러서는 '念天地之悠悠, 獨愴然而涕下'를 두고 아련한 변새시邊塞詩를, 나아가 원정 남편을 기다리는 애틋한 '啼時驚妾夢, 不得到遼西'를, 그리고 지금은 중국 영내가 되었지만 만리장성이 지금도 당시 변방

국경선이라 생각하며 아득히 북쪽 황막한 막새漠塞의 가을 풍경을 바라보며 역사의 감회와 회고의 상상에 젖어보기도 하였다.

동쪽 태산泰山에서는 '造化鍾神秀'의 붉은 글씨로 바위에 크게 새긴 구절에 눈을 떼지 못하였고, 소주蘇州 한산사寒山寺에서는 직접 야반夜半이 아닌 대낮에 종을 두드려 보기도 하였다. 내몽고 후허호트呼和浩特 남쪽에서는 왕소군王昭君의 청총靑冢을 보았고, 山西 永濟의 鸛雀樓에서는 '欲窮千里目, 更上一層樓'를 그대로 똑같이 재현해 보기도 하였다. 남쪽 등왕각滕王閣이며 악양루岳陽樓, 항주 서호, 소흥 회계산, 당시 풍토병이 많아 유배지로 여겼던 복건이며 광동 여러 지역, 가는 곳마다 당시唐詩의 숨결이 스며있지 않은 곳이란 없었다. 그리고 그들이 읊은 시들이 하나같이 과장이 아니며 사실 그대로였고, 시인도 나처럼 두 눈으로 본 광경이었으며, 코로 숨 쉬고 입으로 감탄을 자아냈던 곳이기도 했다. 삶의 평온을 이루지 못한 자는 시를 토해낼 수밖에 없었고, 시대가 수용하지 못하던 천재들은 시로써 울분을 삭일 수밖에 없었던 곳이다. 감정이 폭발하면 울어야 했고, 분위기에 휩싸이면 술로 달래야 했던 곳들이다. 그렇게 유한한 삶을 살면서도 천고千古에 절창絕唱되는 이런 구절들을 남겼으니, 한참 뒷세상에 이를 찾아온 타관의 이방인이 어찌 그들 흉회胸懷를 모두 이해할 수 있겠는가? 그러나 시는 이해의 대상이 아니기에 그저 고맙게 따라 읽으며 행복감에 젖었으며, 그럼에도 시간은 공유할 수 없으나 공간은 공유할 수 있음에 또한 서러움과 역려逆旅로서의 일순간 지나가는 여정을 재촉할 뿐이었다.

나이가 들면서 딱딱한 이론서보다는 그저 불구심해不求甚解하며 눈 닿은 대로 읽을 수 있는 시가 더욱 늘 가까운 친구가 되어가고 있다. 그리하여 긴 여정을 마치고 돌아와서는 다시 《당시집》을 뒤적거리며 다녀온 곳에 관련된 시 구절을 찾으면서 상상에 젖는 것도 하나의 마음 비우는 일상이 되곤 한다.

이제 독자들도 혹 중국 여행을 갈 기회가 되면 이 《당시삼백수》 하나쯤은 가방에 넣은 채, 유서 깊은 곳을 갈 때마다 펼쳐보며 1500년 전 당나라 시인들 심정으로 되돌아간다면 의미 깊고 아름다운 여정이 될 것임을 안내한다.

사포莎浦 임동석林東錫이 취벽헌翠碧軒에서 적다.

일러두기

1. 이 책은 《당시삼백수唐詩三百首》 여러 책을 비교·참조하여 작가77명, 제목 294편, 320수 전체를 완역한 것이다.
2. 현대 백화어 역주본도 수집하여 참고하였으며 큰 도움을 받았다. 특히 《당시삼백수전해唐詩三百首全解》(趙昌平), 《신역당시삼백수新譯唐詩三百首》(邱燮友), 《당시삼백수전역唐詩三百首全譯》(謝靈娜, 何年) 등은 구체적인 주석과 번역에 많은 참고 내용을 제공해 주었음을 밝힌다.
3. 매 편의 시는 제목별로 일련번호를 부여하고 동일 제목의 연시聯詩는 하위분류하였다.
4. 번역문은 한 구절씩으로 하여 먼저 제시하고, 원시는 구도에 맞게 2구씩 묶어 실었다.
5. 가능한 한 직역을 위주로 하였으나, 일부 의미 전달을 원활히 하기 위하여 의역한 곳도 있다.
6. 인명, 지명, 어휘, 표현구절, 역사적 배경 등은 일일이 표제로 뽑아 주석을 가하였으며 혹, 제목이나 시인의 이름, 시대 등 차이와 오류 등에 대해서는 일일이 주석에 밝혔다.
7. 시인의 약력은 처음 출현하는 곳의 참고란 뒤에 신되《당재자전唐才子傳》, 《전당시全唐詩》, 《당시기사唐詩紀事》 등의 간단한 기록을 곁들여 이해에 도움이 되도록 하였다.
8. 참고 및 관련 자료란을 설정하여 관련 사항과 후대 시화詩話나 비평서 등에서의 기록 등을 원문으로 전재하여 이해에 도움이 되도록 하였다.
9. 두보 시의 경우 우리나라 조선시대 《두시언해杜詩諺解》를 실어 감상과 이해에 도움이 되도록 하였다.

10. 《천가시千家詩》에도 실려 있을 경우, 왕상王相의 주를 함께 실었다.
11. 삽화는 명대《삼재도회三才圖會》등 자료와 현대 작가까지 관련된 것을 실어 감상에 도움이 되도록 하였다.
12. 이 책의 역주에 참고한 주요 문헌은 다음과 같다.

❋ 참고문헌

1. 《唐詩三百首全解》趙昌平(解), 復旦大學出版社, 2007. 上海.
2. 《新譯唐詩三百首》邱燮友, 三民書局, 1976. 臺北.
3. 《唐詩三百首全譯》謝靈娜(譯詩), 何年(註釋), 貴州人民出版社, 1990. 貴陽.
4. 《唐詩三百首》臺灣力行書局, 1955. 臺北.
5. 《唐詩三百首》綜合出版社, 1976. 臺南.
6. 《唐詩三百首》中華書局, 1959. 北京.
7. 《唐詩三百首詳析》喩守眞, 中華書局, 1957. 北京.
8. 《新注唐詩三百首析》周大可(校注), 上海文化出版社, 1957. 上海.
9. 《唐詩三百首新譯》(英漢) 許淵冲(外), 商務印書館, 1992. 홍콩.
10. 《唐詩三百首四體書法藝術》(25冊) 周侗(主編), 黑龍江朝鮮民族出版社, 1989. 哈爾濱.
11. 《韓譯唐詩三百首》安秉烈(譯), 啓明大學出版部, 1991. 大邱.
12. 《全唐詩》淸 聖祖(御定) 900권, 明倫出版社(活字本), 1970. 臺北.
13. 《古唐詩合解》淸 土翼雲(箋註), 問政出版社, 宣統元年 石印本, 1970. 臺北.
14. 《唐詩大觀》蕭滌非(外), 商務印書館, 1986. 홍콩.
15. 《唐詩一千首》金聖嘆(批註), 天南逸叟(校訂), 五洲出版社, 1980. 臺北.

16. 《唐人萬首絶句選》清 王士禎, 藝文印書館(印本), 1981. 臺北.

17. 箋注《唐詩選》李樊龍(撰), 新文豐出版社(印本), 1978. 臺北.

18. 《唐詩選》李樊龍(撰), 早稻田大學出版部, 1910. 東京.

19. 《唐詩選》馬茂元, 人民文學出版社, 1960. 北京.

20. 增注《三體詩》漢文大系本, 新文豐出版社(印本), 1078. 臺北.

21. 《絶句三百首》葛杰(撰), 上海古籍出版社, 1980. 上海.

22. 《唐人絶句五百首》房開江, 潘中心(編), 貴州人民出版社, 1983. 貴陽.

23. 《唐詩二十講》張愛華, 新世界出版社, 2004. 北京.

24. 《四部叢刊》各 詩人 詩集〈書同文〉, 電子版, 北京.

25. 《歷代詩話》清 何文煥, 木鐸出版社(活字本), 1982. 臺北.

26. 《唐詩紀事》四部叢刊 初編, 上海書店 影印本, 1926(常務印書館印本). 上海.

27. 《唐詩紀事》宋 計有功, 木鐸出版社(活字本), 1982. 臺北.

28. 《唐詩別裁》清 沈德潛, 臺灣商務印書館, 1978. 臺北.

29. 《宋詩別裁》張景星, 臺灣商務印書館, 1978. 臺北.

30. 《元詩別裁》張景星, 臺灣商務印書館, 1978. 臺北.

31. 《明詩別裁》清 沈德潛, 臺灣商務印書館, 1978. 臺北.

32. 《清詩別裁》清 沈德潛, 臺灣商務印書館, 1978. 臺北.

33. 《唐詩品彙》明 高秉, 上海古籍出版社(印本), 1981. 上海.

34. 《詩人玉屑》魏慶之, 臺灣商務印書館, 1980. 臺北.

35. 《初唐四傑集》四部備要本, 臺灣中華書局(印本), 1970. 臺北.

36. 《李太白文集》(宋本) 學生書局(印本), 1967. 臺北.

37. 《分類杜工部詩諺解》(重刊本) 제22권 筆者所藏.

38. 《杜詩諺解》大提閣(印本), 1976. 서울.

39. 《杜詩諺解澤風堂批解》震友會, 1997. 서울.

40. 《杜詩鏡銓》清 楊倫, 漢京文化事業公司(印本), 1980. 臺北.

41. 《杜詩鏡銓》(活字本) 華正書局, 1981. 臺北.

42. 《杜詩詳註》仇兆鰲, 大正印書館(印本), 1974. 臺北.

43. 《杜詩雜說》曹慕樊, 四川人民出版社, 1984. 成都.

44. 《杜詩諺解鈔》李丙疇(編校), 集文堂, 1982. 서울.

45. 《孟浩然集箋注》游信利, 臺灣學生書局, 1979. 臺北.

46. 《白居易詩》傅東華, 臺灣商務印書館, 1981. 臺北.

47. 《柳宗元集》四部刊要本, 漢京文化事業公司(印本), 1981. 臺北.

48. 《唐摭言》五代 王定保, 四庫全書 子部(12), 小說家類.

49. 《文選》梁 蕭統, 李善(注), 上海古籍出版社(活字本), 1986. 上海.

50. 《玉臺新詠》徐陵, 文光圖書(印本), 1972. 臺北.

51. 《楚辭注六種》世界書局(印本), 1977. 臺北.

52. 《文鏡秘府論》王利器(校註), 中華書店, 1983. 北京.

53. 《樂府詩集》宋 郭茂倩, 中華書局(活字本), 1979. 北京.

54. 《唐才子傳》元 辛文房(撰), 林東錫 譯註本.

55. 《唐才子傳校箋》傅璇琮, 中華書局, 1987. 北京.

56. 《唐宋詩擧要》高步瀛, 宏業書局(活字本), 1977. 臺北.

57. 《唐宋文擧要》高步瀛, 藝文印書館(印本), 1972. 臺北.

58. 《十八家詩抄》清 曾國藩, 世界書局, 1974. 臺北.

59. 《十四家詩抄》清 朱自清, 上海古籍出版社, 1981. 上海.

60. 《古詩十九首集釋》普天出版社, 1970. 臺中.

61. 《文體明辨序說》徐師曾, 太平書店, 1977. 홍콩.

62. 《中國歷代詩選》丁嬰, 宏業書局, 1983. 臺北.

63. 《中國歷代詩歌選》源流出版社, 1982. 臺北.

64. 《古詩文名句錄》張冠湘(外), 湖南人民出版社, 1984. 長沙.

65. 《唐人軼事彙編》(4책) 周勛初, 上海古籍出版社, 1995. 上海.

66. 《中國歷代詩人選集》(屈原 외) 三聯書局, 1983. 홍콩.

67. 《中國詩歌選》池榮在, 乙酉文化社, 1986. 서울.

68. 《中國詩歌史》張敬文, 幼獅文化社, 1970. 臺北.

69. 《中國詩歌發展史》民文出版社, 1979. 臺北.

70. 《李白杜甫白居易》許愼知, 大夏出版社, 1981. 臺南.

71. 《滄浪詩話校釋》郭紹虞, 東昇出版社, 1980. 臺北.

72. 《唐詩研究》胡雲, 宏業書局, 1972, 臺北,

73. 《全唐詩典故辭典》范之麟(外), 湖北辭書出版社, 1989. 武漢.

74. 《中學古詩文辭典》張文學(外), 黑龍江教育出版社, 1988. 哈爾濱.

75. 《唐宋名詩索引》孫公望(編), 湖南人民出版社, 1985. 長沙.

76. 《唐詩論叢》陳貽焮, 湖南人民出版社, 1981. 長沙.

77. 《當代詩人叢考》傅璇琮, 中華書局, 1981. 北京.

78. 《宋詩話考》郭紹虞, 中華書局, 1985. 北京.

79. 《古詩佳話》梁昂, 新華書店, 1983. 上海.

80. 《五言唐音》世昌書館, 1956. 서울.

81. 《七言唐音》世昌書館, 1956. 서울.

82. 《唐詩正音輯註》(5책) 조선시대 간본, 필자소장.

83. 《唐詩鈔略》조선시대 필사본, 필자소장.

84. 《百聯抄解》조선시대 간본, 大邱大學 國語國文學會(印本), 1960. 大邱.

85. 《唐詩故事》陸家驥(著), 正中書局, 1986. 臺北.

86. 《唐詩百首淺釋》曄芝(注), 萬里書店, 1983. 홍콩.

87. 《古詩佳話》少年兒童出版社, 1983. 上海.

88. 《歷代詩詞名句析賞探源》(初編, 續編) 呂自揚, 河畔出版社, 1981. 臺北.

89. 《全國唐詩討論會論文選》霍松林, 陝西人民出版社, 1984. 西安.

90. 《中國詩說》鍾蓮英, 立峯彩色印刷社, 1971. 臺北.

91. 《唐代詩人列傳》馮作民, 星光出版社, 1980. 臺北.

92. 《唐詩之旅》愛書人雜誌社(編), 1981. 臺北.

93. 《唐詩植物圖鑑》潘富俊(著), 上海書店出版社, 2003. 上海.

94. 《古典詩歌名篇心解》陳祖美(著), 山東教育出版社, 1988. 濟南.

95. 《中國歷代詩歌名篇賞析》弘征, 湖南人民出版社, 1983. 長沙.

96. 《中國文學發展史》劉大杰, 華正書局, 1976. 臺北.

97. 《三才圖會》(印本3책) 明 王圻·王思義(編集), 上海古籍出版社, 2005. 上海.

98. 《唐詩》(6책) 朝鮮時代 간행본, 本人所藏.

99. 《古文眞寶》世昌書館, 1983. 서울.

100. 《中國名詩鑑賞》이석호, 이원규, 위주온, 2007. 서울.

101. 《中韓朝唐代友好詩歌選粹》李充陽, 中國書籍出版社, 2005. 北京.

102. 《唐詩學의 理解》陳伯海(著), 李鍾振(譯) 사람과 책, 2001. 서울.

103. 《中國詩와 詩人》이병한(외), 사람과 책, 2001. 서울.

104.《中國歷史紀年表》華世出版社, 1978. 臺北.
105.《中國地圖集》中國地圖出版社, 1980. 北京.
106.《古今文選》齊鐵恨(主編), 國語日報社, 1981. 臺北.
107.《詩韻集成》文化圖書公司, 1976. 臺北.

　　《十三經》《史記》《漢書》《後漢書》《三國志》《晉書》《宋書》《南齊書》《梁書》《陳書》《隋書》《北史》《南史》《舊唐書》《新唐書》《舊五代史》《韓詩外傳》《說苑》《新序》《老子》《莊子》《列子》《淮南子》《穆天子傳》《山海經》《水經注》《博物志》《西京雜記》《搜神記》《漢武內傳》《陶淵明集》《詩品》《古詩源》《千家詩》《世說新語》《文心雕龍》《藝文類聚》《太平御覽》《蒙求》《初學記》《唐傳奇小說集》《晚笑堂畫傳》등 기타 工具書 및 개별 시인 시집 등 일부 자료는 기재를 생략함.

해제

《당시삼백수》는 청말淸末 손수(孫洙: 1711~1778)가 당시唐詩를 초보적인 장르에 따라 분류·수집하여 편집한 책이다. 손수는 자가 임서(臨西, 혹 苓西)이며 호는 형당퇴사(蘅塘退士, 蘅堂退士)로 금궤(金匱: 지금의 江蘇 無錫) 사람이며 흔히 '형당퇴사'로 더 널리 알려져 있다. 건륭乾隆 16년(1751) 진사에 올라 상원현上元縣 교유敎諭를 지냈으며, 본《당시삼백수》외에 저서로는《형당만록蘅塘漫錄》·《형당존고蘅塘存稿》·《이문록異聞錄》등을 남겼다.

책 이름은 자신의 〈서문〉에 "당시 300수만 숙독하면 시를 모르더라도 저절로 읊게 된다(熟讀唐詩三百首, 不會吟詩也會吟)"라는 속담을 인용한 것으로 보아, 당시 민간 속담에 300수의 당시만 외우면 저절로 시를 읊고 지을 수 있다는 말이 있었던 것으로, 그리하여 그 속담 구절을 서명書名으로 택한 것일 테다. 이 책은 건륭 29년(1764) 손수 나이 54세 때쯤에 완성되었다.

그리고 뒤를 이어 도광(道光: 宣宗 1821~1850) 연간 상원上元 출신의 진완준陳婉俊이라는 여인이 처음 〈보주補註〉를 가하였으며, 이는 〈사등음사본四藤吟社本〉으로 지금 전해지고 있다. 이 책은 다시 1956년 7월 문학고적간행사文學古籍刊行社에서 청 광서光緖 11년(1855)본을 근거로 출판·간행되었으며, 1959년 9월에는 중화서국中華書局을 통해 신판新版으로 세상에 널리 알려지게 되었다. 이 책은 8권으로 분권되어 있다.

한편 이 책은 광서(德宗: 1875~1908) 연간 건덕建德 사람 장섭章燮에 의해 〈주소註疏〉가 이루어졌으며, 이것이 지금의 〈상주완위산장본常州宛委山莊本〉이다. 이 책은 1957년 2월 동해문예출판사東海文藝出版社에서 영언당永言堂 목각본을 근거로 출간되어 전해오고 있다. 이 장섭 〈주소본〉은 내용은 큰 차이가 없고 다만 일부 배열순서가 다르다. 그러나 수록 시는 원래 310수에서 장구령의 〈감우感遇〉 2수, 이백의 〈자야사시가子夜四時歌〉 3수, 이백의 〈장간행長干行〉 1수, 이백의 〈행로난行路難〉 2수, 두보의 〈영회고적詠懷古跡〉

3수 등 11수를 더하여 모두 321수로 하였다. 그러나 이는 원래의 연시聯詩에서 더 증보한 것일 뿐 새로운 시를 추가한 것은 아니다. 더구나 〈장간행〉이라 하여 〈억첩심규리憶妾深閨裏〉라는 시를 추가하였으나, 이는 이백의 시가 아니므로 이를 제거하면 결국 320수가 된다. 이 책은 6권으로 분권되어 있다.

두 〈보주본〉과 〈주소본〉은 각기 분권이 달라, 이 때문에 지금 중국과 대만의 주석본은 각기 근거한 판본에 따라 약간씩 차이가 난다. 그러나 지금은 320수로 역주된 현대 백화본이 많으며, 그 외 317수·310수·302수 등 여러 모습을 보이고 있으나 실제 310수를 원래 편수로 보고 있으며, 뒷사람들이 추가하거나 일부 동일한 제목의 시를 합하여 그 계산에 차이가 나는 것일 뿐이다. 본 역주본도 이에 따라 294제목의 320수를 싣고 주해하였음을 밝힌다. 본 책의 320수를 분류하면 다음과 같다.

1. 장르별 통계표

순서	분류	시수	제목 수	일련번호	비고
1	五言古詩	35	31	001-031	권1
2	五古樂府	10	7	032-038	〃
3	七言古詩	28	28	039-066	권2/권3
4	七古樂府	16	13	067-079	권4
5	五言律詩	80	80	080-159	권5
6	七言律詩	53	45	160-204	권6
7	七律樂府	1	1	205	〃
8	五言絶句	29	29	206-234	권7
9	五絶樂府	8	4	235-238	〃
10	七言絶句	51	49	239-287	권8
11	七絶樂府	9	7	288-294	〃
계	11장르	320	294	294	

2. 《당시삼백수唐詩三百首》 작자 및 수록 작품 수

(77명, 제목 294편, 320수)

No	인명	출처	작품수	No	인명	출처	작품수	No	인명	출처	작품수
1	張九齡	001	5(2)	27	王灣	087	1	53	秦韜玉	204	1
2	李白	002	34(26)	28	劉長卿	123	11	54	裴迪	211	1
3	杜甫	005	39(34)	29	錢起	128	3	55	王之渙	218	2
4	王維	009	29	30	韓翃	132	3	56	李端	223	1
5	孟浩然	014	15	31	劉眘虛	133	1	57	王建	224	1
6	王昌齡	017	8	32	戴叔倫	134	1	58	權德輿	225	1
7	邱爲	018	1	33	盧綸	135	6(3)	59	張祐	229	5(4)
8	綦毋潛	019	1	34	李益	136	3	60	賈島	231	1
9	常建	020	2	35	司空曙	137	3	61	李頻	232	1
10	岑參	021	7	36	劉禹錫	140	4	62	金昌緒	233	1
11	元結	022	2	37	張籍	141	1	63	西鄙人	234	1
12	韋應物	023	12	38	杜牧	143	10(9)	64	賀知章	239	1
13	柳宗元	030	5	39	許渾	144	2	65	張旭	240	1
14	孟郊	037	2	40	溫庭筠	151	4	66	王翰	245	1
15	陳子昻	039	1	41	馬戴	152	2	67	張繼	251	1
16	李頎	040	7	42	張喬	154	1	68	劉方平	253	2
17	韓愈	059	4	43	崔塗	155	2	69	柳中庸	255	1
18	白居易	064	6	44	杜荀鶴	157	1	70	顧況	256	1
19	李商隱	066	24(22)	45	韋莊	158	2	71	朱慶餘	264	2
20	高適	067	2	46	皎然	159	1	72	鄭畋	282	1
21	唐玄宗	080	1	47	崔顥	160	4(3)	73	韓偓	283	1
22	王勃	082	1	48	祖詠	162	2	74	陳陶	285	1
23	駱賓王	083	1	49	崔曙	164	1	75	張泌	286	1
24	杜審言	084	1	50	皇甫冉	187	1	76	無名氏	287	1
25	沈佺期	085	2	51	元稹	191	4(2)	77	杜秋娘	294	1
26	宋之問	086	1	52	薛逢	203	1				320

※ 출처는 해당 작가의 첫 출현 위치 일련번호를 뜻하며, ( ) 안은 제목만의 숫자임.

선집한 시는 《전당시全唐詩》 4만 8900여 수에 비하면 약 160분의 1 정도이며, 선록한 작자는 77명무명씨 포함으로 《전당시》 2200여 명에 비하면 아주 일부이지만, 이들 작자들은 제왕, 사대부, 승려, 가녀, 무명씨 등 고르게 분포하고 있어 당대 주요 시인들은 대략 짚어 볼 수 있을 정도이다. 제목만으로 계산하면 294편, 낱개의 시로 계산하면 320수가 실려 있어 대략 300여 편을 기준으로 하여 책제목을 삼은 것이다.

순서는 크게 오언고시→오언고체악부→칠언고시→칠언고체악부→오언율시→칠언율시→칠률악부→오언절구→오절악부→칠언절구→칠률악부 등 11가지로 나누었으며, 고시古詩와 근체시近體詩 그리고 악부樂府로 대별할 수 있다. 전체 배분은 치우친 감이 있어 그중 두보·이백·왕유·이상은에 치우쳐 있으며, 특히 남아 있는 시가 지극히 적은 왕지환王之渙의 시가 들어 있으며, 칠절七絶에는 이상은李商隱과 두목杜牧의 시가 성당盛唐 시인의 시보다 많다.

내용은 아주 광범위하여 서사敍事·서정抒情·염정豔情·궁중宮中·변새邊塞·회고懷古·영회詠懷·기행紀行·민가民歌·풍물風物·송별送別·증답贈答·규원閨怨·영물詠物·유선游仙·영사詠史·은일隱逸·전원田園 등 아주 고르게 분포하고 있으며, 작품성보다는 각 장르의 대표작이라 여겼던 시들로 안배하는 기준에 따라 선정한 것으로 볼 수 있다. 따라서 당대 사회생활의 면모를 고루 살필 수 있는 점에서는 매우 유용하지만, 작품의 완성도나 시학을 연구할 목적으로 활용하기에는 미진함이 있다. 따라서 시 선정에 완정한 것이 아니어서 뒷사람들은 이 책에 선정되지 못한 작품들, 이를테면 두보의 〈북정北征〉·〈자경부봉선현영회오백자自京赴奉先縣詠懷五百字〉·〈삼리삼별三離三別〉·〈모옥위추풍소파가

茅屋爲秋風所破歌〉며 백거이의 수준 높은 신악부新樂府 시들, 그리고 피일휴皮日休 등 주요 시인들의 시는 아예 선록되지 못한 점을 두고 못내 아쉬운 부분이기도 하다.

당시에 대한 선집 작업은 역대 이래 꾸준히 이어져 왔다. 즉《당시가唐詩歌》(唐, 令狐楚),《하악영령집河嶽英靈集》(唐, 殷璠),《중흥한기집中興閒氣集》(唐, 高仲武),《재조집才調集》(唐, 韋縠),《당백가시선唐百家詩選》(宋, 王安石),《만수당인절구선萬首唐人絶句選》(宋, 洪邁),《당시정음唐詩正音》(元, 楊士弘),《당시고취전주唐詩鼓吹箋注》(元, 郝天挺),《당시선唐詩選》(明, 李攀龍),《당시휘해唐詩彙解》(明, 李攀龍),《당십이가시唐十二家詩》(明, 楊一統),《당시품휘唐詩品彙》(明, 高棅),《당시경唐詩鏡》(明, 陸時雍),《당현삼매집唐賢三昧集》(淸, 王士禎),《당인절구만수선唐人絶句萬首選》(淸, 王士禎),《십종당시선十種唐詩選》(淸, 王士禎),《당시해唐詩解》(淸, 唐汝詢),《당인백가시唐人百家詩》(淸, 席啓寅),《당인선당시唐人選唐詩》,《고당시합해古唐詩合解》,《전당시록全唐詩錄》(淸, 徐焞)을 거쳐 서수의《당시삼백수》를 지나《당시별재집唐詩別裁集》(淸, 沈德潛)과 근대에 이르러 고보영高步瀛의《당송시거요唐宋詩擧要》, 허문우許文雨의《당시집해唐詩集解》등 이루 헤아릴 수 없이 많이 쏟아져 나왔다.

그럼에도 역대 많은 이들의 당시선집을 뛰어넘어 이《당시삼백수》가 민간에 널리 퍼진 것은 그럴 만한 이유가 있다. 즉 그 이전의 많은 당시 관련 선집들은 주로 전문적이며, 학술적 가치를 목적으로 한 학자용이었다. 그런데 이 책은 그 이전 몽학용蒙學用《천가시千家詩》에 착안하여 순수하게 아동용 학습교재로 목적을 두고 편찬된 데에 그 이유가 있다.

송대에 유극장(劉克莊: 1187~1269)을 거쳐 사방득(謝枋得: 1226~1289)에 의해 완성된 《천가시》가 아동들에게 쉽게 접근하기 위해 단지 절구絶句와 율시律詩만 실었고, 당송의 시를 혼합하였으며, 공졸工拙의 구분이 없이 편집되었음에도 일반에게 그토록 성행하여, 학당과 사숙에 널리 읽힐 뿐 아니라 수없는 아류의 책들까지 유행하는 것을 보고, 좀 더 체계적인 당시唐詩만을 위주로 한 교재를 마련할 의도를 갖게 되었던 것이다. 이에 그의 아내 서란영徐蘭英과 함께 이에 몰두하여 이 《당시삼백수》를 완성 하게 된 것이다. 결국 《천가시》는 그야말로 포전인옥抛磚引玉의 역할을 한 셈이다. 더구나 청 강희 때 만들어진 전당시에는 무려 4만 8900여 수에 2200명이나 되는 엄청난 분량의 당시를 모두 읽을 수도 없을뿐더러 그러한 책을 누구나 소장할 수도 없는 것이었다. 이에 보편적이며 초보적 이고 통속적인 당시 선집 교재가 요구되던 때에 이 선집이 출현하게 됨 으로써 교수와 학습에 광범위하게 중시하게 되었던 것이다. 즉 양이 적당 하고 작자를 보편적으로 분포시키고 있으며, 나아가 각 시를 장르별로 고르게 갖추고 있어 아동들이 초보적이며 개론적으로 이를 수용할 수 있도록 배려함으로써 교재로써는 환영받을 수 있었던 것이다. 그 뒤 주자청이 〈당시삼백수독법지도〉라는 글을 발표함으로써 일반인들은 누구나 자신감을 가지고 읽을 수 있게 되었으며, 이름 그대로 가숙家塾의 과본課本의 당시唐詩 학습교재로 부담 없이 선정하게 된 것이다. 더구나 서수의 〈자서〉에 "오로지 당시 가운데 인구에 회자하는 작품으로써 그중 에서도 요긴한 것을 택하였다(專就唐詩中膾炙人口之作, 擇其尤要者)"라 하여 노유老幼를 막론하고 '의宜'와 '아雅'를 믿고 무도 적합하다고 여기게 되었던 것이다.

그러나 이 책 역시 문제점을 지적받기도 하였다. 선정 기준이 협소하고 사회 모순에 대해 편협한 시각을 가지고 있으며, 궁원시가 너무 많은 점, 그리고 팔고문八股文처럼 과시용科試用의 경향을 가지고 있는 점 등에 대한 비판이다. 그러나 당시를 압축하여 양과 질에 있어서 정리한 면은 역시 그 업적을 인정해 주어야 할 것이다.

　청 말 민국 초의 근대에 이르러 유수진喩守眞의 《당시삼백수상석唐詩三百首詳析》과 김성요金性堯의 《당시삼백수신주唐詩三百首新注》, 그리고 우경원于慶元의 《당시삼백수속선唐詩三百首續選》 등이 뒤이어 연구와 활용에 도움을 주었으며, 우리나라에는 고판본이 전하지 아니하고 다만 우경원의 《당시삼백수속선》 중국 목판본이 국립도서관에 소장되어 있을 뿐이다.

형당퇴사蘅塘退士 〈원서原序〉

　지금 세상 습속에 아이들이 배움에 나아가면 곧바로 《천가시》를 주어 가르치는데, 이는 이 책이 쉽게 외울 수 있는 점을 취한 것이다. 그 때문에 이 책은 유전되어 없어지지 않고 있는 것이다. 그러나 이 책에 수록된 시들은 손에 닿는 대로 주워 모은 것들로서 시의 완성도나 졸렬함은 변별되지 않는 것들이다. 게다가 단지 칠언율시와 절구 등 두 가지 시체詩體에 그치고 있으며, 당송 시인들이 그 속에 뒤섞여 있어 그 체제가 심하게 어그러져 있다. 이 때문에 나는 오로지 당시 중에서 사람의 입에 회자膾炙되는 작품만을 근거로 하되, 그중 특히 중요한 것들로서 매 시체마다 수십 수씩을 택하여 모두 300여 수 모아 기록하여 한 편을 완성하여 가숙家塾의 과본課本으로 삼도록 하였다. 이로써 아동들로 하여금 이를 익히도록 하며, 백발의 노인들도 역시 능히 이를 폐기하지 않도록 하노니 《천가시》에 비교하면 낫지 않겠는가? 속담에 "당시 300수만 숙독하면 시를 모르더라도 저절로 읊게 된다"라 하였으니 청컨대 이 책으로 한번 시험해 보기 바라노라.

　世俗兒童就學, 卽授《千家詩》, 取其易於成誦, 故流傳不廢. 但其詩隨手掇拾, 工拙莫辨. 且止七言律絶二體, 而唐宋人又雜出其間. 殊乖體製. 因專就唐詩中膾炙人口之作擇其尤要者, 每體得數十首, 共三百餘首, 錄成一編, 爲家塾課本. 俾童而習之, 白首亦莫能廢, 較《千家詩》不遠勝耶? 諺云:「熟讀唐詩三百首, 不會吟詩也會吟」請以是編驗之.

蘭葉春葳蕤
桂華秋皎潔
欣欣此生意
自爾為佳節

孤鴻海上來
池潢不敢顧
側見雙翠鳥
巢在三珠樹

張九齡

唐詩三百首

石刻本《唐詩三百首》

吳郡王堯衢翼雲註

門人李槇宏達　廣心　同校

五言古

述懷　　魏徵

中原還逐鹿，投筆事戎軒。縱橫計不就，慷慨志猶存。

杖策謁天子，驅馬出關門。請纓繫南越，憑軾下東藩。

鬱紆陟高岫，出沒望平原。古木鳴寒鳥，空山啼夜猿。

既傷千里目，還驚九折魂。豈不憚艱險，深懷國士恩。

李布無二諾，侯嬴重一言。人生感意氣，功名誰復論。

薊丘覽古　贈盧居士藏用　　陳子昂

南登碣石館，遙望黃金臺。邱陵盡喬木，昭王安在哉。霸圖悵已矣，驅馬復歸來。

襄城楊士弘　伯謙編次　　新淦張震　文亮輯註

五言律詩 臨川吳氏曰律詩始於唐然深遠蕭散不得非但句工語工字工而可也

暉上人獨坐山亭 上人有道行阿耨多羅三藐三菩提心不敢一心亂是名上人又憎一經云古師云內有過者名上人又律冊沙汰王呼佛景子為上人又德外有勝行在人曰之上人

陳伯玉

鐘梵經行罷　香林坐入禪
巖亭交雜樹　石瀨瀉鳴泉 梵浮圖書云清又
水月心

方寂雲霞思獨玄　寧知人代裏　疲病得攀緣 淨正言寂靜自
云西域鐘獮禪說文浮圖說也又禪有五禪若頓悟自性本自具足此心即佛依

春日登九華觀 其餘未詳

云此上來清淨元無煩惱無漏智此心而修者是最上乘禪石定瀨月定故說云文急
心上水月是有水定月定流也

《唐詩正音輯註》조선시대 판본

杜甫(子美)

白居易(樂天)

翰林院編修臣仇兆鰲輯註

冬至 [鶴注]此當是大曆二年作。○[玉燭寶典]云：至有三義。一者陰極之至。二者陽氣始至。三者日行南至。

年年至日長為客，忽忽窮愁泥[切]殺人。江上形容吾獨[一作朝]老，天涯[一作邊]風俗自相親。杖藜雪後臨丹壑，鳴玉[一作朝]朝來散紫宸。心折此時無一寸，路迷何處見[一作是]三秦。[上四言旅]

居冬至下憶長安冬至也。惟客途久滯故自傷泥殺形容獨老吾窮愁所致風俗自親於客無與身臨丹壑面

意想紫宸故有心折路迷之慨心折則窮愁轉甚路迷則久客難歸矣。○鮑照詩去親為客[阮籍詩忽忽至夕窮

《杜詩詳註》明，仇兆鰲

李太白文集卷第一

草堂集序

宣州當塗縣令李陽冰

李白字太白隴西成紀人涼武昭王暠九世孫蟬聯
珪組世為顯著中葉非罪謫居條支易姓為名然自
窮蟬至舜七世為庶累世不大曜亦可歎焉神龍之
始逃歸于蜀復指李樹而生伯陽驚姜之夕長庚入
夢故生而名白以太白字之世稱太白之精得之矣
不讀非聖之書恥為鄭衛之作故其言多似天仙之
辭凡所著述言多諷興自三代已來風騷之後馳驅
屈宋鞭撻楊馬千載獨步唯公一人故王公趨風列
岳結軌奔走賢豪如鳥歸鳳盧黃門云陳拾遺橫制

《李太白文集》(宋版本)

唐才子傳卷第一

西域　辛　文房　撰

魏帝著論稱文章經國之大業不朽之盛事年壽有
時而盡求若文章之無窮詩文而音者也唐典尚文
衣冠兼化無慮不可勝計擅美於詩當復千家歲月
荏苒遷逝淪落亦且多矣況乃浮沈畏途黽勉身官
存沒相半不亦難乎崇事奕葉苦思積年心神游穹
厚之倪耳目及晏曠之際幸成著述更或凋零兵火
相仍名逮於此談何容易哉夫詩所以動天地感鬼
神厚人倫移風俗也發乎其情止乎禮義非苟尚辭

《唐才子傳》元，辛文房

五言古詩卷之一　　　　　唐詩品彙

新字高廷禮編
新安汪宗尼校

正始上

太宗皇帝

幸武功慶善宮賦

壽丘唯舊跡　豐邑乃前基　粤予承累聖　聖縣孤亦在茲
梯山咸入欵　駕海亦來思　單于陪武帳　日逐衛文蜺
翹齡逢運改　提劍鬱匡時　指麾八荒定　懷柔萬國夷
芸黃遍原隰　禾穎積京坁　共樂還譙歲　歡此大風詩
端扆朝四嶽　無為任百司　霜節明秋景　輕冰結水湄

◤卷之一

正日臨朝

條風開獻節　灰律動初陽　百蠻奉遐贐　萬國朝未央
雖無舜禹跡　幸欣天地康　車軌同八表　書文混四方
赫奕儼冠蓋　紛綸盛服章　羽旄飛馳道　鐘鼓振嚴廊
組練輝霞色　霜戟耀朝光　晨宵懷至理　終愧撫遐荒

春日玄武門宴群臣

韶光開令序　淑氣動芳年　駐輦華林側　高宴柏梁前
紫庭文樹滿　丹墀袞紱連　九夷簉瑤席　五狄列瓊筵

◤卷之二

娛賓歌湛露　廣樂奏鈞天　盈尊浮綠醑　雅曲韻朱絃
粤余君萬國　遐慘撫八埏　庶幾保貞固　虛己屬求賢

昔年懷壯氣　提戈初仗節　心隨朗日高　志與秋霜潔
移鋒驚電起　轉戰長河決　營碎落星沉　陣卷橫雲裂
一揮氛祲靜　再舉鯨鯢滅　於茲俯舊原　屬目駐華軒
沈沙無故跡　滅竈有殘痕　浪霞穿水淨　峰霧抱蓮昏
世途亟流易　人事殊今昔　長想眺前蹤　撫躬聊自適

飲馬長城窟行

塞外悲風切　交河冰已結　瀚海百重波　陰山千里雪
迥戌危烽火　層巒引高節　悠悠卷旆旌　飲馬出長城
塞沙連騎跡　朔吹斷邊聲　胡塵清玉塞　羌笛韻金鉦
絶漠干戈戢　車徒振原隰　都尉反龍堆　將軍旋馬邑
揚麾氛霧靜　紀石功名立　荒裔一戎衣　靈臺凱歌入

虞世南

從軍行

《唐詩品彙》

《杜詩諺解》(杜詩分類) 중간본 표지 필자 소장

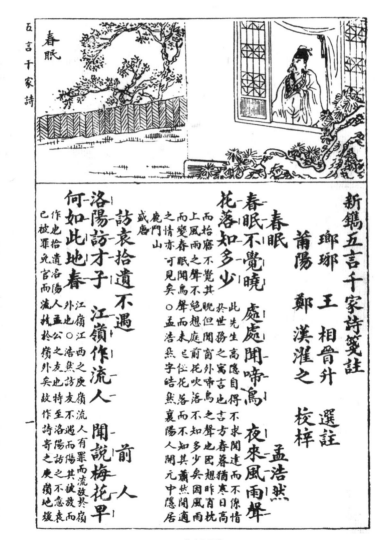

春眠

新鐫五言千家詩箋註

瑯琊　王相晉升　選註

莆陽　鄭漢濯之　校梓

春眠　　　　　　　　　　孟浩然

春眠不覺曉　處處聞啼鳥　夜來風雨聲

花落知多少

此先生高隱自得不求聞達而不係情於
榮落猶寒日高想昨宵風雨因聞適而聽啼
鳥字皆然裹陽人開元中隱居鹿門山孟浩
然春眠之情亦可見矣○而上風雨之聲不
絕而眠聞窗外啼鳥之聲而未覺字起想庭前
花落多少想而抱枕而想前花吹落

訪袁拾遺不遇　　　　　　前人

洛陽訪才子　江嶺作流人　聞說梅花早

何如此地春

江嶺江西之庾嶺也此拾遺者洛陽已被罪
充官而流人扰公之友此特作詩寄之庾嶺
地廔衷訪之不遇衷袁拾遺洛陽人孟浩然之
友此故作詩訪之不遇其被放而流人有罪而
流其故放其廔

《千家詩》

途中寒食　宋之問

馬上逢寒食　可憐江浦望
途中屬暮春　不見洛橋人

寒食은自冬至로一百五日之佳節也오暮春은三月也라自洛城으로乘馬下鄕ᄒ야適値寒食ᄒ니乃三月之候也라此時에思家之懷가尤切故로乃於江浦에遙遠望之則不見洛橋之人ᄒ야是以悵歎之不已也러라

別　杜審言

臥病人事絕　河橋不相送
嗟君萬里行　江樹遠含情

審言이가作萬里之行ᄒ야固當送別于河橋之外로ᄃᆡ臥在病席ᄒ야未得送君則怊悵中에怊悵이百倍於病中ᄒ야不可堪抑이오只是江邊之樹가知我兩人之懷緒ᄒ야能含情而繫之以別離戀ᄌᄌ之衷ᄒ니

○采蓮曲　賀知章

稽山罷霧鬱嵯峨
鏡水無風也自波
莫言春度芳菲盡
別有中流采芰荷

采蓮曲之見於絕句及律詩의長篇호니一不爲不多而詞各不同호니此는言嵯峨之稽山이出於半天호니高大之象을可觀이오下有鏡水호야無風而自波호니浩蕩平穩之勢ㅣ亦可玩이라乃言三春紅綠之景이今已盡謝호고炎夏之節이方將屆出호니莫言芳菲盡也호라芰荷滿於綠水則其采之之事ㅣ別作清致耳라○先言山水之勝호고後言采蓮之事호니吳姬越女ㅣ相與語曰春色을何足道哉아見今江湖之上에蓮花ㅣ盛開則牽花憐共蒂호고折藕愛蓮絲면豈非可樂者耶아

○回鄉偶書

少小離鄉老大回
鄉音無改鬂毛衰
兒童相見不相識
笑問客從何處來

《七言唐音》世昌書館

차례

唐詩三百首 ≡

《唐詩三百首》卷四

七古·樂府

《唐詩三百首》卷五

五言律詩

唐詩三百首 上

《唐詩三百首》卷一

五言古詩

《唐詩三百首》卷三

七言古詩

唐詩三百首 三

《唐詩三百首》卷六

七言律詩

五絶・樂府

《唐詩三百首》卷八

七言絶句

七絶·樂府

卷四：七古・樂府

067

〈燕歌行〉幷序 ·· 高適
연가행

현종 개원 26년(783) 어떤 객이 어사대부 장수규를 따라 해족奚族 진압을 위해 변방에 갔다 돌아온 자가 있었다. 그가 〈연가행〉을 지어 나에게 보여 주기에 변방 정수征戍의 일에 느낀 바 있어 이로 인해 그 시에 화답하였다.

한나라 동북 변방에 반란이 있어,
한나라 장수는 집 떠나 도적을 깨뜨렸네.
사나이라면 본래 변방 휘젓기를 중히 여기는 법,
천자께서 특별히 비상한 얼굴빛을 내려주시네.
징을 치고 북을 울려 유관으로 내려서니,
깃발은 갈석산을 메워 이어졌구나.
교위의 우서는 한해에서 날아오고,
선우의 사냥 불은 낭산에서 비치는구나.
산천은 쓸쓸하여 변방 끝까지 이어지고,
호족의 기마병들 자신의 세력을 믿고 고함소리 비바람에 뒤섞였네.
전투하는 병사들 전선에서 반은 죽고 반은 살건만,
장안의 미인들 휘장 아래에서 노래하고 춤을 추지.
드넓은 사막 저문 가을 변방의 풀들은 시들어 가고,
외로운 고성, 지는 해에 싸움 나설 군사도 드물구나.

이 몸 응당 은혜를 입어 항상 적을 가볍게 보았지만,
힘을 다했건만 관산에서 포위를 풀지 못하고 있네.
철갑옷 먼 수자리 지키느라 오랜 고생이지만,
아내는 틀림없이 이별 뒤에 젓가락 같은 눈물을 흘리고 있겠지.
젊은 아낙 장안성 남쪽에서 그리움에 창자가 끊어질 듯,
남편은 계성 북쪽에서 부질없이 고개만 돌려 돌아갈 생각.
변방 바람 아득하니 어찌 능히 이를 넘어 돌아갈 수 있겠으며,
멀고 먼 이곳 창망하니 무엇이 있을 수 있겠는가!
살기는 낮 하루 종일 진운을 만들어 내고,
밤이면 온밤 내내 경계서는 찬 소리만 전해 오누나.
서로에게 보이나니 흰 칼날에 뒤엉킨 피들,
예로부터 그저 절의에 죽을 뿐 어찌 공훈을 돌아보랴?
그대는 보지 못하였는가, 사막에서 전투의 괴로움을 겪으며,
지금에 이르도록 아직도 이장군 같은 분이 있어 주었으면 하는 뜻을!

開元二十六年, 客有從御史大夫張公出塞而還者, 作
〈燕歌行〉以示適. 感征戍之事, 因而和焉.

漢家煙塵在東北, 漢將辭家破殘賊.
男兒本自重橫行, 天子非常賜顔色.
摐金伐鼓下楡關, 旌旗逶迤碣石間.
校尉羽書飛瀚海, 單于獵火照狼山.
山川蕭條極邊土, 胡騎憑陵雜風雨.
戰士軍前半死生, 美人帳下猶歌舞.
大漠窮秋塞草腓, 孤城落日鬪兵稀.

身當恩遇常輕敵, 力盡關山未解圍.
鐵衣遠戍辛勤久, 玉筯應啼別離後.
少婦城南欲斷腸, 征人薊北空回首.
邊庭飄颻那可度? 絕域蒼茫更何有!
殺氣三時作陣雲, 寒聲一夜傳刁斗.
相看白刃血紛紛, 死節從來豈顧勳?
君不見沙場征戰苦, 至今猶憶李將軍!

【燕歌行】《樂府》相和曲詞 平調曲의 옛 제목. 주로 東北(고대 燕나라 지역)
변방 군역을 노래한 것이 많음.《樂府廣題》에 "燕, 地名也. 言良人從役於燕
而爲此曲"이라 함. 曹丕의 〈燕歌行〉이 최초였으며,《樂府詩集》에 古籍
이전에도 11수가 같은 이름으로 실려 있음.

【行】歌曲의 한 장르이며 문체의 이름.《文體明辨》에 "步驟馳騁, 疎而不滯
者曰行"이라 함.

【開元二十六年】唐 玄宗(李隆基)의 연호. 738년에 해당함.

【客】張守珪의 막료. 장수규를 따라 奚族 진압에 나섰던 어떤 사람. 그가
지은 〈燕歌行〉은 지금 전하지 않음. 이를 고적에게 보여 주자 고적이 이를
바탕으로 和詩를 지은 것임.《舊唐書》(103) 張守珪傳에 의하면 장수규의
部將 趙堪과 白眞陁羅 등이 무단으로 해족을 침범하여 괴롭히자 이들이
참다못해 반항하며 난을 일으킨 것임.

【御史大夫張公】〈四部叢刊〉본과 〈章燮注〉본에 '元戎'으로 되어 있으며,《全唐
詩》에는 이 글자가 모두 있음. 張守珪를 말하며《舊唐書》(103)와《新唐書》
(133)에 傳이 있음. 陝州 河北 사람으로 輔國大將軍兼御史大夫에 임명되었
으며 本傳에는 "二十六年, 守珪裨將趙諶·白眞陁羅等假以守珪之命, 逼平盧
軍使烏知義邀叛奚餘衆于湟水之北, 初勝後敗. 守珪隱其敗狀而妄奏克捷之功,
事頗泄"이라 함. 한편《舊唐書》玄宗紀에 "開元二十五年二月, 張守珪破契
丹餘衆於榾祿山, 殺獲甚衆"이라 함.

【征戍之事】遠征과 邊戍의 일들. 여기서는 그가 망녕되이 거짓으로 보고한 사실에 대해 느낀 바 있음을 말한 것임.

【漢家】개원 18년 거란의 가돌칸(可突干)이 그 국왕 李紹固를 죽이고 자립하여 奚族을 협박하여 당을 배반하고 자신들에게 복속할 것을 요구, 이로부터 당나라와 연이어 전쟁을 치렀으며 이를 막기 위해 張守珪를 파견했던 것임. 한편 唐나라 때의 일이나 자신이 살아 있는 當代를 직접 거론하지 않는 관례에 따라 漢나라 때의 일이라 한 것.

【煙塵】전쟁이 발발하여 봉화가 오르고 사방에 먼지가 일어남.

【橫行】마구 휘젓고 다니며 적을 소탕함.

【摐金伐鼓】'摐'은 '창'으로 읽음. 징을 두드리고 북을 쳐 진격과 후퇴를 알림. '金'은 '鉦'을 가리킴.《詩經》小兒 采芑에 "鉦人伐鼓"라 하였고〈傳〉에 "鉦以靜之, 鼓以動之"라 하여 兵法에 "擊鼓進攻, 鳴金收兵"이라 함.

【楡關】山海關을 가리킴. 지금 河北 臨楡縣 경계에 있음.

【旌旗】일부 판본에는 旌旆로 되어 있음.

【逶迤】끝없이 이어지는 모습을 표현하는 雙聲連綿語.

【碣石】碣石山. 지금의 河北 昌黎縣에 있음. 동북으로 향하는 길목의 산.《尙書》禹貢에 "太行·恒山至于碣石, 入于海"라 하였고,《水經注》灅水에 "碣石山在遼西臨渝縣南水中"이라 함.

【校尉】隋唐 시대 武官의 직책 이름으로 당시 趙諶과 白眞陁羅 등이 張守珪의 編將으로 따라 갔음.

【羽書】새 깃털을 꽂아 긴급함을 알리는 군용 문서.

【瀚海】북방 사막지대를 말함. 여기서는 내몽고 동북부 시라무론(西拉木倫) 강 유역 해족이 사는 부락 일대를 말함.

【單于】북방 흉노족이 자신들의 왕, 추장을 부르는 칭호. 그 뒤 다른 이민족에게도 이로써 추장임을 뜻하는 말로 대신함.

【獵火】고대 유목민족은 전쟁 전에 대규모의 사냥을 치러 행사를 준비하였으며, 이는 실전을 위한 일종의 군사훈련에 목적이 있었음.

【狼山】산 이름. 시금의 河北 易縣과 내몽고 경계 지역에 있음.《淸一統志》우라터치(烏喇忒旗)에 "狼山在旗東四十里. 蒙古名綽農拖羅海"라 함.

【蕭條】쓸쓸함을 표현하는 疊韻連綿語.

【憑陵】세력을 믿고 남을 능멸함.

【雜風雨】군대의 고함소리를 형용함.

【腓】혹 '衰'로도 되어 있으며 '풀이 병들어 누렇게 말라비틀어짐'을 말함.

【玉筯】'筯'는 '箸'와 같음. 옥으로 만든 젓가락. 여기서는 흐르는 눈물을 말한 것임.

【斷腸】애가 끊어짐.《搜神記》(20)에 "臨川東興, 有人入山, 得猿子, 便將歸. 猿母自後逐至家. 此人縛猿子於庭中樹上, 以示之. 其母便搏頰向人, 若哀乞狀. 直是口不能言耳. 此人旣不能放, 竟擊殺之. 猿母悲喚, 自擲而死. 此人破腸視之, 寸寸斷裂. 未半年, 其家疫死, 滅門"이라 하였고,《世說新語》黜免篇에는 "桓公入蜀, 至三峽中, 部伍中有得猨子者, 其母緣岸哀號, 行百餘里不去; 遂跳上船, 至便卽絶; 破視其腹中, 腸皆寸寸斷. 公聞之, 怒, 命黜其人"라는 고사가 실려 있음.

【薊】唐나라 河北道 薊州. 州治는 漁陽縣이며 지금의 河北 密雲縣 서남쪽이었음. 춘추전국 시대 燕나라 도읍이 薊였음.

【飄颻】아득하고 가물가물함을 표현하는 疊韻連綿語.

【滄茫】역시 아득함을 표현하는 疊韻連綿語.

【三時】아침, 낮, 저녁. 하루 종일.

【刁斗】밤에 시간을 알리는 것으로 사용하며 낮에는 솥으로도 쓰임. 혹 긴 자루가 있는 국자의 일종이라고도 함.《史記集解》에 孟康을 인용하여 "刁斗 以銅作鐎, 受一斗, 晝炊飯食, 夜擊持行"이라 함.

【李將軍】漢나라 때의 飛將軍 李廣.《史記》李將軍傳에 "廣居右北平, 匈奴聞之, 號曰:「漢之飛將軍.」避之, 數歲不敢入右北平"이라 함.

> 참고 및 관련 자료

1. 開元 26년(738) 張守珪가 潢水(湟水)에서 반란을 일으켰던 奚族(北方 거란족의 한 부족)을 鎭壓하러 나섰으며, 이때 처음에는 승리를 거두었으나 뒤에 패배하자 그 패배를 숨기기 위해 승리의 내용만 보고하였음. 高適이 薊北(지금의 北京 북쪽)에 이르러 군사를 보내면서 군정의 실패를 목격하고 계북으로부터 돌아와 封丘縣尉로 있을 때 이 시를 지은 것임.

2. 韻脚은 北·賊·色, 關·間·山, 土·雨·舞, 腓·稀·圍, 久·後·首·有·斗, 紛·勳·軍.

✿ 고적(高適: 702~765)

1. 자는 達夫. 滄州 渤海(지금의 河北 滄縣) 사람으로, 玄宗 開元 20년(732) 信安王(李褘)를 따라 동북 변방으로 거란을 정벌하러 가서 그곳의 풍물을 익혔으며, 장년에는 梁宋(지금의 河南 開封, 商丘) 일대를 떠돌기도 함. 천보 초에 이미 마흔이 넘었으나 벼슬을 얻지 못하다가 李邕이 滑州刺史로 이름을 날리자 李白, 杜甫와 함께 그를 방문하여 친구가 됨. 뒤에 다시 河西節度使 哥舒翰의 掌書記가 되었을 때 마침 安祿山의 난이 일어나자 가서한을 따라 토벌에 나섰으며, 그로 인해 左拾遺, 監察御史 등에 오름. 다시 蜀 지방에 난이 일어나자 蜀州와 彭州의 刺史를 거쳐 西川節度使에 올랐으며 廣德 원년(763) 吐蕃을 방어하는 데 실패하여 刑部侍郎으로 강등되었다가 다시 散騎常侍에 오름. 渤海縣侯로 봉해졌으며 永泰 원년(765)에 생을 마침. 그는 젊을 때 변방을 유람한 경험으로 강개한 邊塞詩를 즐겨 썼으며 樂府體의 격조를 이용하여 七言 歌行體에 뛰어난 작품을 남김. 盛唐 변새시의 대표 작가로 추앙을 받았으며 岑參과 병칭하여 '高岑'이라 불림. 그의 문집은 《新唐書》(藝文志)에 《高適集》 20卷이 著錄되어 있으며 《全唐詩》(卷211~214)에 그의 詩 4卷이 실려 있고, 《全唐詩外編》 및 《全唐詩續篇》에 詩 12首, 斷句 4句가 補入되어 있음. 《舊唐書》(111)과 《新唐書》(143)에 전이 있음.

2. 《唐詩紀事》(23)

○ 適, 字達夫, 滄州人, 客梁宋間. 舉有道科, 哥舒翰表爲西河從事, 佐翰守潼關. 天子西幸, 適間道及帝河池, 遷侍御史. 後代崔光遠爲西川節度使. 廣德中召還, 爲右散騎常侍. 永泰初卒. 適以功名自許, 而言浮其術. 年五十, 始爲詩, 卽工, 以氣質自高, 每一篇出, 好事者輒傳布.

○ 殷璠云:「適性落拓不拘小節, 恥預常科, 隱跡博徒, 才名自遠. 然適詩多胸臆語, 兼有氣骨, 故朝野通賞其文. 至如〈燕歌行〉等篇, 甚多佳句. 且余所愛者: 『未知肝膽向誰是, 令人却憶平原君』. 吟諷不厭矣.」

3. 《全唐詩》(211)

高適, 字達夫, 渤海蓚人. 舉有道科, 釋褐封丘尉, 不得志, 去游河右. 哥舒翰表爲左驍衛兵曹·掌書記. 進左拾遺, 轉監察御史, 潼關失守, 適奔赴行在, 擢諫議大夫, 節度淮南, 李輔國譖之, 左授太子少詹事, 出爲蜀·彭二州刺史. 進成都尹·劍南西川節度使, 召爲刑部侍郎, 轉散騎常侍, 封渤海縣侯. 永泰二年卒. 贈禮部尚書, 諡曰忠. 適喜功名, 尙節義, 年過五十, 始學爲詩, 以氣質自高. 每吟一篇, 已爲好事者傳誦, 開·寶以來, 詩人之達者, 惟適而已. 集二卷, 今編四卷.

4.《唐才子傳》(2) 高適

適, 字達夫, 一字仲武, 滄州人. 少性拓落, 不拘小節, 恥預常科, 隱蹟博徒, 才名更遠. 後舉有道, 授封邱尉. 未幾, 哥舒翰表掌書記. 後擢諫議大夫. 負氣敢言, 權近側目. 李輔國忌其才. 蜀亂, 出爲蜀·彭二州刺史, 遷西川節度使. 還, 爲左散騎常侍. 永泰初, 卒. 適尙氣節, 語王霸, 袞袞不厭. 遭時多難, 以功名自許. 年五十始學爲詩, 卽工, 以氣質自高, 多胸臆間語. 每一篇已, 好事者輒傳播吟玩. 嘗過汴州, 與李白·杜甫會, 酒酣登吹臺, 慷慨悲歌, 臨風懷古, 人莫測也. 中間唱和頗多. 今有詩文等二十卷, 及所選至德迄大曆述作者二十六人詩, 爲《中興間氣集》二卷, 幷傳.

068

〈古從軍行〉 ··· 李頎

옛 종군의 노래

밝은 낮이면 산에 올라 봉화를 지켜보고,
황혼이면 교하 곁에서 말에게 물 먹이네.
군인이 조두로 밤 시간 알리니 바람 부는 사막 어두워지고,
오손공주의 비파 소리에 그윽한 한도 많구나.
광야에 퍼진 구름 만 리에 성곽이란 없고,
내리는 눈은 어지러이 드넓은 사막으로 이어지누나.
변방 기러기 슬피 울며 밤마다 날아가고,
오랑캐 어린아이 눈물은 쌍쌍이 떨어지누나.
듣건대 한 무제에 의해 옥문관이 막혔다 하니,
응당 목숨 길고 재빠른 전차를 따르리로다.
해마다 죽은 병사들의 백골은 황야에 묻히는데,
한갓 보이는 것은 한나라 황실로 들어가는 포도로구나!

白日登山望烽火, 黃昏飮馬傍交河.

行人刁斗風沙暗, 公主琵琶幽怨多.

野雲萬里無城郭, 雨雪紛紛連大漠.

胡雁哀鳴夜夜飛, 胡兒眼淚雙雙落.
聞道玉門猶被遮, 應將性命逐輕車.
年年戰骨埋荒外, 空見蒲萄入漢家!

【從軍行】《樂府》相和歌詞 平調曲의 옛 제목. 軍旅의 일을 묘사함. '行'은
　歌曲의 한 장르이며 문체의 이름.《文體明辨》에 "步驟馳騁, 疎而不滯者曰行"
　이라 함. 여기서 〈古從軍行〉이라 한 것은 옛 漢 武帝의 일인 것처럼 하여
　당시 玄宗의 일을 비유한 것임.

【交河】옛 縣名. 漢나라 때 車師 전의 왕국의 도읍지였으며 뒤에 高昌國의
　도읍으로 이어짐. 둘레에 交河가 흘러 성을 감싸고 있었으며, 그 遺址가
　지금 新疆 吐魯蕃 서북쪽에 남아 있음. 唐나라 때에는 交河郡을 두어
　다스렸음.《漢書》西域傳 참조.

【行人】원정 와서 작전에 임하는 군사를 말함.

【刁斗】밤에 시간을 알리는 것으로 사용하며 낮에는 솥으로도 쓰임. 혹 긴
　자루가 있는 국자의 일종이라고도 함.《史記集解》에 孟康을 인용하여 "刁斗
　以銅作鐎, 受一斗, 晝炊飯食, 夜擊持行"이라 함.

【公主琵琶幽怨多】漢 武帝가 江都王 劉建의 딸 細君을 공주로 분장하여
　吐蕃과 화해하고자 烏孫國 왕에게 시집을 보냈었음. 이가 烏孫公主임.
　石崇의 〈王明君辭〉序에 "昔公主嫁烏孫, 令琵琶馬上作樂, 以慰其道路之思"
　라 하였으며,《宋書》樂志에 傅玄의 〈琵琶賦〉를 인용하여 "漢遺烏孫公主
　嫁昆彌, 念其行道思慕, 故使工人裁箏筑, 爲馬上之樂. 欲從方俗語, 故名曰
　琵琶, 取其易傳於外國也"라 함.

【野雲】혹 '野營'으로 된 판본도 있음.

【雨雲】'雨'는 동사. '눈이 오다'의 뜻.

【胡兒眼淚】서북방 소수민족이 이유도 없이 난리에 휩쓸려 억울하게 고통을
　당하고 있음을 표현한 것.

【玉門】玉門關. 지금의 甘肅省 敦煌縣 서쪽에 있음. 西城으로 통하는 중요한
　관문.

【被遮】漢 武帝가 李廣利를 파견하여 大宛을 공격하도록 하였으며 이들이
　貳師성에 이르러 良馬를 구했다는 소식을 듣고, 무제는 그를 貳師將軍이라
　불러 주었음. 뒤에 군사들이 너무 지치자 이광리가 군대를 되돌려 휴식을
　취한 다음 다시 원정에 나설 것을 청하자, 무제는 크게 노하여 이들이
　들어오지 못하도록 옥문관을 폐쇄하고 "軍有敢入, 斬之"라 하였음. 《漢書》
　李廣利傳 참조.
【輕車】작전에 쓰이는 가벼운 전투용 수레.
【蒲萄】葡萄. 한나라 때 서역에서 처음 들어올 때 葡桃, 蒲桃, 蒲陶 등으로
　표기가 각기 달랐음. 주로 술을 만드는 데에 사용하였으며, 西城 大宛에서
　주로 생산되어 이들이 漢나라 조정에 공물로 바치기도 하였음. 《漢書》
　西域傳에 "宛王蟬封與漢約, 歲獻天馬二匹. 漢使采蒲陶·苜蓿種歸. 天子以
　天馬多, 又外國使來衆, 益種蒲陶·苜蓿離宮館旁"이라 함.

　　[참고 및 관련 자료]

1. 이는 天寶 연간 玄宗이 吐蕃과 장기간 전쟁을 벌일 때의 일을 풍자한
것으로 보임.
2. 韻脚은 河·多, 郭·漠·落, 遮·車·家.

069

〈洛陽女兒行〉 ··· 王維

낙양 여아를 노래함

낙양의 어린 부인 맞은편 집에 살고 있네,
그 얼굴 보니 이제 막 열다섯 남짓.
신랑은 옥 재갈 물린 총마 타고 다니고,
시녀는 금 쟁반에 잉어 회를 바치네.
그림 같은 집에 붉은 누각 끝없이 이어져 있고,
붉은 복숭아 푸른 버들은 처마 향해 늘어진 집.
종들은 그가 나들이 나설 때면 비단 휘장의 칠향수레를 보내주고,
보배 부채 들고 그를 맞아 구화장막으로 들어가네.
세상 물정 모르는 신랑은 부귀한 데다 한창 청춘의 나이,
그 의기는 교만과 사치가 석숭보다 더하네.
벽옥 같은 미녀를 사랑하여 몸소 춤을 가르치고,
산호수도 아깝지 않다고 남에게 그저 주지.
봄날 창가에 새벽이 되니 구미등불이 꺼지는데,
구미등 불빛이 조각조각 꽃가루가 되어 휘날리네.
즐거운 놀이 끝났지만 곡조를 익힐 틈조차 없고,
화장을 마치고도 그저 향로의 향내 속에 그대로 앉아 있네.
낙양성 안에 번화한 사람이란 모두 다 아는 사람,
밤낮으로 이 집 드나드는 사람이란 조씨나 이씨 귀한 집들.

누가 저 월녀의 옥 같은 얼굴을 아름답다 하랴,
아무리 예쁘다 해도 빈천하면 강가에서 제 손으로 빨래나 하는 걸.

洛陽女兒對門居, 纔可容顔十五餘.
良人玉勒乘驄馬, 侍女金盤膾鯉魚.
畫閣朱樓盡相望, 紅桃綠柳垂簷向.
羅帷送上七香車, 寶扇迎歸九華帳.
狂夫富貴在青春, 意氣驕奢劇季倫.
自憐碧玉親敎舞, 不惜珊瑚持與人.
春窗曙滅九微火, 九微片片飛花瑣.
戲罷曾無理曲時, 妝成只是薰香坐.
城中相識盡繁華, 日夜經過趙李家.
誰憐越女顔如玉, 貧賤江頭自浣紗!

【洛陽女兒】 낙양은 지금의 河南 洛陽市. 고대 이래 東都, 혹 정식 도읍이었
　으며, 당나라 때는 東都로 여겨졌음. 梁 武帝 蕭衍의 〈河中之水歌〉 "河中
　之水向東流, 洛陽女兒名莫愁"라 하여 가상적인 '莫愁'라는 이름의 少婦.
　부잣집으로 시집가서 세상 부러울 것 없이 사는 젊은 부인을 말함.
【行】 歌曲의 한 장르이며 문체의 이름. 《文體明辨》에 "步驟馳騁, 疎而不滯
　者曰行"이라 함.
【纔】 '겨우', '막', '~야' 등의 부사어. 백화어에서는 '才'로 표기함.
【良人】 남편.
【玉勒】 옥으로 만든 재갈.
【驄馬】 푸른색과 흰색 털이 섞인 말.
【朱樓】 붉은색을 칠한 기둥의 누각. 좋은 집을 의미함. 일부 판본에는 '珠樓'로

되어 있으며 역시 같은 뜻임. 부잣집들이 즐비하여 서로 처마를 맞대고 있는 동네임을 말함.

【七香車】 일곱 가지 향내나는 나무를 써서 만든 좋은 수레. 曹操의 〈與楊彪書〉에 "今贈足下賜望通幰七香車二乘"이라 함. 그녀가 나들이 나갈 때 타는 수레.

【九華帳】 여러 가지 화려한 주옥으로 장식한 寶帳.《博物志》(3)에 "漢武帝好仙道, 時西王母遣使乘白鹿告帝當來, 乃供帳九華殿以待之"라 함. 그녀가 돌아올 때면 노복들이 부채로 그를 맞이하여 구화장의 좋은 집으로 들어감.

【狂夫】 부잣집 아들이며 동시에 청춘의 나이라서 세상 물정을 전혀 모르는 그녀의 남편.

【季倫】 진나라 때의 유명한 부호이며 문학가. 石崇(249~300). 자는 季倫. 修武令, 城陽太守 등을 지냈으며 吳나라를 벌한 공으로 安陽鄕侯에 봉해짐. 뒤를 이어 散騎常侍, 侍中, 荊州刺史 등을 역임하였으며, 당시 최고의 부자로 金谷園을 지어 온갖 사치와 부를 누렸던 인물. 특히 羊琇, 王愷 등과 사치를 다툰 일화로도 유명. 潘岳 등과 賈后, 賈謐을 모함하였으며 다시 淮南王(司馬允), 齊王(司馬冏)과 결탁하였다가 趙王(司馬倫)에게 참살당함.《晉書》(33)에 전이 있음.

【碧玉】 남조시대 吳歌 중에 〈碧玉歌〉가 있으며《樂苑》에 "碧玉, 汝南王妾名"이라 하였고, 梁 元帝의 〈採蓮賦〉에 '碧玉小家女, 來嫁汝南王'이라 하였음. 여기서는 미인을 가리킴.

【珊瑚】 천하에 귀한 것도 아무것이 아닌 양 부숴버린 고사.《世說新語》汰侈篇에 "石崇與王愷爭豪, 並窮綺麗, 以飾輿服. 武帝, 愷之甥也; 每助愷, 嘗以一珊瑚樹, 高二尺許賜愷, 枝柯扶疎, 世罕其比. 愷以示崇. 崇視訖, 以鐵如意擊之, 應手而碎. 愷旣惋惜, 又以爲疾己之寶, 聲色方厲. 崇曰:「不足恨, 今還卿.」乃命左右悉取珊瑚樹, 有三尺四尺, 條幹絶俗, 光采溢目者六七枚; 如愷許比者甚衆. 愷惘然自失"라는 고사를 말함.

【九微火】 등의 이름. 아홉 번 가물가물 타다가 다시 큰 빛을 내도록 고안된 등불.《漢武內傳》에 "九光九微之燈"이라 하였고,《博物志》(8)에 "漢武帝好仙道, 祭祀名山大澤以求神仙. 時西王母遣使乘白鹿告帝當來, 乃供帳承華殿以待之. 七月七日夜漏七刻, 王母乘紫雲車而至於殿西南面, 東向坐, 頭上戴七勝, 靑氣鬱鬱如雲. 有三靑鳥, 如烏大, 俠侍母旁. 時設九微燈. 帝東面西向, 王母索七桃, 大如彈丸, 以五枚與帝, 母食二枚. 帝食桃輒以核著膝前, 母曰:「取此

核將何爲?」帝曰:「此桃甘美, 欲種之.」母笑曰:「此桃三千年一生實.」唯帝
與母對坐, 其從者皆不得進. 時東方朔竊從殿南廂朱鳥牖中窺母, 母顧之, 謂帝
曰:「此窺牖小兒, 嘗三來盜吾此桃」帝乃大怪之. 由此世人謂方朔神仙也」라 함.

【花瓁】 꽃 같은 불빛. '瓁'는 '瑑'로도 표기함.

【熏香】 '薰香'으로도 표기하며, 향을 태워 그 향기가 가득 퍼지도록 함.

【趙李家】 皇帝의 친척과 貴戚의 집 등 귀인의 집안. 漢 成帝 때의 趙飛燕과
李平 두 집안을 가리키는 것으로 봄.《漢書》敍傳에 "趙李諸侍中皆引滿浮白"
이라 함. 그러나 혹 漢 武帝의 李夫人과 성제의 조비연을 가리키는 것이라
고도 함. 낙양의 귀한 집안은 모두가 이 여인과 서로 알고 사귀는 귀족 집단
임을 말한 것.

【越女】 西施. 남방의 최고 미인. 李白의 〈越女詞〉에 "鏡湖水如月, 耶溪女似雪"
이라 함. 여기서는 아무리 아름다운 여자라 해도 빈천하면 강가에서 빨래나
하는 여인이 되고 마는 것이라는 뜻.

【浣紗】 西施가 入宮하기 전에 若耶溪에서 비단 빨래를 하는 등 전혀 알려
지지 않은 村女였음을 말함.

───

참고 및 관련 자료

1. 原注에 '時年十六(一作十八)'으로 되어 있으며, 지은 연대는 구체적으로
알 수 없음. 왕유는 15세 때 〈過始皇墓〉, 16세 때 이 〈洛陽
女兒行〉, 17세 때 〈九月九日憶山東兄弟〉, 19세 때 〈桃源行〉,
21세 때 〈燕支行〉을 짓는 등 소년 시절 이미 문장으로
대단한 이름을 떨쳤음.

2. 이는 新樂府體로써 梁 武帝 蕭衍의 〈河中之水歌〉
"河中之水向東流, 洛陽女兒名莫愁"에서 제목을
취한 것임.

3. 沈德潛은《唐詩別裁》에서 "結意況君子不
遇也. 與〈西施詠〉同一寄托"이라 함.

4. 韻脚은 居·餘·魚·望·向·帳, 春·倫·人,
火·瓁·坐, 華·家·紗 등 4번 換韻함.

王維

070

〈老將行〉 ··· 王維

늙은 장군을 노래함

소년 시절 열다섯 스무 살 적에는,
맨 걸음으로 호마를 훌쩍 빼앗아 올라탔었지.
산속의 이마 흰 호랑이를 쏘아 죽였으면서도,
능히 조창처럼 겸손함도 보였었지.
몸으로 직접 삼천리 전전하며 싸웠고,
한 칼로 일찍이 백만 군사를 당해 내었지.
한나라 병사들 빠르기가 우레와 같았고,
오랑캐 펄펄 날뛰지만 철질려를 두려워하였지.
위청이 패배가 없었던 것은 하늘의 행운이요,
이광이 공이 없었던 것은 운이 닿지 않았기 때문.
그러나 버림받아 방치된 뒤 곧바로 쇠해지더니,
세상사 절뚝절뚝 흰머리가 되었네.
옛날에는 활을 쏘면 맞추지 못하는 것이 없더니,
지금 팔꿈치에는 쓸데없는 종기가 돋아났네.
길가에서 때때로 동릉후의 참외나 팔고 있고,
문 앞에서 버들 심고 도연명이나 흉내내네.
사는 동네 고목은 가물가물 가난한 골목으로 이어져 있고,
쓸쓸히 차가운 산은 나의 빈 창문을 마주할 뿐.

맹세하건대 소륵에서 경공이 한 것처럼 샘물을 솟게 하리라.
헛되게 영천의 관부처럼 술기운을 빌려 주정하지는 않으리라.
하란산 아래에는 지금 구름처럼 진을 치고 있다 하며,
긴급 문서가 낮에 달려 저녁이면 소식 들리네.
절도사는 지금 삼하에서 소년병을 모집하고,
임금은 조서를 내려 오도의 장군을 다시 부르신다네.
시험삼아 철갑옷 먼지를 떨어보니 눈같이 희어지고,
애오라지 보배 칼 손에 잡으니 별무늬가 움직인다.
원하건대 연궁을 얻어 적의 대장을 쏘아 죽여
적의 군대를 부끄럽게 하여 우리 임금 울리리라.
지난날 운중태수 위상에게 혐의를 두지 말지니,
그래도 싸우도록 기회만 준다면 공훈을 세우리라.

少年十五二十時, 步行奪得胡馬騎.
射殺山中白額虎, 肯數鄴下黃鬚兒!
一身轉戰三千里, 一劍曾當百萬師.
漢兵奮迅如霹靂, 虜騎崩騰畏蒺藜.
衛靑不敗由天幸, 李廣無功緣數奇.
自從棄置便衰朽, 世事蹉跎成白首.
昔時飛箭無全目, 今日垂楊生左肘.
路旁時賣故侯瓜, 門前學種先生柳.
蒼茫古木連窮巷, 寥落寒山對虛牖.
誓令疏勒出飛泉, 不似潁川空使酒.
賀蘭山下陣如雲, 羽檄交馳日夕聞.

節使三河募年少, 詔書五道出將軍.
試拂鐵衣如雪色, 聊持寶劍動星文.
願得燕弓射大將, 恥令越甲鳴吾君.
莫嫌舊日雲中守, 猶堪一戰取功勳!

【老將行】《樂府詩集》新樂府詞의 제목.

【行】歌曲의 한 장르이며 문체의 이름.《文體明辨》에 "步驟馳騁, 疎而不滯
者曰行"이라 함.

【得胡騎】적진에서 오랑캐 말을 빼앗아 타고 탈출할 정도의 기백.《史記》
李將軍列傳에 "後漢以馬邑城誘單于, 使大軍伏馬邑旁谷, 而廣爲驍騎將軍,
領屬護軍將軍. 是時單于覺之, 去, 漢軍皆無功. 其後四歲, 廣以衛尉爲將軍,
出鴈門擊匈奴. 匈奴兵多, 破敗廣軍, 生得廣. 單于素聞廣賢, 令曰:「得李廣必
生致之.」胡騎得廣, 廣時傷病, 置廣兩馬間, 絡而盛臥廣. 行十餘里, 廣詳死,
睨其旁有一胡兒騎善馬, 廣暫騰而上胡兒馬, 因推墮兒, 取其弓, 鞭馬南馳數十里,
復得其餘軍, 因引而入塞. 匈奴捕者騎數百追之, 廣行取胡兒弓, 射殺追騎, 以故
得脫. 於是至漢, 漢下廣吏. 吏當廣所失亡多, 爲虜所生得, 當斬, 贖爲庶人"의
고사를 말함.

【白額虎】이마가 흰 호랑이로 매우 사나워 사람을 해침. 晉나라 때 周處가
이를 제거하여 마을을 안정시킴.《晉書》周處傳에 "處少孤, 未弱冠, 膂力絶人,
好馳騁田獵, 不脩細行, 縱情肆欲, 州曲患之. 處自知爲人所惡, 乃慨然有改勵
之志, 爲父老曰:「今時和歲豐. 何苦而不樂耶?」父老歎曰:「三害未除, 何樂
之有?」處曰:「何謂也?」答曰:「南山白額猛獸, 長橋下蛟, 幷子爲三矣.」處曰:
「若此爲患, 吾能除之.」父老曰:「子若除之, 則一郡之大慶, 非徒去害而已.」處乃
入山射殺猛獸, 因投水搏蛟, 蛟或沈或浮, 行數十里, 而處與之俱, 經三日三夜,
人謂死, 皆相慶賀. 處果殺蛟而反, 聞鄉里相慶, 始知人患己之甚, 乃入吳尋二陸"
라 하였으며, 이 고사는《世說新語》自新篇,《蒙求》등에도 널리 실려 있음.

【肯數】자신에 대한 꾸짖음이나 권고를 긍정하고 받아들임.

【鄴下】鄴縣. 지금의 河南 臨漳縣 서쪽. 曹操가 魏王에 봉해지자 鄴을 자신의
봉지 도읍지로 하였음.

【黃鬚兒】曹操의 둘째 아들 曹彰. 任城王에 봉해졌음. 수염이 누렇게 자란
모습을 하고 있어 그렇게 별명이 붙었음. 代를 정벌하고 돌아와 태자
(曹丕)의 권고를 그대로 긍정하고 겸손함을 보인 고사. 《魏志》任城王傳에
"彰自代過鄴, 太子謂彰曰:「卿新有功, 宜勿自伐, 應對常若不足者.」彰到,
如太子言, 歸功諸將. 太祖喜, 捋彰鬚曰:「黃鬚兒, 竟大奇也.」"라 함.

【霹靂】우레. 疊韻連綿語.

【崩騰】펄펄 뜀. 역시 疊韻連綿語.

【蒺藜】찔레. 뒤에 군에서 지금의 철조망처럼 사용하던 군사 방어용 장애시설로
鐵蒺藜라 함. 《爾雅翼》에 "軍旅以鐵作茨, 布敵路, 謂之鐵蒺藜"라 하였고,
《六韜》에 "太公曰:「令我士卒十行布鐵蒺藜. 遙見敵車騎將來, 均置蒺藜, 掘地
迎廣以深五尺, 名曰'命籠'. 人持行馬進退, 闌車以爲壘, 推而前後, 直而爲屯,
以强弩備我左右. 然則命我三軍皆疾戰, 而必勝也.」"라 함

【衛靑】자는 仲卿(?~B.C.106). 河東 平陽 출신으로 衛皇后의 아우이며 이름난
장군. 漢 武帝에게 重用되어 大將軍에 올랐으며, 長平侯에 봉해짐. 元朔 2년
(B.C.127) 흉노를 정벌하고 다시 元狩 4년(B.C.119) 霍去病과 함께 흉노의
주력부대를 격파함. 그의 아들 衛伉·衛不疑·衛登도 공을 세워 이름 날림.
《史記》와 《漢書》에 모두 전이 있음.

【天幸】하늘의 도움. 《史記》霍去病傳에 "驃騎大將軍(衛靑)所將常選, 然亦敢
深入, 常與壯騎先其大將軍, 軍亦有天幸, 未嘗困絶"이라 함.

【李廣】?~B.C.119. 西漢 때의 유명한 장군. 李陵의 조부. 文帝 때 武騎常侍를
지냈으며, 武帝 때 右北平太守가 되어 匈奴를 격파함. '漢飛將軍'(飛將軍)이라
불림. 《史記》와 《漢書》에 傳이 있음. 《史記》李將軍列傳에 "李將軍廣者,
隴西成紀人也. 其先曰李信, 秦時爲將, 逐得燕太子丹者也. 故槐里, 徙成紀.
廣家世世受射. 孝文帝十四年, 匈奴大入蕭關, 而廣以良家子從軍擊胡, 用善
騎射, 殺首虜多, 爲漢中郎. 廣從弟李蔡亦爲郎, 皆爲武騎常侍, 秩八百石. 嘗
從行, 有所衝陷折關及格猛獸, 而文帝曰:「惜乎, 子不遇時! 如令子當高帝時,
萬戶侯豈足道哉!」……後漢以馬邑城誘單于, 使大軍伏馬邑旁谷, 而廣爲驍騎
將軍, 領屬護軍將軍. 是時單丁覺之, 去, 漢軍皆無功. 其後四歲, 廣以衛尉
爲將軍, 出鴈門擊匈奴. 匈奴兵多, 破敗廣軍, 生得廣. 單于素聞廣賢, 令曰:
「得李廣必生致之.」胡騎得廣, 廣時傷病, 置廣兩馬間, 絡而盛臥廣. 行十餘里,
廣詳死, 睨其旁有一胡兒騎善馬, 廣暫騰而上胡兒馬, 因推墮兒, 取其弓, 鞭馬
南馳數十里, 復得其餘軍, 因引而入塞. 匈奴捕者騎數百追之, 廣行取胡兒弓,

射殺追騎, 以故得脫. 於是至漢, 漢下廣吏. 吏當廣所失亡多, 爲虜所生得, 當斬, 贖爲庶人"이라 함.

【數奇】 짝(偶)이 될 도움이 없이 홀로 奇數처럼 되어 운이 없음을 말함.《史記》李將軍列傳에 "大將軍靑亦陰受上誡, 以爲李廣老, 數奇, 毋令當單于, 恐不得所欲. 而是時公孫敖新失侯, 爲中將軍從大將軍, 大將軍亦欲使敖與俱當單于, 故徙前將軍廣. 廣時知之, 固自辭於大將軍. 大將軍不聽, 令長史封書與廣之莫府, 曰:「急詣部, 如書.」라 하였고,《索隱》에 服虔의 말을 인용하여 "數奇, 作事數不偶也"라 함.

【蹉跎】 넘어짐. 뜻대로 되지 않을 표현하는 疊韻連綿語.

【飛箭無全目】 활을 매우 잘 쏨을 뜻함. 마치 눈이 없는 새를 쏘듯 함. 鮑照 〈擬古詩〉"驚雀無完目"의 李善의 주에《帝王世紀》를 인용하여 "帝羿有窮氏, 與吳賀北遊, 賀使羿射雀, 羿曰:「生之乎? 殺之乎?」賀曰:「射其左目.」羿引弓射之, 誤中右目. 羿抑首而媿, 終身不忘. 故羿之善射至今稱之"라 함.

【垂楊生左肘】 왼쪽 팔꿈치에 옹이(瘤)가 생겨남. '垂楊'은 '柳'를 대신한 말이며, '柳'는 '瘤'의 가차자임. 쓸모없음을 비유함.《莊子》至樂篇에 "支離叔與滑介叔觀於冥伯之丘, 崑崙之虛, 黃帝之所休. 俄而柳生其左肘, 其意蹶蹶然惡之. 支離叔曰:「子惡之乎?」滑介叔曰:「亡, 予何惡! 生者, 假借也; 假之而生生者, 塵垢也. 死生爲晝夜. 且吾與子觀化而化及我, 我又何惡焉!」라 함. 그러나 高步瀛의《唐宋詩擧要》에는 "或謂柳爲瘤之借字, 蓋以人肘無生柳之理. 然支離·滑介本無此人, 生柳寓言, 亦無不可"라 함.

【故侯瓜】 秦나라 때 東陵侯를 지낸 召平이, 秦나라가 망하고 漢나라가 되자 장안 동쪽에 은거하며 심은 참외로, 무척 달아 많은 사람들이 東陵瓜라 하였다는 고사를 말함. 늙어 은거하며 참외나 기르며 사는 한적한 생활을 보냄을 뜻함. 東陵은 東門(靑門) 밖에 있어 '靑門瓜'라고도 하며 "靑門遂種瓜"의 성어를 낳음.《史記》蕭相國世家에 "召平者, 故東陵侯, 秦破, 爲布衣, 貧種瓜於長安城東, 瓜美. 故世俗謂之東陵瓜"라 함.

【先生柳】 陶淵明의 〈五柳先生傳〉에 "先生不知何許人, 亦不詳其姓字. 宅邊有五流樹, 因以爲號焉. 閑靖少言, 不慕榮利. 好讀書, 不求甚解, 每有會意, 便欣然忘食. 性嗜酒, 家貧不能常得. 親舊知其如此, 或置酒而招之, 造飮輒盡, 期在必醉. 旣醉而退, 曾不吝情去留. 環堵蕭然, 不蔽風日. 短褐穿結, 簞瓢屢空, 晏如也. 常著文章自娛, 頗示己志. 忘懷得失, 以此自終"이라 하여 자신의 호를 삼은 일. 본문의 '學'은 '斆', '效'와 같으며 '흉내내다'의 뜻.

【滄茫】아득함을 뜻하는 疊韻連綿語.

【寥落】쓸쓸히 전락함을 뜻하는 雙聲連綿語.

【疏勒】옛 西域의 성 이름. 後漢 耿恭이 匈奴를 방어하던 곳. 지금의 新疆 疏勒縣.

【出飛泉】耿恭이 疏勒을 지킬 때 흉노가 물길을 끊자, 옛 우물에 절을 하여 샘물이 솟아나게 하였다 함.《後漢書》耿恭傳에 "七月, 匈奴復來攻恭, 恭募 先登數千人直馳之, 胡騎散走, 匈奴遂於城下擁絶澗水. 恭於城中穿井十五丈 不得水, 吏士渴乏, 笮馬糞汁而飮之. 恭仰歎曰:「聞昔貳師將軍拔佩刀刺山, 飛泉涌出; 今漢德神明, 豈有窮哉!」乃整衣服向井再拜, 爲吏士禱. 有頃, 水泉奔出, 衆皆稱萬歲. 乃令吏士揚水以示虜. 虜出不意, 以爲神明, 遂引去"라 하였으며《蒙求》에도 실려 있음.

【潁川空使酒】漢나라 때 潁川 潁陰 출신 灌夫라는 사람이, 술기운을 빌려 武安侯 곁에서 臨汝侯를 꾸짖은 사건.《史記》魏其武安傳에 "灌夫爲人剛 直使酒, 不好面諛. 貴戚諸有勢在己之右, 不欲加禮, 必陵之; 諸士在己之左, 愈貧賤, 尤益敬, 與鈞. 稠人廣衆, 薦寵下輩. 士亦以此多之. ……灌夫愈益怒. 及飮酒酣, 夫起舞屬丞相, 丞相不起, 夫從坐上語侵之. 魏其乃扶灌夫去, 謝丞相. 丞相卒飮至夜, 極驩而去. 丞相嘗使籍福請魏其城南田. 魏其大望曰:「老僕雖弃, 將軍雖貴, 寧可以勢奪乎!」不許. 灌夫聞, 怒, 罵籍福. 籍福惡兩人有郤, 乃謾 自好謝丞相曰:「魏其老且死, 易忍, 且待之」已而武安聞魏其·灌夫實怒不予田, 亦怒曰:「魏其子嘗殺人, 蚡活之. 蚡事魏其無所不可, 何愛數頃田? 且灌夫何 與也? 吾不敢復求田」武安由此大怨灌夫·魏其. 元光四年春, 丞相言灌夫家 在潁川, 橫甚, 民苦之. 請案. 上曰:「此丞相事, 何請」灌夫亦持丞相陰事, 爲姦利, 受淮南王金與語言. 賓客居閒, 遂止, 俱解"라 하여 결국 멸족당하고 말았음.

【賀蘭山】지금의 寧夏回族自治區 서쪽에 있는 산. 秦漢 이래 흉노를 막는 중요한 방어지였음.

【羽檄】전쟁에 쓰이는 긴급한 공문. 새의 깃을 달아 급한 문서임을 표시하였음.

【三河】河東(山西)·河南(河南 남부와 湖北 북부)·河內(하남 북부) 일대.

【五道】조정에서 五道에 조서를 내려 늙은 장군들로 하여금 출전하도록 함. 五道將軍은《漢書》常惠傳 "漢大發十五萬騎, 五將軍分道出"의 顔師古 주에 "祁連將軍田廣明, 蒲類將軍趙忠國, 武牙將軍田順, 度遼將軍范明友, 前將軍 韓增"을 가리키는 것이라 하였음.

【星文】 칼자루에 별 무늬를 넣은 것. 고대 七聲劍이 있었으며 칼자루에 보석으로 칠성의 무늬를 박아 넣은 것.

【燕弓】 燕나라에서 나오는 활. 이곳에서 훌륭한 활이 생산되었음.《周禮》考工記 참조.

【大將】 적의 장군을 말함. 혹 '天將'으로 표기된 판본도 있음.

【越甲】 越나라의 군대. 제나라 雍門子狄이 월나라 군대의 침입을 보고 스스로 자신의 잘못이라 여겨 자결한 고사.《說苑》立節篇에 "趙軍至齊, 雍門子狄請死之, 帝王曰:「鼓鐸之聲未聞, 矢石未交, 長兵未接, 子何務死之? 爲人臣之禮邪?」 雍門子狄對曰:「臣聞之, 昔者王田於囿, 左轂鳴車右請死之, 而王曰:『子何爲死?』車右對曰:『爲其鳴吾君也.』王曰:『左轂鳴者, 工師之罪也, 子何事之有焉?』車右曰:『臣不見工師之乘而見其鳴吾君也.』遂刎頸而死, 知 有之乎?」齊王曰:「有之.」雍門子狄曰:「今越甲至, 其鳴吾君也, 豈左轂之下哉? 車右可以死左轂, 而臣獨不可以死越甲也?」遂刎頸而死. 是日越人引甲而退七十里, 曰:「齊王有臣, 鈞如雍門子狄, 擬使越社稷不血食.」遂引甲而歸, 齊王葬雍門子狄以上卿之禮"라 함.

【雲中守】 雲中태수 魏尙을 가리킴. 雲中은 지금의 山西 大同로두터 내몽고 托克托 일대. 魏尙이 漢 文帝 때 雲中太守였는데 匈奴를 두려워하여 제대로 일을 처리하지 못하였으나, 문제가 馮唐을 보내어 그를 사면하고 다시 분발하도록 한 고사.《史記》馮唐傳에 "唐對曰:「臣聞上古王者之遣將也, 跪而推轂, 曰閫以內者, 寡人制之; 閫以外者, 將軍制之. 軍功爵賞皆決於外, 歸而奏之. 此非虛言也. 臣大父言, 李牧爲趙將居邊, 軍市之租皆自用饗士, 賞賜決於外, 不從中擾也. 委任而責成功, 故李牧乃得盡其智能, 遣選車千三百乘, 轂騎萬三千, 百金之士十萬, 是以北逐單于, 破東胡, 滅澹林, 西抑彊秦, 南支韓·魏. 當是之時, 趙幾霸. 其後會趙王遷立, 其母倡也. 王遷立, 乃用郭開讒, 卒誅李牧, 令顏聚代之. 是以兵破士北, 爲秦所禽滅. 今臣竊聞魏尙爲雲中守, 其軍市租盡以饗士卒, [出]私養錢, 五日一椎牛, 饗賓客軍吏舍人, 是以匈奴遠避, 不近雲中之塞. 虜曾一入, 尙率車騎擊之, 所殺甚衆. 夫士卒盡家人子, 起田中從軍, 安知尺籍伍符. 終日力戰, 斬首捕虜, 上功莫府, 一言不相應, 文吏以法繩之. 其賞不行而吏奉法必用. 臣愚, 以爲陛下法太明, 賞太輕, 罰太重. 且雲中守魏尙坐上功首虜差六級, 陛下下之吏, 削其爵, 罰作之. 由此言之, 陛下雖得廉頗·李牧, 弗能用也. 臣誠愚, 觸忌諱, 死罪死罪!」文帝說. 是日令馮唐持節赦魏尙, 復以爲雲中守, 而拜唐爲車騎都尉, 主中尉及郡國車士"라 함.

1. 이는 新樂府의 하나로 歌行體로 읊은 것이며, 젊고 씩씩했던 장군이 늙어 장차 처량한 신세로 접어들고 있는 老境을 노래한 것임.

2. 이는 鮑照의 〈代東武吟〉의 영향을 받은 것이라 함.

3. 《唐詩選脉會通評林》에 吳山民의 평을 인용하여 "陡然起便勁健, 次六句 何等猛烈! '衛靑'句正不必慕, '李廣'句便自可嘆. '滄茫'兩句說得冷落, '誓令' 兩句猛氣猶存. 末六句老趣何如!"라 함.

4. 《唐賢淸雅集》에는 "七長古篇, 錯落轉換, 全以氣勝, 否則支離節解矣. …… 轉接補幹, 用法精細, 大家見識"이라 함.

5. 韻脚은 時·騎·兒·師·藜·奇, 朽·首·肘·柳·牖·酒, 雲·聞·軍·文·君·勳.

071

〈桃源行〉 ·· 王維

도원을 노래함

고깃배 시내 따라 흘러가는 동안 봄 산 모습 사랑스러운데,
양 언덕 복사꽃에 묵은 옛 나루가 끼어 있구나.
앉아 붉은 나무 구경하느라 멀리 온 줄 몰랐더니,
푸른 시내 다하도록 누구 하나 만나지 못하였네.
산 어귀 몰래 들어가 보니 좁고 깊은 험한 길,
그러더니 산이 열려 드넓은 평지가 갑자기 나타났네.
멀리 보니 한곳에 구름처럼 나무 둘러친 마을이 옹기종기,
다가가니 일천 집이 꽃과 대나무 사이 흩어져 있구나.
찾아간 그 고기잡이 어부는 한나라 식의 이름을 밝혔는데,
그곳에 사는 사람 모두는 진나라 때의 옷을 입고 있었네.
그곳 사람들 모두가 함께 그 무릉원에 살면서,
세상으로부터 그 밖 이곳에 이르러 농사를 일으켰다네.
달 밝은 밤이면 소나무 아래 창틀마다 조용하지만,
해가 뜨면 구름 속에 닭과 개들이 시끄럽게 울어대네.
세속의 손님이 왔다는 소문에 우루루 모여들더니
다투어 자신들 집으로 데려가 어느 도시에서 왔느냐고 물어대네.
새벽이면 골목마다 꽃을 쓸어 길을 열고,
어스름 저녁이면 어부와 나무꾼들 물을 타고 돌아오네.

당초 이들은 난리를 피해 인간세상을 떠났는데,
지금은 드디어 신선들이 되어 돌아가지 않는다네.
골짜기 속에 누가 이런 사람들이 살고 있는 줄을 알겠는가?
속세 사람들 멀리 바라보면 그저 구름 낀 산만 있을 뿐이겠지.
선경을 의심하지는 않지만 그래도 들어보기 어려운 것,
세상 마음 다 버리지 못해 그래도 고향 생각 그리워서.
그 마을을 나서면서 이런 산수를 발설하지 않겠다 약속하되,
이다음 나도 집을 끝내 떠나 이런 곳에서 길이 노닐리라.
스스로 옛 지나온 그 길을 놓치지 않으리라 여겼건만,
어찌 알리오, 산봉우리 산골짜기 지금 와서 변할 줄을?
당시에는 단지 기억하기로 깊은 산속으로 들어와,
푸른 시내 몇 굽이 돌면 구름 수풀 그곳에 이른다고 여겼는데,
봄이 오니 온통 복사꽃 흐르는 냇물.
선경의 근원을 분별할 수 없으니 어느 곳에서 찾을꼬?

漁舟逐水愛山春, 兩岸桃花夾古津.
坐看紅樹不知遠, 行盡青溪不見人.
山口潛行始隈隩, 山開曠望旋平陸.
遙看一處攢雲樹, 近入千家散花竹.
樵客初傳漢姓名, 居人未改秦衣服.
居人共住武陵源, 還從物外起田園.
月明松下房櫳靜, 日出雲中雞犬喧.
驚聞俗客爭來集, 競引還家問都邑.
平明閭巷掃花開, 薄暮漁樵乘水入.
初因避地去人間, 更問神仙遂不還.

峽裏誰知有人事? 世中遙望空雲山.

不疑靈境難聞見, 塵心未盡思鄕縣.

出洞無論隔山水, 辭家終擬長游衍.

自謂經過舊不迷, 安知峰壑今來變?

當時只記入山深, 靑溪幾度到雲林.

春來遍是桃花水, 不辨仙源何處尋.

【桃源】복사꽃이 떠내려 오는 물을 따라 그 근원을 찾아감. 陶淵明의 〈桃花
源記〉를 뜻함. 지금의 湖南에 桃源縣이 있으며, 옛 지명은 武陵郡(지금의
常德市)임.

【行】歌曲의 한 장르이며 문체의 이름. 《文體明辨》에 "步驟馳騁, 疏而不滯
者曰行"이라 함.

【逐水】물 흐름을 따라감.

【古津】옛 도연명이 떠났던 나루. 혹 '去津'으로 표기된 판본도 있음.

【紅樹】복사꽃이 활짝 핀 나무.

【不見人】桃源의 끝에 이르도록 아무도 만나지 못함. 그러나 다른 판본에는
'忽値人'으로 되어 있어 '사람을 만나다'로 되어 있으나 내용으로 보아 타당
하지 않음.

【隈隩】그윽하고 깊은 지형.

【曠望】환하게 확 트임.

【攢】모여 있음.

【雲樹】구름처럼 많은 나무들. 마을이 숲 속에 자리잡고 있음.

【樵客】漁樵客의 준 말. 그곳을 찾아간 漁人을 말함.

【物外】세상 밖. 어부가 사는 세상과 다른 그곳.

【房櫳】'櫳'은 창문의 틀.

【日出雲中雞犬喧】《論衡》道虛篇에 "淮南王學道, 招會天下有道之人, 傾一國
之尊, 下道術之士, 是以道術之士, 並會淮南, 奇方異術, 莫不爭出. 王遂得道,
擧家升天, 畜産皆仙, 犬吠於天上, 雞鳴於雲中"이라 하였고, 이 고사는 葛洪

《神山傳》및《太平廣記》등에 널리 실려 있음.

【還家】자신의 집으로 이 손님을 데려가 대접함.

【都邑】秦나라 때 사람이라 당시 戰國시대 各國의 都邑이 있어 어느 나라, 어느 도시에서 왔는지 궁금하여 질문을 퍼부음.

【平明】맑고 환해지는 새벽.

【及至成仙】〈四部叢刊〉本에는 '更問成仙'이라 하였고, 章燮注 本에는 '更問 神仙'이라 하였음.

【不疑靈境】신령 세계의 선경임을 의심하지 않음.

【塵心】속세의 티끌 묻은 마음.

【游衍】마음 편하게 즐기며 떠나고 싶지 않은 마음으로 노닐음. '留連'과 같으며 모두 雙聲連綿語.

【度】일부 판본에는 '曲'으로 되어 있으나 〈四部叢刊〉本과 〈章燮本〉에 모두 '度'로 되어 있음.

【桃花水】'桃華水'로도 표기함. '春水', '春汎', '桃花汎'이라고도 하며 봄물을 뜻함.《漢書》溝洫志 顔師古 주에 "月令, 仲春之月, 始雨水, 桃始華, 蓋桃方 華時, 旣有雨水, 川谷冰泮, 衆流猥集, 波瀾甚長, 故謂之桃華水"라 함.

참고 및 관련 자료

1. 이는《全唐詩》제목 아래 주에 '時年十九'라 하여 王維 19세 때 작이라 하며 陶淵明의 〈桃花源記〉를 題材로 하여 읊은 것임.

2. 蘇軾의 〈和桃源詩〉序에 "世傳桃源事多過其實, 考淵明所記, 只言先世 避秦亂來此, 則漁人所見, 似是其子孫, 非秦人不死者也. 又云'殺鷄作食', 豈有 仙而殺者乎"라 함.

3. 孟浩然의 〈武陵泛舟〉에도 "莫測幽源裏, 仙家信幾深"이라 함.

4. 韻脚은 春·津·人, 陸·竹·服, 源·園·喧, 集·邑·入, 間·還·山, 見·縣·衍·變, 深·林·尋 등 7번 換韻함.

5. 陶淵明 〈桃花源記〉(幷詩)
晉太元中, 武陵人捕魚爲業, 緣溪行, 忘路之遠近, 忽逢桃花林. 夾岸數百步, 中無雜樹, 芳草鮮美, 落英繽紛, 漁人甚異之. 復前行, 欲窮其林. 林盡水源, 便得 一山. 山有小口, 髣髴若有光; 便捨船從口入. 初極狹, 纔通人; 復行數十步, 豁然

開朗. 土地平曠, 屋舍儼然, 有良田美池桑竹之屬; 阡陌交通, 鷄犬相聞. 其中
往來種作, 男女衣著, 悉如外人; 黃髮垂髫, 並怡然自樂. 見漁人, 乃大驚; 問所
從來, 具答之. 便要還家, 爲設酒殺鷄作食. 村中聞有此人, 咸來問訊. 自云先
世避秦時亂, 率妻子邑人來此絕境, 不復出焉; 遂與外人間隔. 問今是何世, 乃不
知有漢, 無論魏晉. 此人一一爲具言所聞, 皆歎惋. 餘人各復延至其家, 皆出酒食.
停數日, 辭去. 此中人語云: 「不足爲外人道也.」既出, 得其船, 便扶向路, 處處
誌之. 及郡下, 詣太守說如此. 太守卽遣人隨其往. 尋向所誌, 遂迷不復得路.
南陽劉子驥, 高尚士也. 聞之, 欣然規往. 未果, 尋病終, 後遂無問津者.

嬴氏亂天紀, 賢者避其世. 黃綺之商山, 伊人亦云逝.

往跡寖復湮, 來逕遂蕪廢. 相命肆農耕, 日入從所憩.

桑竹垂餘蔭, 菽稷隨時藝. 春蠶收長絲, 秋熟靡王稅.

荒路曖交通, 鷄犬互鳴吠. 俎豆猶古法, 衣裳無新製.

童孺縱行歌, 斑白歡遊詣. 草榮識節和, 木衰知風厲.

雖無紀曆誌, 四時自成歲. 怡然有餘樂, 於何勞智慧!

奇蹤隱五百, 一朝敞神界. 淳薄既異源, 旋復還幽蔽.

借問游方士, 焉測塵囂外! 願言躡輕風, 高擧尋吾契.

桃源洞圖《三才圖會》

072

〈蜀道難〉 ·· 李白
촉으로 가는 험난한 산길

햐!
위험하고도 높구나!
촉으로 가는 길 어려움이여, 푸른 하늘 오르기보다 어렵구나!
촉나라 옛 임금 잠총과 어부,
나라를 세운 지 아득함이여!
그로부터 사만 팔천 년 만에,
비로소 진나라와 통하여 사람 사는 곳이 되었네.
서쪽으로 태백산이 가로막아 조도가 겨우 있고,
아미산 꼭대기를 가로 잘랐네.
땅이 무너지고 산이 꺾여 장사가 죽고 난 뒤에야,
구름다리 돌다리 비로소 연결되었네.
산꼭대기 육룡이 해를 끌고 되돌아간 자리에 표지목이 있고,
아래로는 구불구불 도는 물결 부딪치고 파도치네.
황곡이 날아올라도 끝까지 올라보지 못하고,
원숭이도 넘으려다 잡고 오르기를 걱정하네.
청니 고개는 어찌 그리 굽었는지,
백 걸음에 아홉 번 꺾여 바위산을 얽고 있네.
손 펴면 삼성을 잡을 듯, 정성을 지나갈 듯, 숨이 막혀,

손으로 가슴 쓸어내며 앉은 채 길이 탄식하네.
그대에게 묻노니 서쪽으로의 여행, 어느 때에 돌아오나?
가는 길 바위산이라 오르지 못할까 두렵소이다!
다만 산새들 고목나무에서 슬피 울며,
수컷은 날아다니고 암컷은 수풀 사이를 따라 이리저리 날고 있을 뿐이리.
게다가 다시 달밤에 서쪽새 우는 소리,
텅 빈 산에 수심만 가득하리.
촉으로 가는 길 어려움이여 푸른 하늘 오름보다 더 어렵구나!
사람들에게 이 말을 들려주면 겁먹은 얼굴이 되네.
이어진 봉우리는 하늘과 한 자도 안 되는 거리,
마른 소나무 거꾸로 걸려 절벽에 기대고 있네.
솟구치는 여울물과 쏟아지는 폭포는 다투어 시끄럽고,
펑펑 물결치는 낭떠러지에 구르는 돌들로 골짜기마다 우레 소리.
그 험함이 이와 같도다!
아, 먼 길 가는 사람이여,
어떻게 살아 다시 오시려오!
검각산은 우뚝우뚝, 높이 솟아 가파르니,
한 사람이 관문을 지키면 만 사람도 못 여는 곳.
그 관문을 지키는 사람이 혹 친한 사람 아니라면,
이리나 승냥이의 먹이가 되고 말 곳이니라.
아침에는 맹호를 피하고,
저녁에는 긴 뱀을 피하리니.
이를 갈고 피를 빨아,
죽인 사람 삼대같이 많았노라.
금성 땅 비록 아무리 즐거운 곳이라 해도,
차라리 일찍 집으로 되돌아옴만 못하리라.
촉으로 가는 길 어려움이여 푸른 하늘 오름보다 더 어렵구나.
몸을 옆으로 하고 서쪽 그곳을 바라보며 길게 탄식하노라!

噫吁戲! 危乎高哉!

蜀道之難難於上青天!

蠶叢及魚鳧, 開國何茫然!

爾來四萬八千歲, 始與秦塞通人煙.

西當太白有鳥道, 可以橫絕峨嵋巔.

地崩山摧壯士死, 然後天梯石棧方鉤連.

上有六龍回日之高標, 下有衝波逆折之回川.

黃鶴之飛尚不得, 猿猱欲度愁攀援.

青泥何盤盤, 百步九折縈巖巒.

捫參歷井仰脅息, 以手撫膺坐長嘆.

問君西遊何時還? 畏途巉巖不可攀!

但見悲鳥號古木, 雄飛雌從繞林間.

又聞子規啼夜月, 愁空山.

蜀道之難難於上青天! 使人聽此凋朱顏.

連峰去天不盈尺, 枯松倒挂倚絕壁.

飛湍瀑流爭喧豗, 砯崖轉石萬壑雷.

其險也如此! 嗟爾遠道之人, 胡爲乎來哉!

劍閣崢嶸而崔嵬, 一夫當關, 萬夫莫開.

所守或匪親, 化爲狼與豺.

朝避猛虎, 夕避長蛇.

磨牙吮血, 殺人如麻.

錦城雖云樂, 不如早還家.

蜀道之難難於上青天, 側身西望長咨嗟!

【蜀道難】 원래《樂府》相和歌詞 瑟調曲의 옛 제목.《樂府古題要解》에 “〈蜀道難〉
備言銅梁·玉壘之阻”라 하여 蜀道는 陝西 長安에서 蜀(四川)으로 가는 銅梁山
과 玉壘山, 즉 劍閣山脈이 험한 산길로 劍閣이 있으며 棧道로 이루어져 있음.

【噫吁戲】 '噫吁嚱'로도 표기하며 모두가 진한 감탄사. '어휴! 아! 휴! 햐!' 등의 뜻.

【蠶叢·魚鳧】 전설 속 蜀王 先代의 이름.《文選》左思〈蜀都賦〉劉淵林의
주에 揚雄의《蜀王本紀》를 인용하여 “蜀王之先名蠶叢·伯護·魚鳧·浦澤·開明.
是時人, 萌椎髻, 左言, 不曉文字, 未有禮樂, 從開明上到蠶叢, 積三萬四千歲”라 함.

【四萬八千歲】 장구한 세월을 말함. 앞의《蜀王本紀》에서 말한 '三萬四千歲'와
같은 과장법임.

【秦塞】 산천이 險要한 지형. 고대 秦나라를 '四塞之國'이라 불렀음.

【太白】 太一山이라고도 하며 산 이름. 지금의 陝西 郿縣 남쪽에 있으며 秦나라
도읍 咸陽의 서쪽이었음. 촉으로 가는 요충지.

【鳥道】 새나 넘어갈 수 있는 험한 산길임을 말함. 고대 촉은 중원과 교통이
닿지 않아 고립된 지역이었으며 秦 惠王이 蜀을 멸한 다음 張儀로 하여금
성을 쌓도록 하고 蜀郡을 두었음.

【峨嵋】 산 이름. 지금의 四川 峨嵋縣 서남쪽에 있음.

【巔】 산의 정상. 산꼭대기.

【地崩】 秦 惠王이 다섯 딸을 蜀에 시집보낼 것을 허락하자, 蜀王이 다섯 장정을
보내어 이들을 맞아 오는 길에 梓潼에 이르러 곁에 큰 뱀이 굴로 들어가는
것을 보고 다섯 장사가 힘자랑을 보이려 뱀의 꼬리를 잡아당기자, 산이
무너져 미녀와 장사가 모두 깔려 죽었으며 산은 다섯 고개(五嶺)로 변했다 함.
《華陽國志》蜀志에 “惠王許嫁五女於蜀, 蜀王遣五丁迎之, 還到梓潼, 見一大
蛇入穴中, 一人攬其尾 掣之不禁, 至五人相助大呼拽蛇, 山崩時壓殺五人”라
하였고,《蜀王本紀》에는 “山崩, 秦五女皆山上化爲石”이라 함. 이는 蜀道를
개척한 신화임.

【天梯石棧】 하늘을 가로지르고 바위와 바위를 가로질러 설치한 구름사다리와
棧道.

【六龍回日】 太陽 신을 위해 여섯 마리 용이 끄는 수레.《初學記》에《淮南子》
注를 인용하여 “日乘車駕以六龍, 羲和御之. ……至此而回六螭”라 하였음.

【高標】 蜀山의 봉우리 정상에 세운 표지목. 孫綽의〈天台山賦〉에는 “赤城霞起
而建標”라 하였고 李善 주에 “建標, 立物以爲之標識也”라 함. 左思〈蜀都賦〉
에 “陽鳥回翼乎高標”라 하여 이를 원용한 것임. 태양신의 수레를 끄는 육룡이

이 표지목을 보고 너무 높고 험준하여
되돌아갔다는 뜻.

【黃鶴】고니를 가리킴. '鶴'은 '鵠'과 같으며
天鵝.

蜀의 棧道《三才圖會》

【猱】'노'로 읽으며 四川 등 남방에 서식하는
원숭이의 일종. '錦線狨'이라고 부름.

【靑泥】고개 이름. 지금의 甘肅 徽縣 남쪽과
陝西 略陽縣 서북쪽 사이에 있음. 唐나라
때 蜀으로 들어갈 때 반드시 이 길을 통과해야만 했음.《元和郡縣志》(25)에
"靑泥嶺, 懸崖萬仞, 山多雲雨, 行者屢逢泥淖, 故號爲靑泥嶺"이라 함.

【捫參歷井】參과 井은 모두 28수의 성수(星宿) 이름. 參宿七星은 獵座戶로써
益州(蜀)에 해당하며, 井宿八星은 雙子座로써 雍州(秦)에 해당하는 분야임.

【脅息】겁이나 숨을 제대로 쉬지 못함.

【膺】가슴.

【子規】서쪽새, 두견새. 고대 蜀王 杜宇가 죽어 이 새가 되었다 함.《蜀記》에
"昔有人姓杜名宇, 王蜀, 號曰望帝, 宇死, 俗云宇化爲子規. 子規, 鳥名也. 蜀人聞
子規鳴, 皆曰望帝也"라 함. 한편《禽經》에는 "江左曰子規, 蜀右曰杜鵑"이라
하였고,《蜀王本紀》에 "鼈靈死, 其屍逆江而流至蜀, 王杜宇以爲相, 宇自以德不
及靈, 傳位而去, 其魄化爲鳥, 因名此, 亦曰杜鵑, 卽望帝也"라 함. 우는 소리가
'不如歸去'(돌아감만 못하다)라는 음을 내며, 별령에게 나라를 빼앗긴 것을
원통해 한다고 믿었음. 그곳 남방 촉 땅에는 두견이 많아 이렇게 거론한 것.

【喧豗】'훤회'로 읽으며 물과 돌이 서로 부딪치는 소리를 형용한 雙聲連綿語.

【砯崖】'펑'하고 물이 절벽 벼랑에 떨어지는 소리.

【劍閣】산 이름이며 동시에 關門, 棧道 이름. 지금의 四川省 劍閣縣 동북쪽
大劍閣山과 小劍閣山 사이에 있으며 劍閣關이라고도 함. 諸葛亮이 쌓은
것으로 陝西와 四川의 중요한 통로.

【崔嵬】山勢가 높고 험한 모습을 형용하는 疊韻連綿語.

【一夫當關】한 사람만 관문을 지켜도 萬人이 지나가지 못함.《文選》張載
의〈劍閣銘〉에 "一夫荷戟, 萬夫趄趄. 形勝之地, 匪親勿居"라 하였고, 左思의
〈蜀都賦〉에는 "至于臨谷爲塞, 因山爲障. 一人守隘, 萬夫莫向"이라 함.

【匪親】자신의 친척이나 아주 친한 사람이 아닐 경우 그 험함을 기회로
해코지를 할 수도 있음을 말함.

【錦城】錦官城. 四川 成都. 錦城이라고도 함. 《元和郡縣志》(32)에 "劍南道成
都府成都縣, 錦城在縣南十里, 故錦官城也"라 함. 원래는 비단(錦) 織組를
주관하던 官署가 있어 錦官이라 하였으며, 강 이름 역시 錦江이라 부르게
된 것임. 成都에는 옛날 大城·小城이 있었으며, 소성 아래 금강은 비단의
세탁으로 이름이 나서, 文翁이라는 관리가 蜀을 다스릴 때 소성에 錦里를
명명하여 드디어 소성을 錦官城이라 부르게 되었다 함. 뒤에 成都를 대신
하는 말로도 쓰였음.

【西望】成都는 長安 西南쪽에 있으므로 이렇게 표현한 것.

【咨嗟】탄식과 감탄을 함께 함. 疊韻連綿語로 표현한 것.

┌──────────────────┐
│ 참고 및 관련 자료 │
└──────────────────┘

1. 《唐摭言》과 《本事詩》에는 모두 天寶 3년(744) 이전 李白이 長安에 들어
오기 전에 지은 것으로 보았으나, 殷璠의 《河岳英靈集》에는 天寶 12년이라
여겼으며, 顧炎武는 開元, 天寶 사이에 지은 것이라 보았음.

2. 蜀道의 험난함을 벼슬길의 어려움에 비유한 것이라고도 하며, 혹 唐 玄宗이
安祿山의 난 때 촉으로 피난한 것을 諷諭한 것이라고도 함. 그러나 清 顧炎武는
《日知錄》(26)에서 "李白蜀道難之作, 當在開元·天寶間. 時人共言錦城之樂,
而不知畏途之險, 異地之虞, 卽事名篇, 別無寓意"라 함.

3. 특히 이 시를 賀知章이 처음 보고 이백을 '謫仙'이라 불렀다 함. 唐 孟棨의
《本事詩》에 "李太白初自蜀至京師, 舍於逆旅, 賀監知章聞其名, 首訪之, 旣奇
其姿, 復請所爲文, 出〈蜀道難〉示之, 讀未竟, 稱歎者數四, 號爲謫仙. 解金龜
換酒, 與傾盡醉, 期不間日, 由是稱譽光赫"이라 함.

4. 清 李鍈의 《詩法易簡錄》에는 "蜀道二句凡三見, 直以古文章法行之, 縱橫
馳驟, 神變無方, 而一歸於自然, 大可爲化不可爲, 此太白絶調也"라 함.

5. 이는 雜言體로써 한 구절이 11자 혹은 3자부터 9자까지 다양함. 韻脚은
天·然·煙·巓·連·川·援·盤·巒·嘆·還·攀·間·山·顏, 尺·壁, 歷·雷·哉·嵬·開,
豺, 蛇·麻·家·嗟 등으로 7번 換韻함.

073-1

〈長相思〉二首(1) ································· 李白

한없는 그리움(1)

한없이 그리워라. 장안에 계신 그대.
베짱이 가을이라 아름다운 우물가 난간에서 울어대고,
얇은 서리 쌀쌀하여 대자리 색깔조차 차갑구려.
외로운 등불 하나 가물가물 저도 그리움을 끊고자 잦아들고,
휘장 걷고 달을 보며 실없이 긴 한숨만 짓는다오.
꽃같이 고운 님은 저 구름 끝 멀리 있으니.
그 위에는 검푸르고 아득한 멀고먼 하늘이요,
그 아래는 연못물이 파도를 일으키고 있다오.
하늘은 끝이 없고 땅은 멀어 혼백조차 날아가기 힘들어,
꿈에도 가지 못할 관산 길의 어려움이여.
끝없이 그리워라, 애간장을 꺾는다오.

長相思, 在長安.
絡緯秋啼金井闌, 微霜凄凄簟色寒.
孤燈不明思欲絶, 卷帷望月空長嘆.
美人如花隔雲端.

上有靑冥之長天, 下有淥水之波瀾.

天長路遠魂飛苦, 夢魂不到關山難.

長相思, 摧心肝!

【長相思】 길고 끝없는 그리움. 한없는 그리움. 원래《樂府》의 옛 제목으로
雜曲歌詞에 해당함. 〈古詩十九首〉의 "上言長相思, 下言久別離"에서 제목을
취한 것임.

【絡緯】 곤충 이름으로 베짱이. 莎鷄. 베 짜는 소리를 내며 운다하여 속칭
'紡織娘'이라고도 함.《古今注》에 "莎雞一名, 促織, 一名絡緯, 一名蟋蟀"이라
하여 혹 귀뚜라미로도 보았음.

【金井闌】 장식이 화려한 우물의 난간. '闌'은 '欄'과 같음.

【簟】 대나무로 짠 자리. 竹席.

【靑冥】 아득히 푸르고 검어 그 끝을 알 수 없는 하늘이나 우주, 혹 그러한
상황을 표현하는 疊韻連綿語. '靑溟'으로도 표기함.

【思欲絶】 그리움이 심하여 끊고자 함. 그러나 등불이 이를 대신하는 듯
불꽃이 희미하여 끊어지고자 함을 표현한 것.

【淥水】 푸른 연못물.

【關山難】 關山을 넘기 어려움. 변방의 산. 혹은 고향으로 돌아갈 때 보이는
산들.

【摧心肝】 애써 생각하여 심장과 간을 끊어버리듯 함.

> 참고 및 관련 자료

1. 이백은 許氏와 宗氏 두 재상의 딸을 맞아 두 번 결혼한 적이 있으며 이에
그 아내에 대한 그리움을 읊은 '思婦詩'로 보았음.

2. 그러나《唐宋詩醇》에 "《楚辭》曰'恐美人之遲暮', 賢者窮於不遇, 而不敢忘君,
斯忠厚之旨也"라 하여 思君詩로 여겼음.

3. 韻脚은 安·闌·寒·嘆·端·天·瀾·難·肝.

073-2

〈長相思〉二首(2) ······································· 李白
한없는 그리움(2)

해는 이미 저물고 꽃은 박무를 머금고 있는데
이윽고 달은 밝아 하얗건만 수심에 잠을 이루지 못한다오.
조나라 거문고는 애초부터 봉황 오리발에 멈추어 두었고,
촉의 거문고로 원앙현을 튕겨볼까 하다가
이 곡을 친다한들 전해줄 사람 없으니
원컨대 봄바람에 실어 연연산으로 보내고자.
그대를 생각하나 멀고먼 푸른 하늘 저 밖이니
지난날 곱던 저의 이 두 눈
지금은 눈물 솟는 눈물샘이 되었다오.
애끊은 제 마음을 믿지 못하시거든
돌아와서 거울 앞 초췌해진 제 얼굴을 보옵소서.

日色已盡花含煙, 月明欲素愁不眠.
趙瑟初停鳳凰柱, 蜀琴欲奏鴛鴦弦.
此曲有意無人傳, 願隨春風寄燕然.
憶君迢迢隔靑天!

昔日橫波目, 今作流淚泉.
不信妾腸斷, 歸來看取明鏡前!

【日色欲盡】일부 본에는 '日色已盡'으로 되어 있음. '해가 이미 넘어가고자
함'의 뜻.

【含煙】어슴푸레한 분위기나 薄霧를 뜻함.

【月明欲素】일부 판본에는 '月明如素'로 되어 있음.

【趙瑟】거문고 따위의 현악기의 일종. 이는 南朝 梁 吳均의 시에서 비롯되었
으며, 趙飛燕이 가지고 있던 좋은 瑟을 뜻함. 楊齊賢의 주에《西京雜記》를
인용하여 "趙后有寶瑟, 曰鳳凰, 皆以金玉隱起爲龍螭·鸞鳳·列女之狀"이라
하였음. 그러나《史記》藺相如列傳에 秦나라와 趙나라가 회담할 때 진나라
왕이 조나라 왕에게 자신을 위해 조나라 瑟을 직접 연주할 것을 청하여
모욕을 주고자 한 내용이 실려 있어 조나라에서 유행한 瑟이라는 뜻으로도
해석함.

【鳳凰柱】봉황의 형상을 조각하여 아름답게 꾸민 오리발(弦柱).

【蜀琴】楊齊賢의《集注李太白詩》에 "〈蜀都賦〉: '巴姬彈琴'. 鴛鴦弦, 以雌雄也.
或曰成都雷氏善琢琴, 故曰蜀琴"이라 함. 그러나 漢나라 때 司馬相如가 臨邛
(지금의 四川 邛峽)에서 음악가로 활동할 때, 卓王孫의 딸 卓文君이 청상
과부로 그 음악을 듣고 반하여 함께 도망친 고사를 원용한 것이라고도 함.
《史記》司馬相如列傳 참조.

【鴛鴦】鴛鴦弦은 앞의 鳳凰柱와 대칭하여 쓴 것으로 남녀의 원만하고 아름
다운 사랑을 상징함.《詩經》周南 關雎에 "窈窕淑女, 錦瑟友之"라 하였음.

【燕然】산 이름. 지금의 蒙古 杭愛山. 東漢 永元 원년(89)에 竇憲이 군사를
이끌고 당시 흉노의 北單于를 정벌하고 그곳 燕然山에 돌에 공을 새기고
돌아왔다.

【昔日】혹 '昔時'로 표기된 판본도 있음.

【橫波目】여자의 눈빛이 옆으로 비낀 파도와 같음. 아름답고 고운 교태를
말함. 晉 傅毅의〈舞賦〉에 "目流睇而橫波"라 함.

【今作】혹 '今成'으로 표기된 판본도 있음.

【流淚泉】눈물이 펑펑 솟아나는 샘물. '淚似泉涌'의 성어가 있음.

【腸斷】'斷腸'과 같음. 애가 끊어짐. 《搜神記》(20)에 "臨川東興, 有人入山, 得猿子, 便將歸. 猿母自後逐至家. 此人縛猿子於庭中樹上, 以示之. 其母便搏頰向人, 若哀乞狀. 直是口不能言耳. 此人旣不能放, 竟擊殺之. 猿母悲喚, 自擲而死. 此人破腸視之, 寸寸斷裂. 未半年, 其家疫死, 滅門"이라 하였고, 《世說新語》黜免篇에는 "桓公入蜀, 至三峽中, 部伍中有得猨子者, 其母緣岸哀號, 行百餘里不去; 遂跳上船, 至便卽絶; 破視其腹中, 腸皆寸寸斷. 公聞之, 怒, 命黜其人"라는 고사가 실려 있음.

【明鏡前】거울 앞에서 초췌해진 자신의 얼굴을 한번 살펴보고 확인해 달라는 뜻.

참고 및 관련 자료

1. 이는 일종의 '思婦詩'로 남편을 그리워하는 아내의 심정을 읊은 것임.

2. 宋 宋長白의 《柳亭詩話》에는 "李白嘗作〈長相思〉樂府一章, 末云'不信妾斷腸, 歸來看取明鏡前.'其妻從旁觀之曰:「君不聞武后詩乎?'不信比來常下淚, 開箱驗取石榴裙'?」李白爽然若失. 此卽所謂相門女也"라 함.

3. 韻脚은 煙·眠·絃·然·天·泉·前.

074-1

〈行路難〉三首(1) ·· 李白

행로난(1)

금 항아리 맑은 술 한 말 값이 일만 냥,
옥반에 좋은 진수성찬도 일만 전의 값이어라.
잔 멈추고 젓가락 던져버리고 먹지 않은 채,
칼 빼어 사방을 둘러봐도 마음만 아득하다.
황하를 건너려니 얼음이 내를 막고,
태항산에 오르려니 산에는 눈이 가득.
한가로이 시내에 앉아 낚싯대나 드리우다,
홀연히 배를 타고 서울로 가는 꿈을 꾼다.
가는 길 어렵도다. 살아가기 어려워라.
갈림길도 많구나. 앞길은 지금 어디에 있는 것이냐?
긴 바람 타고 파도를 부수어 공을 세울 날 있으리니,
높은 돛 곧추 달고 창해를 건너리라.

金樽淸酒斗十千, 玉盤珍羞値萬錢.

停杯投筯不能食, 拔劍四顧心茫然.

欲渡黃河冰塞川, 將登太行雪滿山.

閑來垂釣坐溪上, 忽復乘舟夢日邊.
行路難, 行路難! 多歧路, 今安在?
長風破浪會有時, 直挂雲帆濟滄海.

【行路難】 이는 《樂府》 雜曲歌詞의 옛 제목임.

【斗十千】 한 잔의 술값이 1만 냥임을 말함. 曹植의 〈名都篇〉에 "歸來宴平樂,
　美酒斗十千"이라 함.

【珍羞】 '珍饈'와 같음. 珍羞盛饌. '羞'의 본자는 '饈'.

【値千金】 일부 판본에는 '直千金'으로 되어 있으며 '直'과 '値'는 같은 뜻임.

【停杯】 분함과 억울함, 혹은 분발심으로 인해 술과 음식이 넘어가지 않음.
　鮑照의 〈擬行路難〉에 "對案不能食, 拔劍擊柱長歎息. 丈夫生世會幾時, 安能
　蹀躞垂羽翼?"이라 하였으며 이를 원용한 것임.

【筯】 '箸'와 같음. 젓가락.

【太行】 산 이름. 주봉은 山西 晉城縣 남쪽에 있으며 아주 큰 산맥을 이루고
　있음. 長城과 黃河 사이의 여러 산들이 모두 이 太行山脈에 연결됨. '태항'
　으로 읽음.

【滿雪山】 鮑照의 〈舞鶴賦〉에 "冰塞長川, 雪滿群山"이라 함.

【垂釣】 고대 姜太公이 周 文王을 만나기 전 磻溪(지금의 陝西 寶鷄縣)에서
　빈 낚싯대를 드리우고 있었음.

【坐溪】 다른 판본에는 '碧溪'로 되어 있음. '碧溪'는 '磻溪'를 말함.

【日邊】 서울 長安을 말함. 《世說新語》 夙惠篇에 "晉明帝年數歲, 坐元帝膝上,
　有人從長安來, 元帝問洛下消息, 潸然流涕. 明帝問何以致泣? 具以東渡意告之;
　因問明帝: 「汝意謂長安何如日遠?」答曰: 「日遠. 不聞人從日邊來, 居然可知.」
　元帝異之. 明日集群臣宴會, 告以此意, 更重問之. 乃答曰: 「日近.」元帝失色,
　曰: 「爾何故異昨日之言邪?」答曰: 「舉目見日, 不見長安.」"이라 하였으며,
　王勃의 〈滕王閣序〉에도 '望長安於日下'라 함. 그러니 伊尹이 湯을 만나기
　전 꿈에 배를 타고 해와 달의 주위를 항해한 고사가 있어 이백이 대인을
　만날 夢幻을 함께 암시한 것임.

【歧路】 '岐路'로도 표기하며 갈림길. 《列子》 說符篇에 "歧路之中又有歧焉,
　吾不知所之, 所以反也"라 함.

【長風破浪】《南史》宗愨傳에 종각이 어렸을 때에 숙부 宗炳이 장래 희망을 묻자 "願乘長風, 破萬里浪!"이라 대답함. 지금도 소년의 큰 뜻을 '乘風破浪'이라 함.

【濟滄海】푸르고 험한 바다를 건너감.《論語》公冶長에 "子曰:「道不行, 乘桴浮于海. 從我者, 其由與?」"라 하였고,《史記》貨殖列傳에 范蠡의 사라짐을 두고 "乘扁舟浮於江湖"라 하여 기개와 은둔을 함께 표현한 것.

참고 및 관련 자료

1. 李白이 처음 불려 조정으로 들어갔으나, 翰林이라는 하찮은 직위였음에도 거만하게 굴자 결국 貴戚들의 미움을 사서 궁중을 떠날 수밖에 없었으며, 이에 天寶 3년(744) 長安을 떠났음. 이 시는 그 뒤에 지은 것으로 보고 있으며 모두 4수. 원래《唐詩三百首》에는 그중 제1수만 실려 있으나 章爕 본을 따라 2수를 더 실었으며 본 책도 이를 따름.

2. 韻脚은 千·錢·然·川·天·邊, 在·海로 한 번 換韻함.

074-2

〈行路難〉三首(2) ·· 李白

행로난(2)

세상의 큰 길 푸른 하늘처럼 넓건만
나만 홀로 나서지를 못하는구나.
장안의 귀공자 따라다니는 것은 부끄러운 일,
개 뜀박질, 닭싸움에 배와 밤을 두고 내기나 거는 일들.
풍환처럼 칼을 두드려 노래로써 괴로움을 토로하지만,
왕가의 대문에 옷자락 끌며 굽실거리는 일 내 뜻과는 맞지 않네.
회음의 시정배들 한신을 비웃었고
한나라 조정 공경들은 가의를 꺼렸었지.
그대는 보지 못하였는가, 옛날 연나라 소왕이 곽외를 중히 하고,
소왕은 몸소 빗자루 들고 몸을 숙여 배움을 청하였건만 그에게 혐의를
두지 않았음을?
극신과 악의는 그 소왕의 은혜에 감격하여
간 내놓고 쓸개 쪼개어 자신의 재주를 다 바쳤지.
그렇게 훌륭하던 소왕의 백골도 잡초에 얽히고 말았으니,
그 누구 다시 황금대에 빗자루를 들 것인가?
가는 길 어렵도다, 차라리 돌아갈지어다!

大道如青天, 我獨不得出.
羞逐長安社中兒, 赤雞白狗賭梨栗.

彈劍作歌奏苦聲, 曳裾王門不稱情.

淮陰市井笑韓信, 漢朝公卿忌賈生.

君不見昔時燕家重郭隗, 擁篲折節無嫌猜?

劇辛樂毅感恩分, 輸肝剖膽效英才.

昭王白骨縈蔓草, 誰人更掃黃金臺?

行路難, 歸去來!

【社中兒】長安의 부잣집 공경대부들의 자제나 그 형제들.

【赤雞白狗】옛날 붉은 닭과 흰 개로써 먹이를 두고 다투도록 하는 도박. 유희.

【梨栗】배와 밤. 여기서는 하찮은 먹이를 뜻함.

【彈劍作歌】전국시대 馮驩이 孟嘗君의 식객으로써 長鋏이라는 칼을 두드리며 불만을 나타낸 고사. 《戰國策》齊策(4)에 "居有頃, 倚柱彈其劍, 歌曰:「長鋏歸來乎! 食無魚.」左右以告. 孟嘗君曰:「食之, 比門下之客.」居有頃, 復彈其鋏, 歌曰:「長鋏歸來乎! 出無車.」左右皆笑之, 以告. 孟嘗君曰:「爲之駕, 比門下之車客.」於是乘其車, 揭其劍, 過其友, 曰:「孟嘗君客我.」後有頃, 復彈其劍鋏, 歌曰:「長鋏歸來乎! 無以爲家.」左右皆惡之, 以爲貪而不知足. 孟嘗君問:「馮公有親乎?」對曰:「有老母.」孟嘗君使人給其食用, 無使乏. 於是馮諼不復歌"라 함.

【曳裾王門】王侯의 문 아래에서 옷깃을 질질 끌며 밥을 빌어먹음. 《漢書》〈鄒陽傳〉에 "飾固陋之心, 則何王之門, 不可曳長裾乎?"라 함.

【韓信】韓信이 치욕을 참고 바짓가랑이 사이로 기어 지나간 고사를 말함. 《史記》淮陰侯傳에 "淮陰屠中少年有侮信者, 曰:「若雖長大, 好帶刀劍, 中情怯耳.」衆辱之曰:「信能死, 刺我; 不能死, 出我袴下.」於是信孰視之, 俛出袴下, 蒲伏. 一市人皆笑信, 以爲怯"이라 함.

【賈生】賈誼(B.C.200~B.C.168). 西漢시대의 政論家이며 文學家. 文帝 초에 博士가 되어 大中大夫에 올랐으나, 죄를 짓고 長沙로 쫓겨남. 그때 屈原과 자신을 비교하여 〈吊屈原賦〉를 지었으며 司馬遷은 이의 공통점을 살려

〈屈原賈生列傳〉으로 묶음.《史記》〈屈原賈生列傳〉에 "賈生以爲漢興至孝文
二十餘年, 天下和洽, 而固當改正朔, 易服色, 法制度, 定官名, 興禮樂, 乃悉
草具其事儀法, 色尙黃, 數用五, 爲官名,
悉更秦之法. 孝文帝初卽位, 謙讓未遑也.
諸律令所更定, 及列侯悉就國, 其說皆自賈
生發之. 於是天子議以爲賈生任公卿之位.
絳·灌·東陽侯·馮敬之屬盡害之, 乃短賈生
曰:「雒陽之人, 年少初學, 專欲擅權, 紛亂
諸事.」於是天子後亦疏之, 不用其議, 乃以
賈生爲長沙王太傅"라 함.

屈原《三才圖會》

【郭隗】 燕 昭王이 즉위하자 천하의 賢士를 불러모으면서 郭隗로부터 시작한
고사.《史記》〈燕昭公世家〉에 "燕昭王於破燕之後卽位, 卑身厚幣, 以招賢者.
謂郭隗曰:「齊因孤之國亂而襲破燕, 孤極知燕小力少, 不足以報. 然誠得賢士
以共國, 以雪先王之恥, 孤之願也. 先生視可者, 得身事之.」郭隗曰:「王必欲
致士, 先從隗始. 況賢於隗者, 豈遠千里哉!」於是昭王爲隗改築宮而師事之.
樂毅自魏往, 鄒衍自齊往, 劇辛自趙往, 士爭趨燕. 燕王弔死問孤, 與百姓同甘
苦"라 함.《戰國策》燕策에도 실려 있음.

【擁篲折節】 빗자루를 껴안고 경의를 표하며 배울 의사를 보임. '篲'는 음이
'수'이며 빗자루를 뜻함.《史記》孟荀列傳에 "如燕, 昭王擁篲先驅, 請列弟子
之座而受業"이라 함.

【劇辛】 趙나라 사람으로 燕 昭王의 부름에 응했던 인물.

【樂毅】 전국시대 魏나라 昭王을 섬겼으나, 뒤에 燕나라에 사신으로 갔다가
燕 昭王의 上將軍이 되어 齊나라 70여 성을 함락한 유명한 장군. 뒤에
昌國君에 봉해졌으나, 昭王의 아들 惠王과의 알력으로 趙나라로 망명함.
《史記》樂毅列傳과 燕昭公世家 및《戰國策》등에 널리 실려 있음.

【黃金臺】 燕 昭王이 천하 賢士를 모으기 위해 황금을 쌓아두고 기다렸던
누대 이름. 지금 河北 大興縣 동남쪽에 있었음.《淸一統志》에 "燕昭王於
易水東南築黃金臺, 延天下士, 後人慕其好賢之名, 亦築臺於此, 爲燕京八景
之一, 曰金臺夕照"라 함.

【歸去來】 "되돌아가자, 세속의 얽매임에서 벗어나 내 좋아하는 일이나 하련다"
의 옛날 상투어.

1. 이는 '雜言歌行體'로써 고대 氣槪에 찼던 선비들과 賢士를 초청하기 위해 黃金臺를 쌓은 燕 昭王의 고사를 인용하여 자신의 불우함과 품은 큰 뜻을 함께 읊은 것임.

2. 韻脚은 出·栗, 聲·情·生, 隗·猜·才·臺·來 등 3번 換韻함.

074-3

〈行路難〉三首(3) ·· 李白

행로난(3)

귀 있어도 허유처럼 영천의 물에 씻지를 말고,
입 있어도 수양산의 고사리는 먹지를 말 것이니라.
빛을 감추고 세상에 섞여 이름 없이 사는 것이 귀한 것이니,
무엇이 잘났다고 구름과 달에다 고고함을 비기랴?
내 보건대 예로부터 현달한 사람들 중에,
공을 이루고 몸이 물러나지 않다가 모두가 죽음을 당하고 말았나니,
오자서는 부차에게 죽은 뒤 그 시신이 오강에 버려졌고,
굴원은 상수의 멱라강에 몸을 던져 죽었노라.
육기의 뛰어난 재주 어찌 제 몸이나 지키지 못하였나?
이사도 휴식할 곳 괴롭게도 일찍 도모하지 못하였네.
육기는 화정의 학 울음소리를 어찌 다시 들을 수 있겠으며,
이사는 고향 상채의 푸른 매를 어찌 다시 사냥에 쓸 수 있겠는가?
그대는 보지 못하였는가, 오중 사람 장한의 통달한 경지를 칭찬함을?
가을바람 불어오자 홀연히 고향 강동의 농어회가 그리워 떠나버렸지.
장차 살아생전 한 잔 술에 즐거우면 그뿐,
어찌 죽은 뒤 천 년의 명예를 위한답시고 지금 고생 사서하랴?

有耳莫洗潁川水, 有口莫食首陽蕨.
含光混世貴無名, 何用孤高比雲月?
吾觀自古賢達人, 功成不退皆殞身.
子胥旣棄吳江上, 屈原終投湘水濱.
陸機雄才豈自保? 李斯稅駕苦不早.
華亭鶴唳詎可聞? 上蔡蒼鷹何足道!
君不見吳中張翰稱達生, 秋風忽憶江東行.
且樂生前一杯酒, 何須身後千載名!

【潁川水】潁川은 지금 河南省 경내에 있는 물 이름. 皇甫謐의 《高士傳》(上)에 "齧缺遇許由曰:「子將奚之?」曰:「將逃堯」曰:「奚謂邪?」曰:「夫堯知賢人之 利天下也, 而不知其賊天下也. 夫唯外乎賢者知之矣.」由於是遁耕於中岳潁水 之陽箕山之下, 終身無經天下色. 堯又召爲九州長, 由不欲聞之, 洗耳於潁水濱. 時其友巢父牽犢欲飲之, 見由洗耳, 問其故. 對曰:「堯欲召我爲九州長, 惡聞 其聲, 是故洗耳.」巢父曰:「子若處高岸深谷, 人道不通, 誰能見子? 子故浮游 欲聞, 求其名譽, 汚吾犢口.」牽犢上流飲之. 許由沒, 葬箕山之巓, 亦名許由山, 在陽城之南十餘里. 堯因就其墓, 號曰箕山公神, 以配食五嶽, 世世奉祀, 至今 不絶也"라 함.

【首陽蕨】지금의 山西省 永濟縣 남쪽, 혹은 지금의 河南省 偃師縣에 있다고 하며 伯夷와 叔齊가 주나라를 거부하고 고사리를 뜯어먹다가 굶어 죽었 다는 고사를 가지고 있음. 蕨(고사리)와 薇(고비)는 모두 羊齒科植物.《史記》 伯夷列傳에 "伯夷‧叔齊, 孤竹君之二子也. 父欲立叔齊, 及父卒, 叔齊讓伯夷. 伯夷曰:「父命也.」遂逃去. 叔齊亦不肯立而逃之. 國人立其中子. 於是伯夷‧ 叔齊聞西伯昌善養老, 盍往歸焉. 及至, 西伯卒, 武王載木主, 號爲文王, 東伐紂. 伯夷‧叔齊叩馬而諫曰:「父死不葬, 爰及干戈, 可謂孝乎? 以臣弑君, 可謂仁乎?」 左右欲兵之. 太公曰:「此義人也.」扶而去之. 武王已平殷亂, 天下宗周, 而伯夷‧ 叔齊恥之, 義不食周粟, 隱於首陽山, 采薇而食之. 及餓且死, 作歌. 其辭曰:

「登彼西山兮, 采其薇矣. 以暴易暴兮, 不知其非矣. 神農·虞·夏忽焉沒兮, 我安適歸矣? 于嗟徂兮, 命之衰矣!」遂餓死於首陽山. 由此觀之, 怨邪非邪?"라 함.

【含光】美德을 감추어 숨기고 밖에 들어내지 않음. '韜光'과 같음.

【功成不退】공을 이룬 다음에는 반드시 물러서야 함에도 그렇게 하지 못함. 《老子》9장에 "功成身退, 天之道"라 하였고, 《書》에는 "成功之下, 不可久處"라 함.

【殞身】자신의 몸을 망쳐 결국 죽음을 당함.

【子胥】伍子胥. 춘추시대 楚나라 사람으로 아버지와 형이 楚 平王에게 억울한 죽음을 당하자 吳나라로 망명, 吳越抗爭의 중심에 섰던 인물. 뒤에 吳王 부차에게 충간을 하다가 도리어 죽음을 당하여 그 시신이 吳江에 던져짐. 《史記》伍子胥傳에 "越王句踐率其衆以朝吳, 厚獻遺之, 吳王喜. 唯子胥懼, 曰:「是棄吳也.」諫曰:「越在腹心, 今得志於齊, 猶石田, 無所用. 且盤庚之誥有顚越勿遺, 商之以興.」吳王不聽, 使子胥於齊, 子胥屬其子於齊鮑氏, 還報吳王. 吳王聞之, 大怒, 賜子胥屬鏤之劍以死. 將死, 曰:「樹吾墓上以梓, 令可爲器. 抉吾眼置之吳東門, 以觀越之滅吳也.」"라 함.

【屈原】楚나라의 三閭大夫이며, 이름은 平, 자는 靈均. 초나라 충신이며 楚辭의 大詩人. 楚 懷王 때 간신들의 비방과 참언을 만나 추방당하였으며, 그 울분을 〈離騷〉와 〈漁夫辭〉 등에 밝히기도 함. 뒤 頃襄王 때에 다시 쫓겨나자 분을 이기지 못하고 결국 5월 5일에 汨羅江(湘水)에 몸을 던져 죽었으며, 이 고사가 端午節, 粽子, 龍舟大會 등의 민속을 낳았음. 《史記》〈屈原列傳〉을 볼 것.

【陸機】자는 士衡(261~303). 조부는 陸遜. 아버지는 陸抗. 모두가 삼국시대 吳나라의 將相을 지냄. 西晉이 吳를 멸하자, 육기는 문을 걸어 잠그고 10년을 공부하여 洛陽으로 들어가 太子司馬·著作郞을 지냈으며 平原太守를 역임하여 陸平原이라고도 불림. 八王之亂 때 長沙王(司馬乂)의 將軍, 河北大都督이 되었으나 패하여 동생 陸雲 등과 함께 처형당함. 文學史에서는 그의 〈文賦〉가 중요한 비평 저작으로 알려짐. 그가 죽음을 당할 때 "고향 화정의 학 울음소리를 다시 들을 수 있을까"하고 탄식히였음. 《晉書》(54) 陸機傳에 "陸機字士衡, 吳郡人也. 祖遜, 吳丞相. 父抗, 吳大司馬. 機身長七尺, 其聲如鐘. 少有異才, 文章冠世. 伏膺儒術, 非禮不動. 抗卒, 領父兵爲牙門將. 年二十而吳滅, 退居舊里, 閉門勤學, 積有十年. ……至太康末, 與弟雲俱入洛, 造太常張華. 華素重其名, 如舊相識, 曰:「伐吳之役, 利獲二俊.」又嘗詣侍中王濟,

濟指羊酪謂機曰:「卿吳中何以敵此?」答云:「千里蓴羹, 未下鹽豉.」時人稱
名對. ……初, 機有駿犬, 名黃耳, 甚愛之. 旣而羈寓京師, 久無家問, 笑語犬曰:
「我家絕無書. 汝能齎書取消息不?」犬搖尾作聲. 機乃爲書以竹筩盛之而繫
其頸, 犬尋路南走, 遂至家, 得報還洛. 其後因以爲常. ……太安初, 潁與河間
王顒起兵討長沙王乂, 假機後將軍·河北大都督, 督北中郎將王粹·冠軍牽秀等
諸軍二十餘萬人. 機以三世爲將, 道家所忌, 又羈旅入宦, 頓居羣士之右, 以王粹·
牽秀等皆有怨心, 固辭都督. ……遂譖機於潁, 言其有異志. ……潁大怒, 使秀
密收機. 其夕, 機夢黑幰繞車, 手決不開, 天明而秀兵至. 機釋戎服, 著白帢,
與秀相見, 神色自若, 謂秀曰:「自吳朝傾覆, 吾兄弟宗族蒙國重恩, 入侍帷幄,
出剖符竹. 成都命吾以重任, 辭不獲已. 今日受誅, 其非命也!」因與潁牋, 詞甚
悽惻. 旣而歎曰:「華亭鶴唳, 豈可復聞乎!」遂遇害於軍中. 時年四十三. ……
是日昏霧晝合, 大風折木, 平地尺雪, 議者以爲陸氏之寃. 機天才透逸, 辭藻宏麗.
華嘗嘗謂之曰:「人之爲文, 常恨才少, 而子更患其多.」弟雲嘗與書曰:「君苗
見兄文, 輒欲燒其筆硯.」라 함.

【李斯】전국시대 楚나라 上蔡(지금의 河南 汝南) 사람으로 荀卿에게 수업을
하였으며 뒤에 秦나라로 들어가 呂不韋의 문객이 됨. 그는 진나라에서 성공
하여 丞相에 올랐으며, 천하의 법령이 모두 그의 손을 거쳐 나왔으며 특히
小篆體로 문자를 통일하기도 함. 그의 장남 李由는 三川太守, 여러 아들은
모두 왕실의 부마가 되었으며, 딸들은 秦나라 公子에게 시집갈 정도였음.
그러나 진시황이 죽고 趙高가 二世를 등에 없고 득세하자 누명을 쓰고
腰斬刑을 당하고 말았음. 그의 〈上秦皇逐客書〉는 명문으로 알려졌으나,
조고의 횡포를 막지 못한 일로 높은 평가를 받지 못하고 있음.《史記》李斯
列傳에 "斯長男由爲三川守, 諸男皆尙秦公主, 女悉嫁秦諸公子. 三川守李由
告歸咸陽, 李斯置酒於家, 百官長皆前爲壽, 門廷車騎以千數. 李斯喟然而歎曰;
「嗟乎! 吾聞之荀卿曰『物禁大盛』. 夫斯乃上蔡布衣, 閭巷之黔首, 上不知其駑下,
遂擢至此. 當今人臣之位無居臣上者, 可謂富貴極矣. 物極則衰, 吾未知所稅
駕也!」……二世二年七月, 具斯五刑, 論腰斬咸陽市. 斯出獄, 與其中子俱執,
顧謂其中子曰:「吾欲與若復牽黃犬俱出上蔡東門逐狡兔, 豈可得乎!」遂父子
相哭, 而夷三族"이라 함.

【稅駕】'짐 진 수레를 풀어놓고 쉬다'의 뜻. '解駕'와 같음.《史記》索隱에
"稅駕猶解駕, 言休息也. 李斯言己今日富貴已極, 然未知向後吉凶止泊在何
處也"라 함.

【張翰】진나라 때 인물로 자는 季鷹. 吳郡人. 재주가 있고 문장에 능하였으며 당시 '江東步兵'이라 불렀음. 齊王(司馬冏)의 大司馬東曹掾을 지내다가 장차 큰 변고가 있을 것을 예견하고 고향으로 돌아가기를 결심하여 '吳江鱸魚'의 고사를 낳은 인물.《晉書》(92)에 전이 있음.《世說新語》識鑒篇에 "張季鷹 辭齊王東曹掾, 在洛, 見秋風起, 因思吳中菰菜·蓴羹·鱸魚膾, 曰:「人生貴 得適意爾! 何能羈宦數千里以要名爵?」遂命駕便歸. 俄而齊王敗, 時人皆謂爲 見機"라 함.

【生前一杯酒】《晉書》에 "翰任心自適, 不求當世, 嘗曰:「使我有身後名, 不如 卽時一杯酒.」"라 함.

참고 및 관련 자료

1. 伍子胥, 屈原, 陸機, 李斯의 종말, 그리고 許由, 伯夷 등의 고고함을 대비 하며 결국 張翰의 "且樂生前一杯酒, 何須身後千載名?"의 達道를 노래한 것임.
2. 韻脚은 蕨·月, 人·身·濱, 保·早·道, 生·行·名 등 4번 換韻함.

075

〈將進酒〉 .... 李白

장진주

그대는 보지 못하였는가, 황하의 물이 하늘에서 내려와,
내빼듯 흘러 바다에 이르러 다시 돌아오지 못하는 것을!
그대는 보지 못하였는가, 높은 집 나이 들어 맑은 거울에 백발을 비춰보며,
아침에는 푸른 실 같던 머리가 저녁에 흰 눈이 되었음을 슬퍼하는 것을!
사람으로 살면서 득의할 때면 모름지기 기쁨을 다할 것이니,
좋은 술잔으로 하여금 공연히 달이나 마주 대하게 두지 말라.
하늘이 나에게 이런 재주 내렸음에 틀림없이 쓰일 곳이 있을지니,
천금을 모두 즐거움을 위해 흩어 써도 다시 내게 돌아오리라.
양을 삶고 소를 잡아 장차 실컷 즐길 것이며,
모름지기 한 번 마셨다 하면 삼백 배는 되어야 하리라.
잠부자여, 단구생아. 술을 들고 잔은 멈추지 말아라!
그대들 위해 한 곡조 부르노니 그대들 귀 기울여 내 노래 들어 다오.
"음악도 안주도 무엇이 귀한 것이랴!
다만 원하건대 길이 취하여 깨어나지를 말았으면.
고래의 성현들도 모두 다 죽은 뒤에 적막하나,
오직 술 마신 자만이 그 술로 이름을 남겼더라.
진왕 조식은 그 옛날 평락에서 잔치를 벌이면서,
한 말 술에 일만 냥으로 방자하게 즐겼다지."

주인은 어찌하여 돈이 적다 말하는가?
곧바로 달려가서 술을 사와 그대들과 대작하세.
오화마, 천금구를 아이 불러 가져다가 좋은 술과 바꿔오게.
만고에 풀지 못할 근심을 그대들과 녹이리라!

君不見黃河之水天上來, 奔流到海不復回!

君不見高堂明鏡悲白髮, 朝如靑絲暮成雪!

人生得意須盡歡, 莫使金樽空對月.

天生我材必有用, 千金散盡還復來.

烹羊宰牛且爲樂, 會須一飮三百杯.

岑夫子, 丹丘生, 將進酒, 杯莫停!

與君歌一曲, 請君爲我傾耳聽.

「鐘鼓饌玉何足貴, 但願長醉不願醒!

古來聖賢皆寂寞, 惟有飮者留其名!

陳王昔時宴平樂, 斗酒十千恣讙謔.

主人何爲言少錢? 徑須沽取對君酌.」

五花馬, 千金裘, 呼兒將出換美酒, 與爾同消萬古愁!

【將進酒】《樂府》鼓吹曲, 漢鐃歌의 옛 제목.

【天上來】高步瀛의《唐宋詩擧要》(2)에 "河山昆侖, 以其地極高, 故曰從「天上來」"
라 함.

【高堂】나이 많은 어른들. 부모와 연배가 같은 사람. 혹은 이윽고 성공하여
훌륭한 집에 잘 사는 사람.

【金樽】화려한 술잔.

【千金】 호방하게 재물을 사용함을 말함. 李白의 〈上安州裴長史書〉에 "曩昔東游維揚, 不逾一年, 散金三十如萬, 有落魄公子, 悉皆濟之"라 함.

【還】 '다시, 또, 그래도'의 뜻으로 白話語에서는 흔히 副詞로 쓰이며 독음도 다름.

【宰】 動詞로 '축생을 잡다, 죽이다'의 뜻.

【會須】 副詞로 '모름지기'의 뜻.

【岑夫子】 岑徵君. 이름은 勳. 南陽 사람. 夫子는 존칭. 《李白集》에 〈鳴皐歌送岑徵君〉이라는 詩가 있음.

【丹丘生】 元丹丘. 李白의 친구. 그 때문에 '生'이라 한 것임. 《李白集》에 〈元丹丘歌〉와 〈酬岑勳見尋就元丹丘對酒相待以詩見招〉 등의 시가 있음.

【杯莫停】 다른 판본에는 '君莫停'으로 되어 있음.

【傾耳聽】 일부 판본에는 '側耳聽'으로 되어 있음.

【鐘鼓】 옛날 큰 잔치 때에 연주하던 음악.

【饌玉】 진귀한 옥그릇에 담은 귀한 안주. 부귀공명을 의미함. 梁 戴暠의 〈煌煌京洛行〉에 "揮金留客坐, 饌玉待鍾鳴"이라 함.

【何足貴】 다른 판본에는 '不足貴'로 되어 있음.

【留其名】 莊子는 "醉者神全"이라 하였으며 역대 술로 이름을 날린 자로는 阮籍, 嵇康, 劉伶, 陶潛 등 헤아릴 수 없이 많음. 특히 曹操의 「對酒當歌」, 유령의 〈酒德頌〉, 도잠의 〈飮酒詩〉 등은 중국 술 문화의 대표적 작품임. 隋末唐初 王績은 자칭 '五斗先生'이라 하였으며 자신의 〈五斗先生傳〉에 "有五斗先生者, 以酒游於人間. ……先生絶思慮, 過言語, 不知天下有仁義厚薄也. 忽焉而去, 倏然而來; 其動也天, 其靜也地. 故萬物不能縈心焉"이라 함.

【陳王】 曹植(192~232). 字는 子建. 曹操의 셋째 아들이며 曹丕의 아우. 문학과 시문에 뛰어났으며 형으로부터 심한 질투와 미움을 받음. 東阿王에 봉해졌었음. 시문 80여 수를 남겼으며, 죽은 뒤 魏 明帝 태화 6년 陳王에 봉해졌고, 시호를 思라 하여 흔히 陳思王으로도 불림. 《曹子建集》 10권이 전하며 《三國志》(19)에 전이 있음.

【平樂】 누대의 이름. 지금 河南省 洛陽市 부근에 있음. 曹植의 〈名都篇〉에 "歸來宴平樂, 美酒斗十千"이라 함.

【斗酒十千】 한 말의 술값이 일만 냥에 달한다는 뜻.

【讙謔】 마음대로 즐기고 기뻐하는 상황을 표현하는 雙聲連綿語. '歡謔'으로도 표기함.

【逕須】 '곧바로, 속히, 직접'의 뜻.

【沽】 술을 사옴.

【五花馬】 五色 꽃무늬의 좋은 말.《名畫要錄》에 "開元內廐有飛黃照夜浮雲 五花之乘"이라 하였고, 杜甫의 〈高都護驄馬行〉에 "五花散作雲滿身"이란 구절이 있으며, 岑參의 〈走馬川行〉에 "五花連錢旋作冰, 幕中草檄硯水凝"라 함.

【千金裘】 값이 千金 가는 가죽 외투.《史記》孟嘗君傳 鷄鳴狗盜로 살아난 고사에 "孟嘗君有一狐白裘, 直千金, 天下無雙"이라 함.

【將出】 "가지고 나가다"의 뜻.

【銷】 녹여서 없앰.

【萬古愁】 만고에 씻어내지 못할 근심.〈古詩〉에 "人生不滿百, 常懷千年愁"라 하였으며 이를 과장한 것임.

참고 및 관련 자료

1. 이는 開元 23년(735) 元丘丹이 嵩山으로 李白을 초청하여 즐겁게 술을 마실 때 자신의 울분을 읊은 것으로 보고 있음.

2. 이는 雜言體의 樂府詩로써《樂府》〈將進酒〉는 이백에 의해 승화되었음.《樂府詩集》에 "古詞曰:「將進酒, 乘太白.」大略以飲酒放歌爲言"이라 함.

3. 李陽冰의《草堂集》序에 "醜正同列, 害能成謗, 格言不入, 帝用疏之. 公乃 浪迹縱酒, 以自昏穢"라 함.

4. 韻脚은 來·回, 髮·雪·月, 來·杯, 生·停, 聽·醒·名, 樂·謔·酌, 裘·酒·愁 등 7번 換韻함.

076

〈兵車行〉 ·· 杜甫

병거를 노래함

수레소리 덜컹덜컹, 말 울음소리 소소한데,
오가는 사람들 각기 활과 화살을 허리에 찼구나.
부모처자 온 가족 달려나와 전송하느라,
먼지 자욱하여 함양교가 보이지 않을 정도로다.
옷깃을 붙들고 다리를 붙잡고 길을 막아 우는 소리,
그 곡성 곧바로 저 하늘 구름 위까지 닿는구나!
길가 지나가던 사람 그들에게 물었더니,
그들의 대답은 다만 '징병이 잦다오'라고 말할 뿐.
혹은 열다섯에 북쪽 하수 방위에 나갔었는데,
곧바로 마흔에 이르러 이제는 다시 서쪽 둔전을 일구러 간다는구나.
떠날 때 마을 이장이 그에게 머리띠를 묶어 주었었는데,
돌아올 땐 머리가 하얗게 세었는데 다시 변방 수자리 나가라 하네!
변방 고을마다 흐르는 피가 바다를 이루었으나,
무황武皇께서는 변방 개척 의지를 그만두지 않고 있네.
그대는 듣지 못하였는가, 한나라 산동 지역 2백 주의 모든 촌락이 가시
덩굴이 뒤덮여 황폐해졌다는 말을!
비록 건장한 아내가 있어 호미와 보습을 들고 농사에 매달린다 해도,
작물은 나도 밭고랑이 동서남북 제대로 줄도 맞추지 못하는 걸.

하물며 다시 진秦 땅 병사들이 괴로운 전투를 겪어내고 있는 터에,
세금이라 징집이라 몰리고 쫓기기를 개나 닭과 다를 바 없도다.
상관이 비록 위로의 말을 걸어오지만 병졸이 감히 어찌 자신의 한을
실토하리오?
게다가 금년 겨울에는,
관서의 전투에 아직 휴식도 없었다오.
현의 관리들은 세금을 독촉하나,
부담할 조세가 어디에서 나온단 말인가?
진실로 알겠도다, 아들 낳는 것이 미운 일이며,
도리어 딸을 낳는 것이 좋은 일임을.
딸을 낳으면 이웃에 시집보낼 수 있지만,
아들을 낳으면 풀 우거진 들판에 그대로 쳐 박혀 묻히고 마는 걸.
그대는 보지 못하였는가, 저 청해 가 전투장에,
예로부터 백골이 널브러져 있어도 아무도 거두어 주지 못한 채,
새로 된 귀신은 괴로움에 원통해하고 묵은 귀신은 곡소리 그칠 줄 몰라,
날씨 흐리고 비 내려 젖을 때면 그 귀신 소리 추추하고 들린다는 것을!

車轔轔, 馬蕭蕭, 行人弓箭各在腰.
耶娘妻子走相送, 塵埃不見咸陽橋.
牽衣頓足攔道哭, 哭聲直上干雲霄!
道旁過者問行人, 行人但云點行頻.
或從十五北防河, 便至四十西營田.
去時里正與裹頭, 歸來頭白還戍邊!
邊亭流血成海水, 武皇開邊意未已.
君不聞漢家山東二百州, 千村萬落生荊杞!

縱有健婦把鋤犁, 禾生隴畝無東西.

況復秦兵耐苦戰, 被驅不異犬與雞.

長者雖有問, 役夫敢申恨?

且如今年冬, 未休關西卒.

縣官急索租, 租稅從何出?

信知生男惡, 反是生女好.

生女猶得嫁比鄰, 生男埋沒隨百草!

君不見, 青海頭, 古來白骨無人收.

新鬼煩冤舊鬼哭, 天陰雨濕聲啾啾!

【兵車】戰車. 전투를 위한 수레.

【行】歌曲의 한 장르이며 문체의 이름.《文體明辨》에 "步驟馳騁, 疎而不滯者曰行"이라 함.

【轔轔】수레소리.

【蕭蕭】말의 울음소리.

【行人】출정하는 士兵.

【耶娘】爺孃과 같음. 할아버지 할머니. 그러나 여기서는 부모로 보고 있음. 실제로는 온 가족을 함께 지칭하기 위하여 거론한 것.

【咸陽橋】일명 便橋, 西渭橋라고도 불렀으며 長安城 북쪽 渭水 위에 있는 다리.《元和郡縣志》에 "便橋在縣(咸陽縣)西南十里"라 하였고,《淸通志》에는 "西渭橋在咸陽西南, 一名便橋.《縣志》: 一名咸陽橋"라 함.

【干雲霄】'干'은 '닿다, 치솟다, 찌르다'의 뜻. 雲霄는 구름이 떠 있는 높은 하늘.

【點行】명부를 점검하여 그 명단에 따라 징집하여 출정하도록 하는 징집명령.

【北防河】河는 河水. 황하 이북을 방위함. 北方 吐蕃을 막기 위한 정책이었음. 《資治通鑑》唐紀(29)에 "開元十五年十二月, 以吐蕃爲邊患, 令隴右道及諸

軍團兵五萬六千人, 河西道及諸軍團兵四萬人, 又徵關中兵萬人集臨洮, 朔方兵
二萬人, 集會州防, 秋至冬初, 無寇而罷"라 함.

【營田】변방을 지키는 병사들이 황무지나 빈 땅에 직접 농사를 지어 식량을
조달하는 屯田.《新唐書》食貨志에 "唐開軍府以攝要衝, 因隙地置營田, 有警
則以兵若夫千人助收"라 함.

【里正】里長. 唐나라 때에 百戶를 里로 삼고 里正 한 사람을 두었음.《通典》
食貨志에 "大唐令諸戶以百戶爲里, 五里爲鄉, 每里置正一人, 掌按比戶口, 課植
農桑, 檢察非違, 催驅賦役"이라 함.

【邊亭】변경의 고을. 亭은 원래 秦漢, 魏晉시대 이래로 마을의 단위. 劉邦이
亭長을 지냈던 것이 그 예임.

【流血】天寶 8년에 哥舒翰이 吐蕃의 石堡城을 함락시킬 때, 사상자가 수만
이나 되어 碧血이 바다를 이루었다 함.

【武皇】원래는 漢나라 武帝 劉徹(B.C140~B.C.87 재위). 西域 등 변방 개척에
온 힘을 쏟았음. 그러나 여기서는 당대의 임금을 곧바로 지칭할 수 없어
빗댄 것이며, 실제로는 唐 明皇(玄宗. 李隆基, 712~756 재위)을 가리킴. 開元
之治로 치적을 이루었으며, 변방 개척에 힘을 쏟았고 뒤에 楊貴妃에게 현혹
되어 安史의 난을 자초하는 등 한때 정치가 어지러웠음.

【山東】華山의 동쪽을 가리키며 211개의 州가 있었다 함.

【荊杞】가시(荊棘)나무와 구기(枸杞)나무. 농토가 황폐해짐을 비유한 것.

【秦】지금의 섬서 일대. 고대 진나라 땅이었으며 관중이라 불렸음. 그곳에서
토번을 막기 위한 전투에 고전을 면치 못함.

【長者】어른, 老人, 상관.

【役夫】출정하는 士兵.

【今年冬】天寶 9년 12월 唐나라가 吐蕃을 정벌하기 위해 나선 戰役.

【關西卒】函谷關 서쪽에서 전투를 벌이고 있는 병사들.

【比隣】이웃하여 곁에 살고 있어 늘 만날 수 있음.

【靑海頭】지금의 靑海省. 天寶 연간에 哥舒翰이 靑海에 神威軍을 주둔시키고,
龍駒島에디 城을 쌓자 吐蕃이 그때부터 감히 접근하지 못하였다 함.

【煩冤】우울하고 괴롭고 원통함.

【啾啾】귀신의 우는 소리를 音寫한 것.

1. 이 시는 天寶 14년(755) 長安에 거류할 때 지은 것으로 唐 玄宗의 끊임없는 대외확장 정책과 吐蕃(티베트)을 막기 위한 전투로 인해 징병이 잦아짐을 보고 읊은 것임.

2. 《杜少陵集詳註》에 "此爲明皇用兵吐蕃而作, 故托漢武以諷, 其辭可哀也"라 함. 그러나 錢謙益 《錢註杜詩》(3)에서 "天寶十載(751), 鮮于仲通討南詔蠻, 士卒死者六萬. 楊國忠掩其敗狀, 反以捷聞. 制大募兩京及河南北兵, 以擊南詔. 人聞雲南瘴癘, 士卒未戰而死者十八九, 莫肯應募. 國忠遣御史分道捕人, 連枷送軍所. 於是行者愁怨, 父母妻子送之, 所以哭聲震野"라 하여 배경을 달리 보고 있음.

3. 韻脚은 蕭·腰·橋·霄, 人·頻', '田·邊, 水·已·杞, 犁·西·鷄, 問, 恨, 問·願, 卒, 出, 月·質, 好·草, 頭·收·啾로 전체 9번 換韻함.

4. 《杜詩諺解》重刊本(4)

술위 轔轔ᄒ며 ᄆ리 蕭蕭ᄒᄂ니

녜ᄂ 사ᄅ미 화사리 제여곰 허리에 잇도다

아비와 어미와 妻子들히 ᄃ라 가 서ᄅ 보내ᄂ니

드ᄐ리 이러 나니 咸陽ㅅ ᄃ리ᄅ 보이 몯ᄒ리로다

옷브티 들며 발 구르고 길헤 ᄀᄅ셔셔 우ᄂ니

우ᄂ 쇠 바ᄅ 올아 구름 씬 하ᄂᆯ해 干犯ᄒ놋다

깁 ᄀᄋ로 디나 가ᄂ 리 行人 더브러 무러든

行人이 오직 닐오ᄃ 點考ᄒ야 녜요믈 ᄌ조 ᄒᄂ니라 ᄒᄂ다

시혹 열다ᄉ 브터 北녀그로 ᄀᄅ매 가 防禦ᄒ고

곧 마ᄋ내 니르러 西ㅅ 녀그로 가 녀름 짓놋다

갈 時節에 里正이 머리 ᄲᆯ 거슬 주더니

도라오니 머리 셰요ᄃ 도로 邊方애 屯戍ᄒ놋다

邊庭에 흐르ᄂ 피 바ᄅᆺ 믈 ᄀᄐ티 ᄃ외요ᄃ

武皇이 ᄀᆺ 여ᄂ 뜨든 마이 아니 ᄒ시놋다

그ᄃᄂ 듣디 아니하ᄂ다 漢家ㅅ 山東 二百 ᄀ올해

千村萬落애 가싀 남기 낫도다

비록 잇ᄂ 健壯ᄒ 겨지비 호미와 싸보ᄅ 자ᄇ나

禾穀이 나니 받 이러미 東西ㅣ 업게 가랫도다

흐믈며 또 秦ㅅ 兵士ᄂᆞᆫ 受苦ᄅᆞ윈 사호믈 츠모디

몰여 ᄃᆞ뇨미 가히와 ᄃᆞᆰ괘 다ᄅᆞ디 아니ᄒᆞ도다

위두 ᄒᆞ니 비록 모로미 이시나

役夫ᄂᆞᆫ 敢히 셜운 ᄠᅳ들 펴 니ᄅᆞ리아

또 萬一에 옰 겨으레

關西옛 軍卒을 마디 아니 ᄒᆞ면

縣官이 ᄲᆞᆯ리 租稅를 바ᄃᆞ리니

租稅ᄂᆞᆫ 어ᄃᆡ를 브터 날고

진실로 아ᄃᆞᆯ 나호ᄆᆞᆫ 사오납고

도ᄅᆞ혀 ᄯᅡᆯ 나호미 됴ᄒᆞ믈 아노라

ᄯᆞᆯ 나하 오히려 시러곰 이우제 얼여 이시려니와

아ᄃᆞᆯ 나하 무텨 온 가짓 프를 좃놋다

그듸ᄂᆞᆫ 보디 아니ᄒᆞᄂᆞᆫ다 靑海ㅅ 우희

녜로 오ᄂᆞᆫ 흰 ᄲᅧ를 사ᄅᆞ미 收葬ᄒᆞ리 업스니

새 귓거슨 어즈러이 애 와텨 ᄒᆞ고 녯 귓거슨 우ᄂᆞ니

하ᄂᆞᆯ히 어듭고 비 와 저즌 저기어든 소리 숫두워리놋다

《纂註分類杜詩》朝鮮時代

077

〈麗人行〉 ··· 杜甫
고운 여인들을 노래함

삼월 삼짇날 날씨 새로운데,
장안 물가에 봄놀이 나온 많은 미인들.
용태는 농염하고 뜻은 원숙하고도 진실하며,
살결 가늘고 매끄러우며 몸매는 균형이 잡혔도다.
수놓은 비단옷 늦봄 풍경에 비취었고,
옷깃은 공작과 기린 무늬 금실 은실 박았네.
머리 위엔 무엇이 있나?
비취와 머리 장식 귀밑머리 가로 늘어뜨렸고,
등 뒤엔 무엇이 보이나?
구슬로 허리 옷자락 눌러 몸매와 어울리네.
운막과 초방에 가까운 친척들이라,
대국부인의 명호를 내리니 괵국부인, 진국부인.
보랏빛 낙타 봉 요리를 비취 가마솥에서 삶아내고,
흰 비늘 물고기 요리는 수정 쟁반에 담아오네.
실컷 먹고 나서도 물소 뼈 젓가락 아직 내려놓지 아니하고,
방울 소리 난새 장식 칼은 가늘게 써느라 분주하네.
황문 내시는 먼지도 없이 말을 몰아 달려오고,
궁중 부엌에선 팔진미를 끊임없이 보내오네.

퉁소라 북소리 애절하게 귀신도 감동시키고,
시끌벅적 따라온 귀빈들 요직 차지한 사람들.
뒤늦게 와 안장에 앉은 이 어찌 그리 느긋한고?
장막 아래 이르러 말을 내리더니 비단 방석에 자리를 잡네.
버드나무 꽃이 눈처럼 날려 흰 부평초를 덮으니,
푸른 새 날아가더니 여인의 붉은 수건을 물고 오네.
손 데일 정도로 뜨거운 권세 비길 데 없으니,
삼가 가까이하지 말라, 승상께서 노하실라!

三月三日天氣新, 長安水邊多麗人.
態濃意遠淑且眞, 肌理細膩骨肉勻.
繡羅衣裳照暮春, 蹙金孔雀銀麒麟.
　　頭上何所有? 翠微㠠葉垂鬢脣.
　　背後何所見? 珠壓腰衱穩稱身.
就中雲幕椒房親, 賜名大國虢與秦.
紫駝之峰出翠釜, 水精之盤行素鱗.
犀箸饜飫久未下, 鸞刀縷切空紛綸.
黃門飛鞚不動塵, 御廚絡繹送八珍.
簫鼓哀吟感鬼神, 賓從雜沓實要津.
後來鞍馬何逡巡, 當軒下馬入錦茵.
楊花雪落覆白蘋, 靑鳥飛去銜紅巾.
炙手可熱勢絶倫, 愼莫近前丞相嗔!

【麗人】 ‘麗人’은 고운 사람. 미인. 여기서는 구체적으로 양귀비의 자매 虢國 夫人, 韓國夫人, 秦國夫人 등을 가리킴.

【行】 歌曲의 한 장르이며 문체의 이름.《文體明辨》에 “步驟馳騁, 疎而不滯 者曰行”이라 함.

【三月三日】 원래 음력 3월 上旬 巳日에 거행하던 봄씻이 풍속. 魏나라 이후 에는 3월 3일이 巳日이 아니더라도 그날로 확정되어 흔히 삼짇날이라 함. 흔히 禊事라 하였으며, 이날 새봄을 맞아 曲水의 물가에 나가 잔을 띄우고, 妖邪를 제거하며 제를 올리고 겨우내 움츠렸던 활동을 다시 시작함. 王羲之의 〈蘭亭集序〉에 “永和九年歲在癸丑暮春之初, 會于會稽山陰之蘭亭, 修禊事也. 群賢畢至, 少長咸集, 此地有崇山峻嶺, 茂林修竹, 又有淸流激湍, 映帶左右, 引以爲流觴曲水, 列坐其次, 雖無絲竹管絃之盛, 一觴一詠, 亦足以暢敍幽情. 是日也天朗氣淸, 惠風和暢. 仰觀宇宙之大, 俯察品類之盛, 所以遊目騁懷, 足以 極視聽之娛, 信可樂也”라 함.

【肌理】 살결 무늬. 여인의 고운 피부 살결을 말함.

【蹙金】 蹙金은 刺繡의 用語로써 임. ‘撚金’이라고도 함. 금이나 은을 가늘고 얇게 비벼 꼬아 옷의 가장자리나 알맞은 위치에 여러 형태의 무늬를 넣는 것을 말함.

【翠微㔟葉】 ‘翠微’는 비취를 나타내는 疊韻連綿語. ‘㔟葉’은 여인들의 묶은 머리 위에 다시 꽃으로 장식하여 꾸민 것. ‘㔟’의 음은 ‘압’으로 韻尾를 동일 하게 한 連綿語로 볼 수 있음.

【鬢脣】 귀밑머리의 끝.

【珠壓】 옷 뒤쪽 가장자리를 옥으로 눌러 달아 옷이 처져 몸매가 고르게 드러 나도록 한 복장 형태.

【腰衱】 허리띠. 치마끈. 그러나《爾雅》釋器에 “衱謂之裾”라 하고 郭璞의 주에 “衣後襟也”라 하여 옷 뒤쪽의 옷깃이라 하였음.

【雲幕】 漢나라 때 궁궐의 전각 이름.《西京雜記》(1)에 “武帝設雲帳, 雲幄, 雲幕 於甘泉紫殿, 世稱三雲殿”이라 함.

【椒房】 원래 한나라 때 皇后가 거처하던 곳. 未央宮에 있었으며 산초나무와 진흙으로 벽을 칠하여 온기와 향기, 그리고 다산을 상징하였다 함. 뒤에는 后妃가 거처하는 방, 혹은 후비를 椒房이라 불렀음.《漢書》車千秋傳 및 주를 볼 것. 白居易의 〈長恨歌〉에도 “梨園弟子白髮新, 椒房阿監靑蛾老”라 함.

【虢與秦】楊貴妃가 총애받자 그의 세 자매가 모두 '夫人'(궁중 후비의 칭호)에
　　올랐으며, 天寶 7년(748) 큰언니는 韓國夫人(崔氏), 셋째 자매는 虢國夫人
　　(裴氏), 여덟째 자매는 秦國夫人(柳氏)에 봉해졌음. 〈長恨歌〉에는 "姉妹兄弟
　　皆列土, 可憐光彩生門戶. 遂令天下父母心, 不重生男重生女"라 하였음.

【紫駝之峯】駝峯. 單峰 낙타의 자주색 혹. 西域에서 나며 이를 훌륭한 요리
　　재료로 八珍味의 하나.

【翠釜】翠綠의 玉色 돌로 만든 가마솥.

【素鱗】깨끗한 물고기. 흰 비늘을 가진 좋은 생선의 요리재료.

【犀筯】물소 뼈로 만든 좋은 젓가락.

【饜飫】싫증이 나도록 먹음. 실컷 먹어 음식에 싫증을 느낌.

【久未下】음식을 더 들 수는 없을 정도로 배가 부르고 싫증이 나지만,
　　그래도 미련이 있어 한참 동안 머뭇거리며 젓가락을 얼른 내려놓지 못함.

【鸞刀】작은 난새 방울을 달아 장식한 요리용 칼.

【縷切】실처럼 가늘게 썰어 요리를 만듦.

【紛綸】바삐 움직이는 모습을 표현한 疊韻連綿語.

【黃門】東漢 이후 中書省에 黃門을 설치하고 환관을 관리하도록 하였으며,
　　이들은 주로 환관으로 충원하여 환관을 일컫는 말로 쓰였음. 太監이라고도 함.
　　그 관청의 벽을 노랗게 칠하여 '黃門'이라 하였음. 《明皇雜錄》에 "虢國夫人出入
　　禁中, 常秉紫驄, 使小黃門爲御. 紫驄之駿健, 黃門之端秀, 皆冠絶一時"라 함.

【飛鞚】鞚은 말의 굴레. 나는 듯이 빠른 말을 타고 나타남.

【絡繹】끊임없이 이어지는 모습.

【八珍】여덟 가지 이름난 귀한 요리. 《周禮》 天官 膳夫에 "珍用八物"이라
　　하였고, 주에 "淳熬, 淳毋, 炮豚, 炮牂, 擣珍, 漬, 熬, 肝膋"이라 함. 한편 《南村
　　輟耕錄》에는 "所謂八珍, 則醍醐, 麆吭, 野駝蹄, 鹿脣, 駝乳糜, 天鵝炙, 紫玉漿,
　　玄玉漿也"고 하였고, 현대 사람들은 중국 요리에서 흔히 龍肝, 鳳髓, 豹胎,
　　鯉尾, 鴞炙, 猩脣, 熊掌, 酥酪蟬을 들기도 함.

【簫鼓】簫管이라고도 표기된 판본이 있으며, 簫 퉁소의 일종. 여기서는 각종
　　악기 즉, 음악을 대신하는 말로 쓰였음.

【賓從】양씨 가문의 門客들.

【雜遝】잡답(雜沓)으로도 표기하며, 사람들이 모여들어 들끓는 모습을 표현
　　하는 疊韻連綿語.

【要津】要路津. 아주 중요한 요직.《古詩十九首》에 "先占要路津"이라 하였고, 杜甫의 〈奉贈韋左丞丈二十二韻〉에도 "自謂頗挺出, 立登要路津. 致君堯舜上, 再使風俗淳"이라 함.

【逡巡】천천히, 그리고 閒雅한 모습을 표현하는 疊韻連綿語.

【錦茵】비단으로 만든 깔개. 양탄자.

【楊花雪落覆白蘋】'버드나무 꽃이 눈처럼 희게 떨어져 부평초 위에 덮이다'의 뜻. 白蘋은 부평초를 뜻하며 뿌리 없는 수초로서 楊國忠을 비유함. 한편 이 구절은《梁書》에 楊華라는 사람을 직접 지칭하여 그 고사를 인용한 것이기도 함. 북조 北魏의 胡太后(北魏 鮮卑族 拓跋氏 孝明帝의 태후)가 젊고 힘찬 양화와 강제로 사통하자, 양화는 화가 미칠 것을 두려워하여 그 부족을 이끌고 남쪽 梁나라로 투항해 버렸음. 그러자 호태후는 그를 그리워하여 〈楊白花歌〉를 지어 궁인들로 하여금 팔을 서로 잡고 발을 구르며 노래를 부르도록 하였는데, 그 소리가 심히 애절하였다(楊華少有勇力, 容貌雄偉. 魏太后逼通之. 華懼及禍, 乃率其部曲降梁. 太后思之, 爲作〈楊白華歌〉, 使宮人連臂蹋足歌之. 聲甚悽惋) 함. 그 가사는 "陽春二三月, 楊柳齊作花. 春風一夜入閨闥, 楊花飄蕩落南家. 含情出戶脚無力, 拾得楊花淚沾臆. 春去秋來雙燕子, 願銜楊花入窠裏"라 하였음. 여기서는 楊國忠과 虢國夫人의 사통을 비유하기도 한 것이라 함.

【靑鳥】신화 속의 三足鳥. 三靑鳥라고도 하며 西王母의 使者.《山海經》海內北經에 "西王母梯几而戴勝, 其南有三靑鳥, 爲西王母取食. 在昆侖虛北"라 함.

【紅巾】부인의 장식 손수건이나 목도리. 양국충이 나타나자 곽국부인에게 자신이 나타났음을 알리기 위해 청조가 날아가 그의 붉은 수건을 입에 물고 다시 날아와 알림. 여기에서는 양국충과 곽국부인의 은근한 사통을 암시한 것이라 함.《杜少陵集》(2)에 의하면 양국충과 곽국부인은 이웃에 살며 자주 왕래하였는데, 혹 수레를 함께 타고 입조할 때에도 장막을 치지 않아 길가 사람들이 눈을 감아야 할 정도였다 함.

【炙手可熱】그 세력이 불꽃처럼 기세가 등등함을 말함.

【丞相嗔】丞相은 楊國忠을 가리킴. 天寶11년(752)에 楊國忠이 左丞相에 임명되었음.

1. 이 시는 新樂府體로써 楊貴妃의 총애로 자매가 모두 득세하고, 특히 天寶
11년(752) 楊國忠이 左丞相에 올랐던 이듬해(753) 3월 삼짇날 이들이 曲江池
에서 봄놀이를 나서서 음식을 장만하여 떠들썩하게 굴며 질탕하게 노는
모습을 풍자하여 읊은 것임.

2. 淸, 施補華는 《峴傭說詩》에서 "〈麗人行〉, 前半竭力形容楊氏姉妹之游冶
淫佚, 後半敍國忠之氣焰逼人, 絶不作一斷語, 使人於意外得之. 此詩之善諷也"
라 하였고, 浦起龍은 《讀杜甫心解》에서 "無一刺譏語, 描摹處, 語語刺譏. 無一
慨嘆聲, 點逗處, 聲聲慨嘆"이라 하였음.

3. 七言을 위주로 하되 중간에 五言의 두 구절을 넣고 있다. 韻脚은 新·人·
眞·勻·春·麟·脣·身·親·秦·鱗·綸·塵·珍·神·津·巡·茵·蘋·巾·倫·嗔임.

4. 《杜詩諺解》初刊本(11)
三月三日에 하늘 氣運이 새롭외니
長安ㅅ 믌ㄱ싀 고온 사르미 하도다
양지 돗겁고 뜨디 멀오 몱고 眞實ㅎ니
술햇 그미 ㄱ놀오 술지고 쎠와 슬쾌 고르도다
繡혼 노 옷 고외 暮春에 비취옛느니
金孔雀과 銀麒麟괘 벙긔옛도다
머리 우흰 므스거시 잇느니오
프른 거스로 匎葉을 밍ㄱ라 구민과 이베 드리옛도다
둥어리옌 므스 거슬 보리오
구스를 바갓는 腰裌이 便安ㅎ야 모매 맛도다
그 中에 구룸 근흔 지븐 椒房앳 아ᄉ미니
일후믈 큰 나라흘 주시니 虢과 다못 秦이로다
블근 약대의 고기를 프른 가마애 술마 내오
水精盤으로 흰 비느를 다마 녜놋다
犀角으로 밍ㄱ론 져를 비 블어 오래 느리오디 아니커늘
鸞刀로 실 ㄱ티 버휴믈 흔갓 어즈러이 ㅎ놋다
黃門의 톤 는는 몬리 드트리 뮈디 아니ㅎ느니
御廚에셔 실 느ᄃ시 八珍을 보내놋다
피리와 붑괘 슬피 이퍼 鬼神을 感動히오느니

뫼셔 어즈러이 왯ᄂᆞ니 眞實로 조ᄉᆞᄅᆞ왼 늘잇 사ᄅᆞ미로다

後에 오ᄂᆞᆫ ᄆᆞᆯ ᄐᆞ니ᄂᆞᆫ 엇뎨 머믈리오

軒檻을 當ᄒᆞ야 ᄆᆞᆯ 브려 錦茵에 드놋다

버듯고지 눈 디ᄃᆞᆺ ᄒᆞ야 흰 말와매 두펫ᄂᆞ니

프른 새 ᄂᆞ라가 블근 巾을 므럿도다

소ᄂᆞᆯ 뾔면 어루 더울 ᄃᆞᆺ흔 權勢ㅣ 무레 그츠니

삼가 알ᄑᆡ 갓가이 말라 丞相이 믜리라

杜甫

078

〈哀江頭〉 ·· 杜甫

곡강 가에서의 슬픔

소릉의 이 늙은이 울음조차 삼키면서
봄날 몰래 곡강지의 경승지를 찾았다네.
곡강 언덕의 궁전들은 모든 문이 잠겨 있고,
가는 버들 새로난 부들은 누굴 위해 푸르나?
그 옛날 임금의 깃발 이 부용원에 내려올 때
부용원 경치는 새로운 빛을 띠었겠지.
소양전 궁궐 안의 가장 예쁜 양귀비,
임금 따라 함께 수레 타고 와 임금 곁을 모셨었지.
수레 앞의 재인들 화살 차고 재주 자랑,
백마는 어금니로 황금 재갈을 씹었지.
몸을 뒤집어 하늘을 향해 쳐다보며 구름을 쏘았고,
화살 하나에 곧바로 두 마리 나는 새를 떨어뜨렸지.
밝은 눈동자 흰 이빨 그 아름다운 여인 지금은 어디에?
피로 더럽혀진 몸에 떠도는 혼백 돌아오지 못하누나!
맑은 위수 동쪽으로 흘렀고 검각은 깊숙한데,
죽은 자와 산 자 피차 서로 소식 없네.
사람이 태어나 정이 있어 눈물이 가슴을 적시지만,
곡강 물과 곡강 꽃은 어찌 다할 날이 있으랴?
황혼에 오랑캐 말들 성 안 먼지와 함께 가득한데,
성남 집으로 가고자 멀리 성북을 바라보노라.

少陵野老吞聲哭, 春日潛行曲江曲.
江頭宮殿鎖千門, 細柳新蒲爲誰綠?
憶昔霓旌下南苑, 苑中景物生顏色.
昭陽殿里第一人, 同輦隨君侍君側.
輦前才人帶弓箭, 白馬嚼嚙黃金勒.
翻身向天仰射雲, 一箭正墜雙飛翼.
明眸皓齒今何在? 血污游魂歸不得!
清渭東流劍閣深, 去住彼此無消息.
人生有情淚沾臆, 江水江花豈終極?
黃昏胡騎塵滿城, 欲往城南望城北.

【江】 曲江池의 연못이며 동시에 苑名. 陝西 長安縣 東南쪽에 있었음. 漢 武帝
가 이곳에 宣春苑을 지었으며, 연못이 구불구불하여 마치 江에 흘러가는 것
같아 이름을 '曲江'이라 불렀음.《太平寰宇記》에 "漢武帝所造, 名爲宣春苑.
其水曲折, 有似廣陵之江, 故名"이라 함. 唐 開元 연간에 다시 준설하고 정비
하였으며, 못 둘레에 紫雲樓, 芙蓉苑, 杏園, 慈恩寺, 樂游原 등이 있어 四時로
탐승객이 찾아오는 名勝地로 널리 알려져 있었음. 이에 정월 그믐날, 3월
삼짇날(上巳日), 가을 重陽節 등이면 유람객이 구름처럼 모여들었으며, 임금이
과거에 급제한 수재들을 이곳으로 모아 큰 잔치를 베풀어 주기도 하였음.
지금은 이미 메워져 뭍이 되어 유지만 남아 있음.
【少陵野老】 少陵은 지명. 지금 陝西 長安縣 杜陵 東南쪽. 원래 杜陵은 漢
宣帝의 陵墓가 있던 곳, 그 곁의 少陵은 許后의 묘가 있으며, 杜陵에 비하여
조금 작아 少陵이라 불렀음. 杜甫의 집이 少陵 서쪽에 있어 자신을 '杜陵
布衣', '少陵野老'등으로 자칭하였음.
【吞聲哭】 크게 울음소리를 내지 못하고 울음을 삼킴.
【潛行】 전쟁 중 장안이 함락된 터라 마음대로 다닐 수 없음을 말함.
【紅頭宮殿】《舊唐書》文宗紀에 "上(文宗)好爲詩, 每誦杜甫〈曲江行〉: 본 시를

말함), ……乃知天寶已前, 曲江四岸皆有行宮臺殿, 百司廨署"라 하였고,《杜詩
臆說》(王嗣奭)은 "曲江頭, 乃帝與貴妃平日游幸之所, 故有宮殿"이라 함.

【細柳新蒲】 가는 버드나무와 새롭게 피어난 부들.《劇談錄》에 曲江 夏景을
"入夏則菰蒲葱翠, 柳陰四合, 碧波紅蕖, 湛然可愛"라 하였음.

【霓旌】 황제의 旌旗. 깃발. 羽毛로 무지개처럼 아름답게 장식하였음.

【南苑】 芙蓉苑. 曲江池 남쪽에 있었음.

【昭陽殿裏第一人】 昭陽殿은 漢나라 때 궁궐로 成帝와 趙飛燕이 사랑을
나누던 곳으로 그곳의 '第一人'은 조비연을 말하며, 여기서는 현종의 총애를
독차지했던 楊貴妃를 비유함.

【輦】 天子의 車駕.

【才人】 당나라 때는 전문적으로 수레 앞에서 技藝를 펼쳐보이는 女官을 두었
으며, 이들을 '射生'이라 불렀음.《新唐書》百官志에 "內官才人七人, 正四品"
이라 함.

【白馬嚼齧黃金勒】《明皇雜錄》에 "上幸華淸宮, 貴妃姊妹各購名馬, 以黃金爲
銜勒, 組繡爲障泥, 同入禁中, 觀者如堵"라 함.

【一箭】 일부 본에는 一笑, 또는 一射, 一發 등으로 되어 있으며 모두 射生,
즉 才人을 일컫는 말임.

【明眸皓齒】 밝은 눈동자와 하얀 이빨. 미인을 일컫는 말.《文選》曹植의
〈洛神賦〉에 "丹脣外朗, 皓齒內鮮, 明眸善睞"라 함. 여기서는 양귀비를 가리킴.

【血汚遊魂歸不得】 天寶 15년(756)에 楊貴妃가 馬嵬坡에서의 兵變으로 어쩔
수 없이 목을 매어 죽은 사건을 말함.〈長恨歌〉(064)를 참조할 것.

【淸渭東流劒閣深】 玄宗이 안록산의 난을 피하여 蜀으로 들어갈 때 경과한
각 지역 경로. 渭는 渭水. 甘肅 渭源縣에서 발원하여 陜西 高陵縣에서 涇水와
합류함. 淸 錢謙益의 註에 "玄宗由便橋渡渭, 自咸陽望馬嵬而西, 入大散關,
河池, 劍閣, 以達成都"라 함. 한편 '淸渭'는 '渭水는 맑고, 涇水는 탁하다'
하여 '涇渭分明'은 여기에서 유래된 성어라 함. 劍閣은 蜀으로 들어가는
아주 험한 棧道의 산악 길.

【去住彼此無消息】 장안을 떠나 멀리 蜀에 머물고 있는 唐 玄宗과 마외역에서
이미 죽어 혼백이 되어 버린 楊貴妃는 피차 소식을 주고받을 수 없음.
仇兆鰲《杜少陵集詳註》(4)에 "馬嵬驛, 在京兆府興平縣, 渭水自隴西而來,
經過興平, 蓋楊妃藁葬渭濱, 上皇巡行劍閣, 是去住西東, 兩無消息也"라 함.

【欲往城南望城北】 原註에 "두보의 집은 성 남쪽에 있었다"(甫家住城南)라 함.

따라서 남쪽의 집으로 가려면 肅宗이 長安의 북쪽 靈武에서 卽位하고 있었으므로, 王의 군사들이 長安을 收復해 주어야 하기에 북쪽을 바라본 것임. 그러나 일부 본에는 '望城北'이 '忘南北'으로 되어 있어 《杜詩諺解》는 "南北을 니조라"로 해석을 하고 있음.

참고 및 관련 자료

1. 肅宗 至德 2년(757) 3월 安史의 난으로 長安이 점령당하고, 두보가 미처 피난을 가지 못한 채로 그곳에 갇혀 있을 때 지은 것임.

2. 韻脚은 曲·綠·色·側·勒·翼·得·息·極·北.

3. 《杜詩諺解》初刊本(11)

少陵엣 미햇 늘근 내 소리를 숨쎠 우러
봄나래 曲江ㅅ 구븨예 ᄀ마니 ᄃ니노라
ᄀ룺 그텟 宮殿이 즈믄 門이 줌갯ᄂ니
ᄀᄂ 버들와 새 줄픠 왜 누를 爲ᄒ야 프르럿ᄂ니오
ᄉ랑혼딘 녜 雲霓 ᄀᆮᄒ 旌旗로 南苑에 ᄂ려 오실 저긔
苑中엣 萬物이 비치 나더니라
昭陽殿 안햇 第一엣 사ᄅ미
輦에 同ᄒ야 님그믈 졷ᄌ와 님ᄀᆷ 겨틔 뫼ᅀᆸ더니라
輦 알ᄑᆞᆺ 才人이 화사ᄅ 차시니
힌 ᄆ리 黃金 굴에를 너흘어든
모믈 두위여 하ᄂᆞᆯ홀 向ᄒ야 울워러 구루메 소니
ᄒ 사래 雙雙이 ᄂᄂ ᄂᆞᆯ개 正히 ᄠᅥ러디더라
블근 눈과 힌 니ᄂ 이제 어듸 잇ᄂ니오
피 遊魂ᄋᆯ 더러이니 도라오디 몯ᄒ놋다
ᄆᆞᆯ근 渭水ᄂ 東으로 흐르고 劍閣山ᄋ 기프니
가며 머므럿ᄂ 뎡어긔와 이어 긔 消息이 업도다
人生ᄋᆞᆫ ᄠᆞ디 이실 ᄉᆡ 눉므를 가ᄉᆞ매 저지거니와
ᄀᆞᄅᆞᆷ믈와 ᄀᄅᄆᆡᆺ 고ᄌᆫ 어느 ᄆᆞᄎᆞ미 이시리오
나조히 되믈 ᄐᆞ니 오매 드트리 城에 ᄀᆞᄃᆨᄒ니
城南으로 가고져 ᄒ다가 南北을 니조라

079

<h2>〈哀王孫〉 ⋯⋯⋯⋯⋯⋯⋯⋯⋯⋯⋯⋯⋯⋯⋯⋯⋯⋯⋯⋯⋯⋯ 杜甫</h2>

왕손을 슬퍼하며

장안성 머리맡에 머리 흰 까마귀,
밤이면 날아와 연추문 위에서 울면서
인가를 향해 고관대작의 집을 쪼아대더니
그 집 아래 고관들 난을 피해 도망쳤네.
황금 채찍 부러지고 아홉 말도 죽어 가니
골육도 버린 채 도망갈 길 기다리지 않고 떠났네.
허리에 찬 보결과 푸른색 산호 보물,
불쌍하다, 왕손이여 길모퉁이에서 울고 있네!
물어보아도 이름 대기를 달가워하지 않은 채,
다만 곤고하여 노예로서 거지노릇하고 있다네.
이미 백 일이 되도록 가시밭을 숨어 다녔고,
몸에 그 어디에도 온전한 살과 살갗 한 곳 없다하네.
제왕의 자손이라 코가 높은 관상이며,
용의 씨종이라 보통 사람과는 다르네.
이리 떼는 낙읍에 횡행하고 임금은 들을 헤매는데
왕의 족손께선 천금 같은 몸을 잘 보전하소.
큰길이라 감히 긴 말을 전할 수 없어서
우선 잠깐 왕손을 위해 서서 바라보아 주었네.
어젯밤 동쪽에선 피비린내가 불어오고,

동쪽에서 보물 실러 온 낙타들이 장안에 가득하네.
몸과 손을 잘 쓰던 삭방의 건아 가서한은,
지난날에 용맹터니 지금은 어찌 그리 우둔한고!
듣자하니 천자께선 제위를 아들 숙종에게 물려주셔서,
그의 성스러운 덕화에 북쪽 남선우가 돕겠다고 복종해 오고,
회흘은 얼굴에 칼을 그어 맹세하며 치욕을 씻어 주겠노라 청하였다니,
삼가 마구 입을 열었다가 저격당하는 일이 없도록 하소!
슬프다 왕손이여, 삼가 소홀함이 없도록 하소,
선대 황제들 오릉의 훌륭한 기운이 없을 때가 없었다오!

長安城頭頭白烏, 夜飛延秋門上呼.
又向人家啄大屋, 屋底達官走避胡.
金鞭斷折九馬死, 骨肉不待同馳驅.
腰下寶玦青珊瑚, 可憐王孫泣路隅!
問之不肯道姓名, 但道困苦乞爲奴.
已經百日竄荊棘, 身上無有完肌膚.
高帝子孫盡隆准, 龍種自與常人殊.
豺狼在邑龍在野, 王孫善保千金軀.
不敢長語臨交衢, 且爲王孫立斯須.
昨夜東風吹血腥, 東來橐駝滿舊都.
朔方健兒好身手, 昔何勇銳今何愚!
竊聞天子已傳位, 聖德北服南單于.
花門剺面請雪恥, 愼勿出口他人狙!
哀哉王孫愼勿疏, 五陵佳氣無時無.

【王孫】 당나라 종실의 자제. 미처 도망가지 못하고 서울에 갇혀 거지로 떠돌던 황제의 族孫. 구체적으로는 누구인지 알 수 없음.《舊唐書》玄宗紀에 "天寶十五載六月九日, 潼關不守. 十二日凌晨, 上自延秋門出, 微雨点濕. 國忠與貴妃及親屬擁上出. 親王妃主皇孫以下, 各從之不及"이라 하여 양국충과 귀비 및 친속만 피난하였으며, 황손 이하는 따라나서지 못하였음.

【頭白鳥】 머리가 흰 까마귀. 상서롭지 못한 새로 禍亂의 징조를 비유함.《南史》侯景傳에 "景修飾臺城及朱雀·宣陽寺門. 童謠曰:「白頭鳥, 拂朱雀, 還與吳.」"라 하였으며 安祿山이 來侵할 흉한 징조였음을 비유한 것.

【延秋門】 長安城의 西門.《長安志》에 "苑中宮亭凡二十四所, 西面二門, 南曰延秋門, 北曰玄武門"이라 함. 天寶 15년 6월 乙未, 현종이 延秋門을 통해 궁궐을 빠져나와 便橋를 이용하여 渭水를 건너 咸陽大道로부터 서쪽으로 蜀을 향해 피신하였음.

【九馬】 天子의 수레와 마차.《西京雜記》에 "文帝自代還, 有良馬九匹"이라 함.

【骨肉不待同馳驅】 玄宗이 급하여 밖에 있던 皇孫 등 골육에게는 알리지 않고 떠나 버렸음.《資治通鑑》唐紀(34)에 "國忠使韓虢入宮, 勸上入蜀. 是夕, 移仗北內, 旣夕, 命龍武大將軍陳元禮整比六軍, 厚賜錢帛, 選閑廐馬九百餘匹, 外人皆莫之知. 乙未黎明, 上獨與貴妃姊妹皇子妃主皇孫楊國忠韋見素陳元禮, 及親近宦官宮人, 出延秋門. 妃主皇孫之外者, 皆委之而去"라 하였음.

【寶玦】 반원형의 옥으로 된 패물. 왕손이 이를 허리에 차고 있음.

【高帝子孫盡隆準】 隆準은 우뚝한 콧대. 원래 漢高祖 劉邦의 관상으로 龍顔과 함께 帝王의 相을 표현하는 함.《史記》高祖本紀에 "高祖爲人隆準而龍顔"이라 하였고,《漢書》高帝紀에도 "高祖, 隆準而龍顔"이라 함. 여기서 '高祖子孫'은 왕손이 唐나라 李氏 玄宗의 귀한 핏줄임을 말함.

【豺狼在邑】 이 당시 安祿山은 아직 長安에 들어오지 않았고 洛陽을 점령하고 있었음. 따라서 여기서의 읍은 洛陽을 가리킴. 豺狼은 안록산을 비유함.

【龍在野】 현종이 도망하여 들을 헤매고 있음. 그러나 여기서의 龍은 떠돌이 왕손을 비유하는 것으로 보기도 함.

【龍種】 天子는 龍에 비유하고 그 자손을 용의 종자(龍種)라 표현한 것.

【交衢】 四通八達의 십자의 길, 매우 번화하고 누구나 알 수 있는 공개된 큰 길.

【斯須】 극히 짧은 시간을 표현하는 雙聲連綿語.

【東風吹血腥】 동쪽에서 피비린내 나는 바람이 불어옴. 그해 10월 兵馬大元帥

宰相 房琯의 군사가 陳陶驛에서 안록산 반군에게 대패하여 40만 명의 사상자를 내었음. 진도역은 長安 동쪽이어서 이렇게 표현한 것.

【東來橐駝滿舊都】 반군들이 장안의 보물을 싣고 가기 위해 동쪽에서 많은 낙타를 보내어 우글거림. 橐駝는 駱駝. 雙聲連綿語의 物名(동물명). 《舊唐書》史思明傳에 "自祿山陷兩京, 常以駱駝運御府珍寶於范陽"이라 함. '舊都'는 肅宗이 靈武에서 즉위하였으므로 長安을 舊都라 표현한 것임.

【朔方健兒】 哥舒翰을 가리킴. 당시 이름난 명장 哥舒翰은 吐蕃을 토벌하여 그 이름이 천하에 떨치고 있었는데, 마침 안록산의 난이 일어나자 현종이 다시 그를 重任하여 그로 하여금 河隴朔方兵과 蕃兵 20만을 주어 潼關에서 반군에 맞서도록 하였음. 그러나 안록산 반군을 靈寶의 西原에서 哥舒翰의 군대를 격파하고 潼關을 다시 차지하였음. 이 전투에서 마침 蕃將 火拔貴仁이 적에게 투항하였고, 哥舒翰군 내부는 사기를 잃고 혼란에 빠져 참담한 패배를 하고 말았음. 《舊唐書》哥舒翰傳에 "翰率兵出關, 次靈寶縣之西原, 爲賊所乘, 自相踐蹂, 墜黃河死者數萬人"이라 함.

【傳位】 天寶 15년(756) 7월에 肅宗이 靈武에서 卽位하여 연호를 至德이라 하였음. 靈武는 지금의 寧夏省 靈武縣. 《舊唐書》肅宗紀에 "七月甲子, 上卽皇帝位於靈武"라 함.

【南單于】 回紇, 回鶻, 위구르(維吾兒). 원래 흉노의 별종이며 그 후대로써 당시 藥羅日逐王이 자립하여 '南單于'라 하였음. 《舊唐書》肅宗紀에 "八月, 回紇·吐蕃遣使繼至, 請和親, 願助國討賊, 皆宴賜遣之"라 하여 吐蕃(티베트)과 回紇이 모두 찾아와 반군의 토벌을 도와주겠다고 하였으며, 이듬해 2월 회흘 수령이 入朝하였음.

【花門】 위구르(回紇)의 별칭.

【剺面】 剺面은 얼굴을 칼로 베어 맹세를 굳게 표시함. '剺'는 '칼로 베다'의 뜻이며 '梨'와 같음. 《後漢書》耿秉傳에 "匈奴或至梨面流血"이라 함.

【雪恥】 '雪'은 동사로 '씻어 없애다'의 뜻. 회흘이 당나라를 위해 '치욕을 씻어 주겠노라'청함.

【愼勿出口他人狙】 '마구 입을 열어 왕손임이 발각되어 반군의 습격을 받는 일이 없도록 하라'의 뜻. 至德 원년(756) 9월 반군의 장수 孫孝哲이 霍國長公主, 永王妃, 駙馬 楊駰 등 80여 명과 황손 20여 명을 죽이고 그 심장을 갈랐으며, 왕후장상의 가족으로서 미처 玄宗을 따라 蜀으로 가지 못한 자의 어린아이까지 모두 색출하여 살육을 자행하였음. 따라서 안전을 우선 취할

것을 권고한 것임. '狙'는 원래 원숭이를 가리키며 몰래 숨어 있다가 사람을 습격하여 '狙擊'의 뜻으로 전환되었음.

【五陵】唐 玄宗 이전 여섯 帝皇의 陵墓. 대체적인 숫자를 들어 '오릉'이라 한 것임. 高祖(李淵)의 獻陵, 太宗(李世民)의 昭陵, 高宗(李治)의 乾陵, 中宗(李顯)의 定陵, 睿宗(李旦)의 橋陵을 말함.

【無時無】조상의 음덕과 음조가 없었던 때가 없었음. '선대 황제의 음덕이 틀림없이 있을 것이니 조상의 몸을 잘 보전하여 기다리라'는 뜻.

┌─────────────┐
│ 참고 및 관련 자료 │
└─────────────┘

1. 新樂府體로 쓴 것이며, 天寶 15년(756) 6월 9일 安祿山이 潼關을 깨뜨리고 長安으로 밀고 들어왔으며 그로부터 장안이 함락된 지 백여 일 뒤, 두보가 길가에서 미처 도망가지 못하고 장안을 거지 신세로 떠도는 어떤 왕손을 보고 불쌍히 여겨 읊은 것임.

2. 淸 薛雪의 《一瓢詩話》에 "提得筆起, 放得筆下, 纔是書家; 撇得出去, 拗得入來, 方爲作者. 王右軍字字變換, 提得起, 方得倒也; 杜工部篇篇老成, 撇得出, 拗得入也. 顯而易見者, 右軍〈蘭亭序〉·工部〈哀王孫〉. 世人勾于聞見, 不肯細心體認耳"라 함.

3. 淸 沈德潛의 《唐詩別裁》에 "結語反覆以中興望之, 一韻到底, 詩易而平直, 此獨波瀾變化, 層出不窮, 似逐段轉韻者, 七古能事已極"이라 함.

4. 韻脚은 烏·呼·胡·驅·瑚·隅·奴·膚·殊·軀·衢·須·都·愚·于·狙·疏·無.

5. 《杜詩諺解》初刊本(8)
長安城 머리옛 머리 흰 가마괴
바미 ᄂᆞ라 延秋門ㅅ 우희 울오
ᄯᅩ 사ᄅᆞ미 지블 向ᄒᆞ야 큰 지블 디그니
집 미틧 벼슬 노ᄑᆞᆫ 사ᄅᆞ미 奔走ᄒᆞ야 되를 수므니라
金채 섯고 아홉 ᄂᆞ리 준니
아ᅀᆞ믈 ᄒᆞᆫ ᄢᅴ 馳驅호ᄆᆞᆯ 기들우디 몯ᄒᆞ시니라
허리 아랫 寶玦은 프른 珊瑚로 ᄆᆡᆼᄀᆞ론 거시로소니
可히 둧온 王孫이 긼 ᄀᆞ쇠 모해셔 우놋다
무러도 姓과 일훔 닐우믈 즐기디 아니ᄒᆞ고

오직 닐오딕 困苦홀 시졀 드외어지라 ᄒᆞᄂᆞ다
온 나ᄅᆞᆯ 가시나모 서리예 수머 ᄃᆞ니노ᄆᆞᆯ ᄒᆞ마 디내니
몸 우희 암근 술콰 갓괘 잇디 아니토다
高帝ㅅ 子孫ᄋᆞᆫ 다 곳ᄆᆞᆯ리 노ᄑᆞ니
龍이 삿기ᄂᆞᆫ 스싀로 샹녯 사ᄅᆞᆷ과 다ᄆᆞᆺ 다ᄅᆞ니라
豺狼ᄋᆞᆫ 都邑에 잇거늘 龍ᄋᆞᆫ 민해 잇ᄂᆞ니
王孫ᄋᆞᆫ 貴ᄒᆞᆫ 모ᄆᆞᆯ 이대 安保ᄒᆞ라
구틔여 긴 말ᄊᆞᄆᆞ로 交錯ᄒᆞᆫ 길헤 臨ᄒᆞ얏디 몯ᄒᆞ릴ᄉᆡ
ᄯᅩ 王孫 爲ᄒᆞ야 져근 더를 셔슈라
어젯 바믜 東녃 ᄇᆞᄅᆞ미 피를 부러 비뉘ᄒᆞ니
東ᄋᆞ로셔 오ᄂᆞᆫ 槖駝ㅣ 녯 都邑에 ᄀᆞ득ᄒᆞ도다
朔方앳 健壯ᄒᆞᆫ 男兒ᄂᆞᆫ 됴ᄒᆞᆫ 몸과 소ᄂᆞ니
녜ᄂᆞᆫ 엇뎨 놀나더니 이제ᄂᆞᆫ 엇뎨 어리뇨
太子ㅣ ᄒᆞ마 位ᄅᆞᆯ 傳ᄒᆞ샤ᄆᆞᆯ 그스기 드ᄅᆞ니
聖德이 北녀그로 南單于ᄅᆞᆯ 降服히시도다
花門이 ᄂᆞ출 사겨셔 붓그러우ᄆᆞᆯ 시서지이다
請ᄒᆞᄂᆞ니 이마ᄅᆞᆯ 삼가 이베 내디 말라 다ᄅᆞᆫ 사ᄅᆞ미 여ᅀᅥ드르리라
슬프다 王孫ᄋᆞᆯ 삼가 疎히 ᄒᆞ디 말라
다ᄉᆞᆺ 陵읫 됴ᄒᆞᆫ 氣運이 업슬 저기 업스리라

四時　　　古詩一首　律詩三十九首

古Ⅺ／誼壽　李丙疇藏

春日戲題惱郝使君兄

使君意氣凌靑霄憶昨歡娛常見招　細馬
使君의 氣運이 하ᄂᆞᆯ해 凌犯ᄒᆞ리로소니 네 歡娛ᄒᆞ던 이를 ᄉᆞ랑ᄒᆞ노라

時鳴金腰裊佳人屢出董嬌饒　馬一오董嬌
金腰裊ᄂᆞᆫ ᄆᆞᆯ 時時예 金腰裊ᄅᆞᆯ 소니 ᄇᆡ 歡娛ᄒᆞ니 니 董嬌ᄂᆞᆫ

時鳴金腰裊佳人屢出董嬌饒
使君이 遣馬迎府 而命姬ᄒᆞᄂᆞᆫ ᄆᆞᆯ 時時예 金腰

饒ᄂᆞᆫ 名姬니 言郝使君이 遣馬迎
府ᄒᆞᆯᄉᆡ 酒也ㅣ라 〇더리고녀ᄒᆞᄂᆞᆫ

裏이 ᄆᆞᆯ오고 〇온 ᄉᆞ리ᄋᆞ며 但東流江水西飛燕可

《杜詩諺解》朝鮮時代

卷五：五言律詩

080

〈經鄒魯祭孔子而嘆之〉 ································· 唐 玄宗

추로 땅을 지나 노나라에서
공자를 제사지내며 탄식함

부자께선 무엇을 위해서,
한 시대를 그토록 바삐 사셨나?
땅은 옛 그대로 추읍이건만,
사시던 집은 노나라 궁궐이 되었구나.
봉황새 오지 않고 운이 막혔음 안쓰러워하셨으며,
기린의 죽음을 슬퍼하며 펴고자 하던 도가 궁해졌음을 서러워하셨네.
이제 두 기둥 사이에 차려진 제사를 살펴보니,
돌아가시기 전 꾸셨던 꿈이 바로 지금 이 모습이었으리.

夫子何爲者, 棲棲一代中?
地猶鄹氏邑, 宅卽魯王宮.
嘆鳳嗟身否? 傷麟怨道窮.
今看兩楹奠, 當與夢時同.

【鄒魯】공자는 鄒邑 사람이며 그곳은 春秋시대 魯나라 땅으로 공자의 고향을
뜻함. 공자의 사당은 지금의 山東 曲阜에 孔府, 孔廟, 孔林 등 유적이 그대로
남아 있음.

【祭孔】 공자 사당에 제사를 올림.

【夫子】 선생님. 孔夫子. 공자를 가리킴.

【栖栖】 바쁘게 다니는 모습. 편안하지 못한 모습. 朱子
는 依依(버리지 못하고 연연함)의 뜻으로 보았음.《論語》
憲問篇에 “微生畝謂孔子曰:「丘何爲是栖栖者與? 無乃
爲佞乎?」 孔子曰:「非敢爲佞也, 疾固也.」”라 한 내용을
인용한 것.

【鄹】 鄒와 같음. ‘추’로 읽음. 춘추시대 노나라 읍 이름.
지금의 山東 滋陽縣 東南쪽. 孔子의 아버지 叔梁紇
이 일찍이 鄒邑의 大夫였으며, 孔子가 태어나 뒤에
曲阜 闕里(闕鄉)로 옮겨 거주함.《論語》八佾篇에   山東 曲阜 孔子墓
“子入大廟, 每事問. 或曰:「孰謂鄹人之子知禮乎? 入大廟, 每事問.」 子聞之,
曰:「是禮也.」”라 함.

【魯王宮】 魯王은 魯 恭王. 漢 景帝의 다섯째 아들 劉餘. 처음에는 淮南王에
봉해졌으나, 뒤에 魯王에 봉해져 曲阜 일대를 다스림. 宮室 치장하기를
좋아하여 孔子의 舊宅을 헐어 궁궐을 넓히려다가 벽에서 蝌蚪文으로 기록
된 古文經典 등이 쏟아져 나와 공사를 중지하였음. 지금도 곡부에 ‘孔壁’
유지가 있음.

【鳳】 봉황새가 나타나지 않음을 탄식함.《論語》子罕篇에 “子曰:「鳳鳥不至,
河不出圖, 吾已矣夫!」”라 하였음.

【身否】 자신의 뜻이 막힘. ‘否’는 ‘비’로 읽으며 비색(否塞)의 뜻. 원래《周易》
12번째 否卦에서 비롯된 말임. 否卦 象辭에 “天地不交,「否」; 君子以儉德
辟難, 不可榮以祿”라 하였고, 단사(彖辭)에는 “否之匪人, 不利, 君子貞;
大往小來.」 則是天地不交而萬物不通也, 上下不交而天下无邦也. 內陰而外陽,
內柔而外剛, 內小人而外君子: 小人道長, 君子道消也”라 함.

【麟】 상상의 동물 麒麟. 이것이 나타나면 천하가 태평해진다고 여겼음.《左傳》
哀公 14년에 “西狩於大野, 叔孫氏之車子鉏商獲麟, 以爲不祥, 以賜虞人. 仲尼
觀之, 曰「麟也」, 然後取之”리 히였고,《孔子家語》辨物篇에는 “叔孫氏之
車士曰子鉏商, 採薪於大野, 獲麟焉, 折其前左足, 載以歸. 叔孫以爲不祥, 棄之
於郭外, 使人告孔子曰:「有麋而角者, 何也?」 孔子往觀之, 曰:「麟也, 胡爲
來哉? 胡爲來哉?」 反袂拭面, 涕泣沾衿. 叔孫聞之, 然後取之. 子貢問曰:「夫子
何泣爾?」 孔子曰:「麟之至爲明王也, 出非其時而見害, 吾是以傷焉.」”라 하였음.

아울러《孔叢子》에는 "叔孫氏之車子鉏商, 樵于野而獲麟焉, 衆莫之識, 以爲
不祥, 夫子往觀焉, 泣曰:「麟也. 麟出而死, 吾道窮矣.」"라 하였으며, 이로써
공자가《춘추》집필을 여기에서 끝을 맺었다 함.

【兩楹奠】 두 기둥 사이에 奠祭를 차림. 楹은 廳堂의 기둥.《禮記》檀弓篇과
《孔子家語》終記解篇에 똑같이 "孔子蚤作, 負手曳杖, 消搖於門, 歌曰:「泰山
其頹乎, 梁木其壞乎, 哲人其萎乎!」旣歌而入, 當戶而坐. 子貢聞之曰:「泰山
其頹, 則吾將安仰? 梁木其壞·哲人其萎, 則吾將安放? 夫子殆將病也.」遂趨
而入. 夫子曰:「賜! 爾來何遲也? 夏后氏殯於東階之上, 則猶在阼也; 殷人殯於
兩楹之間, 則與賓主夾之也; 周人殯於西階之上, 則猶賓之也. 而丘也殷人也.
予疇昔之夜, 夢坐奠於兩楹之間. 夫明王不興, 而天下其孰能宗予, 予殆將死也.」
蓋寢疾七日而沒"라 하였고,《史記》孔子世家에도 "明歲, 子路死於衛. 孔子病,
子貢請見. 孔子方負杖逍遙於門, 曰:「賜, 汝來何其晚也?」孔子因歎, 歌曰:
「太山壞乎! 梁柱摧乎! 哲人萎乎!」因以涕下. 謂子貢曰:「天下無道久矣, 莫能

泰山圖《三才圖會》

宗予. 夏人殯於東階, 周人於西階, 殷人兩
柱閒. 昨暮予夢坐奠兩柱之閒, 予始殷人
也.」後七日卒. 孔子年七十三, 以魯哀公
十六年四月己丑卒"이라 하여 공자의 서거
와 죽은 뒤 正堂에서 제사를 받는 꿈을 꾸
었음을 기록하고 있으며, 이에 따라 玄宗 자
신이 올리는 제사가 그 꿈의 모습 그대로일
것임을 말한 것.

참고 및 관련 자료

1.《舊唐書》玄宗紀에 "開元十三年十一月庚申, 封于泰山, 丙申幸孔子宅, 遣使
以太牢祭其墓"라 하여 開元 13년(725) 11월 唐 玄宗이 泰山에 封禪을 올리고
丙申일에 孔子의 구택에 들러 太牢로써 祭奠을 차렸음. 이 시는 이때에 지어진
것임.

2. 沈德潛《唐詩別裁》에 "孔子之道從何處贊嘆? 故只就不遇立言, 此卽運意
高處"라 함.

3. 韻脚은 中·宮·窮·同.

✿ 당(唐) 현종(玄宗: 685~761)

1. 이름은 李隆基. 唐나라 제6대 황제이며 盛唐의 開元之治를 이룸. 睿宗
(李旦)의 셋째 아들로 延和 2년(712) 예종으로부터 제위를 물려받아 47년간
천하를 다스리며 先天, 開元, 天寶 등의 연호를 사용함. 28세에 제위에 올랐
으며, 姚崇을 재상으로 삼아 나라를 크게 발전시켰음. 天寶 4년(745) 楊玉眞
(太眞)을 貴妃로 삼았고, 11년(752)에는 양귀비의 오빠 楊國忠을 宰相兼文部

尚書로 삼았음. 이때 양국충이 정권으로 농단하여
안록산의 난을 유발하였으며 결국 長安까지 함
락되고 말았음. 그리하여 蜀으로 피난하여 천보
15년(756, 至德 원년) 제위를 아들에게 물려주어,
이형(李亨)이 靈武에서 제위에 올라 이가 肅宗이며
현종은 太上皇이 됨. 현종은 재위기간 43년 동안
開元(713~741), 天寶(742~756) 두 연호를 썼으며,
代宗의 寶應 원년(762)에 78세로 생을 마쳤음. 시호
는 明(明皇), 시집 1권이 있으며 양귀비와의 애정
고사로 널리 알려져 있음.

唐 玄宗《三才圖會》

2.《全唐詩》(3) 明皇帝

帝諱隆基, 睿宗第三子. 始封楚王, 後爲臨淄郡王. 景雲元年, 進封平王, 立爲
皇太子. 英武多能, 開元之際, 勵精政事, 海内殷盛, 旁求宏碩, 講道藝文. 貞觀
之風, 一朝復振. 在位四十七年, 諡曰明, 詩一卷.

3.《唐詩紀事》(2) 明皇

帝登泰山, 南出雀鼠谷, 張說獻詩, 御答云: 『雷出膺乾象, 風行順國人. 川途猶
在晉, 車馬漸歸秦. 背陝關山險, 橫汾鼓吹頻. 草依陽谷變, 花待北巖春. 聞有
鶺鴒客, 清詞雅調新. 求音思欲報, 心迹竟難陳.』

081

〈望月懷遠〉 ·························· 張九齡

달을 보고 멀리 있는 아내를 그리워함

바닷가 밝은 달 떠오르니,
하늘 끝 그 사람도 저 달을 보고 있겠지.
고운 님 긴긴 밤 나를 원망하며,
밤이 다하도록 그리움에 지새리라.
달빛 가득함을 아껴 촛불을 끄고,
밤이슬 차가움을 느껴 옷을 걸치곤,
저 달빛 손에 가득 담아 전해 드릴 수 없음에,
꿈에나 만날까 잠자리로 돌아와 잠을 청하오.

海上生明月, 天涯共此時.
情人怨遙夜, 竟夕起相思!
滅燭憐光滿, 披衣覺露滋.
不堪盈手贈, 還寢夢佳期.

【懷遠】 고대 시에서 이러한 제목은 주로 아내를 그리워하는 의미로 쓰임.

【海上】 南朝 宋 謝莊의 〈月賦〉에 "美人邁兮音塵闕, 隔千里兮共明月"이라 한 구절을 응용한 것임.

【共此時】 달을 보는 지금 이 시간은 공유하지만, 거리는 멀어 공간은 공유하지 못함을 말함.

【遙夜】 〈古詩〉에 "愁多知夜長"이라 하였고, 魏 曹叡의 〈昭昭素明月〉에 "昭昭素明月, 暉光燭我牀. 憂人不能寐, 耿耿夜何長!"이라 하여 시간과 공간을 함께 포함하여 표현한 것.

【滅燭憐光滿】 謝靈運의 〈怨曉月賦〉에 "滅華燭兮弄曉月"이라 하였으며 이 구절은 "憐光滿而滅燭, 覺露滋而披衣"(달빛이 가득함을 아름답게 여겨 촛불을 끄고, 밤이슬을 차가움을 느껴 옷을 걸치다)의 도치문임.

【盈手】 晉 陸機의 〈擬明月何皎皎〉에 "安寢北堂上, 明月入我牖. 照之有餘輝, 攬之不盈手"라 하여 달빛을 손에 담음.

【佳期】 만남. 아름다운 기약. 《楚辭》 九歌 湘夫人에 "與佳期兮夕張"이라 함.

┌─────────────────┐
│ 참고 및 관련 자료 │
└─────────────────┘

1. 이는 張九齡이 開元 25년 서울에서 荊州長史로 폄직되어 갔을 때 지은 것으로 봄.

2. 韻脚은 時·思·滋·期.

082
〈送杜少府之任蜀州〉 ··· 王勃
두소부를 임지인 촉주로 보내면서

관중의 이 삼진은 장안성을 보위하고,
바람과 연기를 넘어 오진이 보이누나.
그대와 이별하는 이 심정,
그대나 나나 떠도는 벼슬아치.
소식 물을 수 있는 사해 안에 그대 있으니,
하늘 끝 어딜 가도 이웃집에 있는 느낌.
이렇게 헤어지는 이 갈림길에서,
어린 아녀자처럼 함께 눈물 적시는 일일랑 하지 말자!

城闕輔三秦, 風烟望五津.
與君離別意, 同是宦遊人.
海內存知己, 天涯若比鄰.
無爲在岐路, 兒女共沾巾!

【杜少府】 杜氏 성의 少府 벼슬을 하는 왕발의 친구. 구체적으로는 알 수 없음.
少府는 縣尉의 별칭. 縣令을 明府라 하며 그 아래 속한 직급.

【蜀州】 당나라 때 劍南道. 지금의 四川 崇慶縣.

【城闕】 성과 대궐. 장안을 가리킴. 원래는 성문 위의 闕樓를 말함.

【輔】 옆에서 보위하고 있음. 지켜 줌. 輔翼이 되어 줌.

【三秦】 관중 지역을 함께 일컫는 말.《史記》秦始皇本紀에 "項羽滅秦之後,
各分其地爲三, 名曰雍王, 塞王, 翟王, 號曰三秦"이라 하여, 項羽가 秦나라를
깨뜨리고 咸陽에 들어와 그곳을 셋으로 나누어 雍王(章邯), 塞王(司馬欣),
翟王(董翳)을 봉하여 雍, 塞, 翟 세 봉지로 하였었음.

【風煙】 '風烟'과 같음. 風光(風景)을 의미함.

【五津】 蜀 땅 岷江의 다섯 곳 큰 나루.《華陽國志》蜀志에 "其大江自湔堰下
至犍爲, 有五津: 始曰白華津, 二曰萬里津, 三曰江首津, 四曰涉(沙)頭津, 五曰
江南津"이라 함.

【宦遊】 사방을 떠돌아다니며 벼슬함. '宦游'로도 표기함.

【海內】 천하 강역 안. 이 세상.

【存】 '존재하다'의 의미는 오류이며 '存問', 즉 '때때로 소식을 주고받을 수
있다'의 뜻이라 주장하기도 함.

【知己】 친구. 뜻을 알아주는 사람.《戰國策》趙策(1)에 豫讓이 "士爲知己
者死, 女爲悅己者容"이라 함.

【比鄰】 이웃, 옆집. 아주 가까운 옆집. 고대 五家씩 함께하여 '隣'이라 불렀
으며 최소 행정 조직단위이기도 하였음. 曹植의 〈贈白馬王彪〉에 "丈夫志
四海, 萬里有比隣. 恩愛苟不虧, 在遠分日親"이라 함.

【岐路】 갈림길. 이별하는 곳.

【兒女】 나약함을 말함. 장부에 상대되는 말.《孔叢子》儒服篇에 魯나라 사람
子高가 고향을 떠나 뜻을 품고 趙나라에 오랫동안 벼슬하고 돌아오자, 이웃의
진十 鄒文과 季節이 반가워 눈물을 가득 흘렸음. 이에 子高는 "始吾謂此二子
丈夫爾, 今乃知其婦人也. 人生則有四方之志, 豈鹿豕也哉而相聚乎!"라 하였음.

⬡ 참고 및 관련 자료

1. 이는 왕발의 대표적인 작품으로 高宗 總章 2년(669) 〈鬪鷄賦〉를 지어 諷諫
하다가 沛王府에서 쫓겨나 蜀으로 가기 전에 미리 그곳 縣尉(少府)로 가는
친구 杜氏를 보내며 지은 것으로 보고 있음. 특히 "海內存知己, 天涯若比鄰"은
人口에 널리 膾炙되고 있음.

2. 俞陛雲의《詩境淺說》에 "首句言所居之地, 次言送
友所往之處, 先將本題敍明. 以下六句, 皆送友之詞,
一氣貫注, 如娓娓淸談, 極行雲流水之妙"라 함.

3. 韻脚은 津·人·鄰·巾.

4.《千家詩》에도 실려 있으며 王相의 原註는 다음과
같음.

子安送友仕蜀意也. 三秦, 西京之地; 五津, 西蜀之地. 焉西
津爲秦中之藩輔, 而風烟萬里, 望五津之遠, 而難之也. 王勃(子安)《晚笑堂畫傳》
今日分手, 君自南而我自北, 與子同離是鄕, 作宦之人, 雖山川間阻, 而同在四海
之內, 但知己之心, 常存則天涯之遠, 若比鄰而居也. 何必於臨歧別路, 效兒女子
之悲, 涕淚沾濡巾帕耶? ○王勃, 字子安, 龍門人. 高宗時爲朝散郞, 沛王修撰, 初唐.

🌸 왕발(王勃. 650?~675)

1. 初唐 시인. 자는 子安, 唐 絳州 龍門(지금의 山西
河津) 사람. 6세에 능히 문장을 지었으며 12세에 神童
으로 조정에 천거되었음. 高宗 麟德 원년(664) 과거에
급제하여 虢州(지금의 河南 靈寶縣) 參軍이 되었으며,
上元 2년(675)에 부친을 만나러 交趾(交趾, 지금의
월남)로 가다가 洪州(지금의 江西 南昌)에 이르러, 마침
그곳 都督 閻伯嶼가 滕王閣을 중수하고 重陽節에 낙성식
을 할 때 유명한 〈滕王閣序〉를 지어 천하에 그 이름이
날리게 되었음. 같은 해 11월 南海를 건너다가 불행히

《初唐四傑集》(王勃)

물에 빠져 죽고 말았다 함. 初唐四傑로 널리 알려져 있으며, 술을 마신 뒤
그대로 글짓기를 잘하여 '腹稿'라는 별명이 있었음. 초당시대라 아직 六朝의
화려한 문체를 벗어나지 못하였으며, 그 때문에 당시 그의 시풍을 두고 '高
華'라 불렀음. 그의 문집은《新唐書》藝文志에《王勃集》30권이 있다 하였
으며, 그 외《周易發揮》5권,《次論語》10권,《舟中纂序》5권,《千歲曆》등이
있었다 하나 실전되었음.《全唐詩》에 그의 詩 2권이 실려 있으며(55·56),
《全唐詩外編》및《全唐詩續拾》에 16首와 1句를 補遺로 싣고 있음. 明代
집일된《王子安集》이 있음.《舊唐書》(190, 上)와《新唐書》(201)에 전이 있음.

2.《唐詩紀事》(7)

勃爲沛王府修撰, 時諸王鬥雞, 勃戲爲文檄英王雞. 高宗曰:「是且交構, 斥出府」
勃旣廢. 客劍南, 嘗登葛情山曠望, 慨然思諸葛之功, 賦詩見情, 爲虢州參軍,
坐罪除名. 父福時, 以左遷交趾令, 勃往省 度海溺水, 瘴而卒, 年二十九.

3.《全唐詩》(55)

王勃, 字子安, 絳州龍門人. 文中子通之孫, 六歲善文辭,
未冠. 應擧及第, 授朝散郎, 數獻頌闕下. 沛王聞其名,
召署府修撰, 是時諸王鬥雞. 勃戲爲文, 檄英王雞, 高宗
斥之. 勃旣廢, 客劍南, 久之. 補虢州參軍, 坐事. 復除名,
勃父福時, 坐勃故, 左遷交趾令. 勃往交趾省父. 渡海
溺水, 悸而卒. 年二十八. 勃好讀書, 屬文初不精思, 先磨
墨數升, 引被覆面而臥. 忽起書之, 不易一字. 時人謂
之腹稿, 與楊炯·盧照鄰·駱賓王皆以文章齊名. 天下
稱王楊盧駱, 號四傑. 勃有集三十卷, 今編詩二卷.

楊炯(盈川)《晚笑堂畫傳》

4.《唐才子傳》(1) 王勃

勃, 字子安, 太原人, 王通之諸孫也. 六歲善辭章. 麟德初, 劉道祥(祥道)表其材,
對策高第. 未及冠, 授朝散郎. 沛王召署府修撰. 時諸王鬥雞會, 勃戲爲文檄英
王雞, 高宗聞之怒, 斥出府. 勃旣廢, 客劍南, 登山曠望, 慨然思諸葛之功, 賦詩
見情. 又嘗匿死罪官奴, 恐事洩, 輒殺之, 事覺當誅, 會赦除名, 父福時坐是左
遷交趾令. 勃往省觀, 途過南昌, 時都督閻公新修滕王閣成, 九月九日, 大會賓客,
將令其壻作記, 以誇盛事. 勃至入謁, 帥知其才, 因請爲之. 勃欣然對客操觚,
頃刻而就, 文不加點, 滿座大驚. 酒酣辭別, 帥贈百縑, 卽擧帆去. 至炎方, 舟入
洋海溺死, 時年二十九. 勃屬文綺麗, 請者甚多, 金帛
盈積, 心織而衣, 筆耕而食. 然不甚精思, 先磨墨數升,
則酣飲, 引被覆面臥, 及寤, 援筆成篇, 不易一字, 人謂
之「腹稿」. 嘗言人子不可不知醫, 時長安曹元有秘方,
勃盡得其術, 又以虢州多藥草, 求補參軍. 倚才陵藉,
僚吏疾之. 有集二十卷, 及《舟中纂序》五卷, 今行於世.
勃嘗遇異人, 相之曰:「子神強骨弱, 氣清體羸, 腦骨虧陷,
目睛不全. 秀而不實, 終無大貴矣.」故其才長而命短者,
豈非相乎!

《初唐四傑集》(楊炯)

083

〈在獄詠蟬〉幷序 ·························· 駱賓王

옥중에서 매미를 노래함

    내가 갇혀 있는 감옥의 담 서쪽은 법청사法廳事이며, 오래된 홰나무 몇 그루가 있다. 그 나무는 비록 살고자 하는 뜻은 알 만하나 은중문殷仲文이 말한 오래된 홰나무와 같은 처지로다. 그러나 송사 듣기를 바로 이곳에서 하고 있으니 주周나라 때 소백召伯의 감당甘棠나무와 같은 것이다. 매번 저녁 어스름 녘에 이르면 그 나무는 그늘을 낮게 비추며 가을 매미 소리가 끊어질 듯 이어지면서 그 소리는 힘이 없어져 예전에 들었던 소리보다 더 애절하다. 사람의 마음이 지난날과 달라지면, 어찌 벌레 소리조차 전에 듣던 것보다 슬퍼지는 것일까?

    아! 소리가 사람의 얼굴 표정을 움직이고, 덕은 사람의 어짊을 상징하는 것이로다. 그 때문에 그 몸을 깨끗이 하고 있는 것은 군자와 달인의 고매한 행동을 본받는 것이요, 그 껍질을 벗는 것은 신선이라면 누구나 우화羽化의 영험한 자태를 갖는 것과 같은 것이다. 계절과 때에 맞추어 나타나고, 음양의 수數에 순응하며, 절기에 응하여 변화하며, 물러나고 나서야 하는 기미機微를 깊이 살피는 것이다.

    눈이 있으되 떠야 할 때 떠서 도가 혼미하다하여 그 시선을 우매한 데에 두지 아니하며, 날개가 있으되 더욱 얇게 하여 세속에서 귀한 대접을 받는다 해도 그 진면목을 바꾸지 아니한다. 높은 나무에 올라 미풍에 읊으며, 운치 있는 자태로 천연의 모습을 풀어놓으며, 가을 하늘의 떨어지는 이슬을 마시며 그러한 청숙함이 남에게 알려질까 두려워한다.

내가 길을 잃어 근심에 쌓여 고통을 겪으며 지금 때를 잘못 만나 죄수의 몸이 되었으니, 애처롭고 가슴 아파도 결코 스스로를 원망하지 아니하며, 노년임에도 먼저 쇠약해지지는 않겠노라.

쓰르라미의 흘러오는 그 울음소리를 들으면서 나의 상소문이 이미 전달되었을 것임을 알겠으나, 사마귀가 살기의 그림자를 안고 있음을 보고는 이 위기에서 벗어나지 못할 것임을 두렵게 여기고 있다.

이런 느낌이 젖어들어 시 한 수를 엮어 여러 친구들에게 주되, 바라는 정이란 외물에 응하여 약한 날개를 가진 매미가 흩날리면서 떨어져 죽는 신세를 불쌍히 여겨주고, 남에게 이러한 사정을 알려 남은 울음의 적막함을 가련하게 여겨 주었으면 하고 바랄 뿐이다.

이는 나의 글재주를 자랑함이 아니요, 그윽한 근심을 대신하여 표현하는 것일 뿐이다.

가을 매미가 울어,
이 죄수의 마음 깊이 파고드는구나.
어찌 감당하랴, 검은 그 날개 그림자가,
내 부르는 〈백두음〉에 마주하고 있음을!
깊은 가을되니 이슬이 무거워 날아오르기 어렵고,
바람 잦으니 그 소리 쉽게 바람에 묻히고 마는구나.
아무도 그 고결함을 믿어주지 않으니,
누가 나의 이 마음을 표현해 줄 수 있을까?

余禁所禁垣西, 是法廳事也. 有古槐數株焉. 雖生意可知, 同殷仲文之古樹, 而聽訟斯在, 卽周召伯之甘棠. 每至夕照低陰, 秋蟬疏引, 發聲幽息, 有切嘗聞. 豈人心異於曩時, 將蟲響悲於前聽?

嗟乎! 聲以動容, 德以象賢: 故潔其身也, 稟君子達人之高行; 蛻其皮也, 有仙都羽化之靈姿. 候時而來, 順陰陽之數; 應節爲變, 審藏用之機.

有目斯開, 不以道昏而昧其視; 有翼自薄, 不以俗厚而易其眞. 吟喬樹之微風, 韻資天縱; 飮高秋之墜露, 清畏人知.

僕失路艱虞, 遭時徽纆, 不哀傷而自怨, 未搖落而先衰. 聞蟪蛄之流聲, 悟平反之已奏; 見螳螂之抱影, 怯危機之未安.

感而綴詩, 貽諸知己. 庶情沿物應, 哀弱羽之飄零; 道寄人知, 憫餘聲之寂寞.

非謂文墨, 取代幽憂云爾.

西陸蟬聲唱, 南冠客思侵.
那堪玄鬢影, 來對白頭吟!
露重飛難進, 風多響易沉.
無人信高潔, 誰爲表予心?

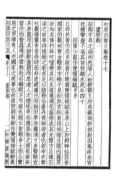

《初唐四傑集》(盧照鄰)

【禁所】 일반인의 출입이 금지된 감옥을 뜻함.

【垣】 '墻'과 같음. 담장.

【法廳事】 혹 '法曹廳事'로도 표기된 판본이 있으며, 法曹의 죄인을 심문·판결하는 곳. 지금의 法院 廳舍와 같음. 《資治通鑑》 齊紀 胡三省 注에 "中庭曰廳事, 言受事察訟於是也"라 하였고, 《新唐書》 百官志에는 '廳事'를 '中庭', 혹 '中廳'이라 한다 하였음.

【殷仲文】자는 仲文(?~407). 殷顗의 아우이며 桓玄의 姊夫. 諮議參軍, 侍中, 尚書, 東陽太守 등의 벼슬을 역임함. 뒤에 모반으로 주살당함.《晉書》(99)에 전이 있음.《晉書》殷仲文傳에 "仲文因月朔, 與衆至大司馬(桓溫)府. 府中有老槐樹, 顧之良久而歎曰:「此樹婆娑, 無復生意.」"라 함.

【甘棠】周나라 초기 召伯(召公, 姬奭, 燕나라 시조)이 민간을 시찰하면서 감당 나무 아래에서 송사를 판결하고 선정을 베풀어, 뒤에 백성들이 그의 덕치를 칭송하며 그 나무를 베지 말 것을 노래함.《詩經》召南 甘棠篇에 "蔽芾甘棠, 勿剪勿伐, 召伯所茇. 蔽芾甘棠, 勿剪勿敗, 召伯所憩. 蔽芾甘棠, 勿剪勿拜, 召伯所說"라 하였고, 〈毛詩序〉에 "甘棠, 美召伯也"라 하고 鄭箋에 "召伯聽男女之訟, 不重煩勞百姓, 止舍小棠之下, 以聽斷焉"이라 하였음.

【疏引】소리가 희미하여 마치 끊어질 듯하면서도 계속 이어짐.

【發聲幽息】'發聲似幽息'의 줄인 표현. '幽息'은 가볍고 가는 숨소리.

【有切嘗聞】지난날 들었던 소리에 비해 더욱 애절함이 있음.

【潔】매미는 높은 나무에 살며, 이슬을 먹어 맑은 덕을 가진 군자에 비유하였음.

【羽化】허물(껍질)을 벗어 버리고, 그제야 날개가 돋아 날 수 있음. 뒤에 道教에서는 옷을 벗어놓고 시신을 그대로 둔 채 득도하는 것을 '尸解'라 하였음.

【候時】계절과 때를 앎. 매미는 태어날 계절과 죽어 사라질 때를 앎. 曹植 〈蟬賦〉에 "盛陽則生, 太陰逝矣"라 하였고, 陸雲의 〈寒蟬賦〉에는 "應候守常, 則其信也"라 함.

【吟喬】높은 교목에서 유유자적함.《吳越春秋》夫差內傳에 "太子友曰:「夫秋蟬登高樹, 吟淸露, 隨風撝撓. 長吟悲鳴, 自以爲安」"이라 하였고,《說苑》·《戰國策》등에도 실려 있는 '螳螂捕蟬'의 한 구절을 인용한 것임.

【天縱】마음대로 할 수 있도록 하늘이 풀어놓아 줌.《論語》子罕篇에 "大宰問於子貢曰:「夫子聖者與? 何其多能也?」子貢曰:「固天縱之將聖, 又多能也.」子聞之, 曰:「大宰知我乎! 吾少也賤, 故多能鄙事. 君子多乎哉? 不多也.」牢曰:「子云:『吾不試, 故藝.』」"라 함.

【艱虞】힘들어 수심에 빠짐.

【徽纆】죄수를 묶는 포승줄. 죄수를 말함.

【搖落】《楚辭》宋玉의 〈九辯〉에 "悲哉, 秋之爲氣也, 草木搖落而變衰"라 하였으며 가을, 인생의 노년을 의미함.

【蟪蛄】쓰르라미(寒蟬).《孔子家語》子路初見篇에 "孔子謂宰予曰:「違山十里,

蟪蛄之聲, 猶在於耳. 故政事莫如應之.」라 하였으며,《莊子》逍遙游篇에
"朝菌不知晦朔, 蟪蛄不知春秋"라 함.

【平反】上訴.《漢書》雋不疑傳에 "京師吏民敬其威信.
每行縣錄囚徒還, 其母輒問不疑:「有所平反, 活幾何人?」
卽不疑多有所平反, 母喜笑, 爲飮食語言異於他時;
或亡所出, 母怒, 爲之不食. 故不疑爲吏, 嚴而不殘"라 함.

【螳螂之抱影】殺機를 뜻함.《說苑》正諫篇에 "吳王
欲伐荊, 告其左右曰:「敢有諫者死.」舍人有少孺子者,
欲諫不敢, 則懷丸操彈, 遊於後園, 露沾其衣, 如是者
三旦, 吳王曰:「子來何苦, 沾衣如此?」對曰:「園中
有樹, 其上有蟬, 蟬高居悲鳴飮露, 不知螳螂在其後也!

盧照鄰(新都)《晚笑堂畫傳》

螳螂委身曲附, 欲取蟬, 而不知黃雀在其傍也! 黃雀延頸欲啄螳螂, 而不知彈丸
在其下也! 此三者, 皆務欲得其前利, 而不顧其後之有患也.」吳王曰:「善哉!」
乃罷其兵"라 하였고,《後漢書》蔡邕傳에 "初, 邕在陳留也, 其鄰人有以酒食召
邕者, 比往而酒以酣焉. 客有彈琴於屛, 邕至門試潛聽之, 曰:「憘! 以樂召我
而有殺心, 何也?」遂反. 將命者告主人曰:「蔡君向來, 至門而去.」邕素爲邦鄉
所宗, 主人遽自追而問其故, 邕具以告, 莫不憮然. 彈琴者曰:「我向鼓弦, 見螳蜋
方向鳴蟬, 蟬將去而未飛, 螳蜋爲之一前一卻. 吾心聳然, 惟恐螳蜋之失之也,
此豈爲殺心而形於聲者乎?」邕莞然而笑曰:「此足以當之矣.」라 한 데서 유래됨.

【文墨】글재주를 뜻함.

【西陸】가을.《隋書》天文志에 "日循黃道東行, 一日一夜行一度, 三百六十五日
有奇而周天, 行東陸謂之春, 行南陸謂之夏, 行西陸謂之秋, 行北陸謂之冬"
이라 함.

【南冠】남쪽 초나라 사람들이 쓰는 모자. 罪囚를 뜻함.《左傳》成公 9년에
"晉侯觀于軍府, 見鍾儀, 問之曰: ‘南冠而繫者誰也?’ 有司對曰:「鄭人所獻楚
囚也.」"라 하여 종의가 남쪽 출신임을 잊지 않기 위하여 남관을 쓰고 있었음.
한편 여기에서는 낙빈왕이 婺州 義烏(지금의 浙江 義烏) 사람이므로 이 典故를
인용하여 자신의 貞正함을 나타낸 것임.

【客思侵】다른 판보에는 ‘客思深’으로 되어 있음.

【那堪】다른 판본에는 ‘不堪’으로 되어 있음.

【玄鬢】매미 검은색 날개를 가리킴. 晉 崔豹《古今注》에 "魏文帝宮人莫瓊樹
乃制蟬鬢, 望之縹緲似蟬"이라 함.

【白頭吟】樂府 相和歌辭. 卓文君이 지은 것으로 전해짐. 唐 吳兢의 《樂府古題
要解》에 "自傷淸正芬芳, 而遭鑠金砧玉之謗"이라 함.
【露重】깊은 가을이 되어 매미도 때를 다하여 더 이상 날 수 없음을 말함.
《禮記》月令에 "孟秋之月, ……凉風至, 白露降, 寒蟬鳴"이라 하였고, 沈約의
〈聽鳴蟬應詔詩〉에는 "葉密形易揚, 風回響難任"이라 함.
【高潔】매미처럼 자신이 고결함을 말함. 沈約의 〈詠竹〉에 "無人賞高節, 徒自
抱貞心"이라 함.

참고 및 관련 자료

1. 이는 高宗 儀鳳 3년(678) 駱賓王이 侍御史에 재임할 때 上疏의 일로 도리
어 뇌물죄에 걸려 옥에 갇혔을 때 심정을 읊은 것임.
2. 胡應麟의 《補唐書樂侍御傳》에 의하면 그가 侍御史였을 때 "高宗屢不君,
後則天擅國, 賓王睹唐運且密移, 數上書言天下大計, 後則天怒, 誣以法, 逮繫
獄中"이라 하여 무측천의 擅權을 예견한 것으로, 자신이 옥에 갇히자 高潔
의 상징인 매미를 두고 자신을 비유한 것임.
3. 韻脚은 深·吟·沉·心.

❀ 낙빈왕(駱賓王: 640?~684?)

1. 義烏(지금의 浙江 義烏縣) 사람으로 처음 道王府의 속리였으며, 뒤에
長安主簿를 거쳐 侍御史에 오름. 高宗(650~683년 재위) 때 則天武后가
정권을 장악함을 보고, 여러 차례 諷諫을 하다가 결국
옥에 갇히게 되었음. 뒤에 사면을 받아 臨海縣丞에
올랐으나, 관직을 버리고 물러났다가 徐敬業이 거병
하자, 그의 부관이 되어 유명한 〈討武氏檄文〉을 지었음.
그리니 서경업이 패히지 도망히어 유랑생할로 떠돌아,
죽은 곳과 때를 알 수 없게 되었음. 문장에 능하여 王勃,
楊炯, 盧照隣과 함께 初唐四傑의 하나로 불림. 특히
五言律詩에 뛰어나 그 체재를 확립하였으며, 上官儀의
'綺錯婉媚'의 문풍을 반대하였음. 中宗이 직접 낙빈왕의

駱賓王 《晚笑堂畫傳》

시문을 찾도록 하여 수백 편을 얻었다 하며 지금 《駱臨海集》이 전함. 그의 詩는 《全唐詩》(77·78·79)의 3권으로 실려 있으며, 그 외에 〈四庫全書本〉 (《駱丞集》), 〈四部備要本〉(《初唐四傑集》)이 있음. 《舊唐書》(190 上) 文苑傳 (上)과 《新唐書》(201) 文藝傳(上)에 전이 실려 있음.

2. 《唐詩紀事》(7) 駱賓王

賓王, 義烏人. 七歲能賦詩. 武后時, 數上疏言事, 徐臨海丞, 鞅鞅不得志, 棄官去, 徐敬業亂, 以爲府屬, 代敬業爲檄武后罪. 后讀但嘻笑, 至一抔之土未乾, 六尺 之孤安在. 矍然曰:「誰爲之?」或以賓王對. 后曰:「宰相安得失此人!」敬業敗, 亡命, 不知所之. 中宗時, 詔求其文, 得數百篇.

3. 《全唐詩》(77) 駱賓王

駱賓王, 義烏人. 七歲能屬文, 尤妙於五言詩. 嘗作〈帝京篇〉, 當時以爲絶唱. 初爲道王府屬, 歷武功主簿, 又調長安主簿. 武后時, 左遷臨海丞, 怏怏失志, 棄官去, 徐敬業擧義, 署爲府屬. 爲敬業草檄, 斥武后罪狀, 后讀之, 矍然歎曰: 「宰相安得失此人?」敬業事敗, 賓王亡命, 不知所終. 中宗時, 詔求其文, 得數百篇. 集成十卷, 今編詩爲三卷.

4. 《唐才子傳》(1) 駱賓王

賓王, 義烏人. 七歲能賦詩. 武后時, 數上疏言事, 得罪貶臨海丞, 鞅鞅不得志, 弃官去. 文明中, 徐敬業起兵欲反正, 往投之, 署爲府屬. 爲敬業作檄傳天下, 暴斥武后罪. 后見讀之, 矍然曰:「誰爲之?」或以賓王對, 后曰:「有如此才不用, 宰相過也.」及敗, 亡命, 不知所之. 後宋之問貶還, 道出錢塘, 遊靈隱寺, 夜月,

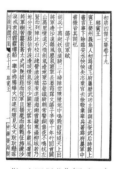

《初唐四傑集》(駱賓王)

行吟長廊下, 曰:「鷲嶺鬱岧嶢, 龍宮隱寂寥.」未得下 聯. 有老僧燃燈坐禪, 問曰:「少年不寐, 而吟諷甚苦, 何耶?」之問曰:「欲題此寺而思不屬.」僧笑曰:「何不 道『樓觀滄海日, 門對浙江潮』.」之問終篇曰:「桂子月 中落, 天香雲外飄. 捫蘿登塔遠, 剡木取泉遙. 雲薄霜 初下, 冰輕葉未凋. 待入天台寺, 看余渡石橋.」僧一聯, 篇中警策也. 遲明訪之, 已不見. 老僧卽駱賓王也. 傳 聞桴海而去矣. 後, 中宗詔求其文, 得百餘篇, 及詩等 十卷, 命郢雲卿次序之, 及《百道判集》一卷, 今傳於世.

084

〈和晉陵陸丞早春游望〉 ·· 杜審言

진릉 육승상의
'초봄 나들이'에 대한 시에 화답함

홀로 먼 곳 떠돌며 벼슬하는 이 몸,
뜻밖에 만물이 새로운 기운을 기다리는 모습이 놀랍구나.
구름과 놀은 막 밝아오는 바다에서 솟아오르고,
매화와 버들은 저 강 너머 봄을 보내주었네.
맑은 기운은 꾀꼬리 울음을 재촉하고,
밝은 봄빛은 부평초 색깔을 바꾸어 놓았네.
홀연히 그대 옛 노래 들으니,
고향 가고 싶은 생각에 수건 가득 눈물방울!

獨有宦遊人, 偏驚物候新.
雲霞出海曙, 梅柳渡江春.
淑氣催黃鳥, 晴光轉綠蘋.
忽聞歌古調, 歸思欲霑巾!

【和】詩體의 한 형식. 和唱, 和答. 남의 시나 글에 화답하여 지은 시.

【晉陵】晉陵은 지금의 江蘇 常州. 唐나라 때 江南道에 속한 현이었음.《元和
郡縣志》에 "常州晉陵縣, 本春秋之延陵, 晉改稱晉陵"이라 함.

【陸丞相】姓이 陸氏인 승상. 구체적으로 알 수 없으며, 晉陵의 縣丞이었던
杜審言의 지인. 혹 武后 때 승상을 지낸 陸元方(希仲)이 아닌가 함.

【早春游望】진승상이 지은 시 제목. '이른 봄나들이하여 바라보다'의 뜻.

【宦遊】외지에 떠돌며 벼슬함을 말함.

【偏】'의외의, 뜻밖에, 특별히'의 뜻.

【物候】경물과 절후. 절기에 따른 자연 경관의 변화.

【黃鳥】꾀꼬리. 黃鶯.

【晴光】봄날 맑은 날씨의 陽光. 봄빛.

【蘋】부평초. '萍'과 같음.

【古調】옛날의 곡조. 여기서는 육승상의 賦〈早春遊望〉을 말함.

【霑】'沾'과 같음. 적심, 젖음.

참고 및 관련 자료

1.《全唐詩》(62)에는 〈和晉陵陸丞相早春遊望〉이라 되어 있으며 그 주에
'一作韋應物詩'라 함. 그러나 四部叢刊 正編《韋江州集》(10)에 이 시를 싣고
그 주에 '此首見杜審言集, 不錄'이라 하여 이는 유응물의 시가 아니라고
여겼음. 이는 육승상의 〈早春遊望〉의 부에 화답식으로 지은 것임.

2. 明 胡應麟은 이 시를 初唐 五律의 최고 작품으로 보았으며, 王夫之는
《薑齋詩話》에서 "近體, 梁陳已有, 至杜審言而始叶于度"라 하여 近體詩를
완성한 작가로 여겼음.

3. 韻脚은 新·春·頻·巾.

4.《千家詩》에도 실려 있음. 王相의 原註는 다음과 같음.
晉陵, 今常州. ○陸丞相有早春詩, 審言依意而話之也. 言宦游之人, 勞於民事,
不知光陰之速忽, 驚物候之新也. 晉陵地近東海, 雲霞映日而先出, 則見天之
已曙, 江南地暖而花先發, 觀早梅之放·柳色之青, 則知春色之同. 芳淑之氣,
催黃鳥之遷喬; 晴暖之光, 覺水頻之欲綠暗. 春色之初, 回傷宦遊之未已,
而思歸之泪迨欲沾巾也. ○杜審言, 字必簡. 官學士, 甫之祖, 初唐.

❀ 두심언(杜審言: 646~708)

1. 唐代 시인. 자는 必簡, 襄陽(지금의 湖北) 사람으로 뒤에 鞏縣에 이주하였음. 唐 太宗 貞觀 19년에 태어나 中宗 景龍 2년에 죽었으며 향년 64세. 杜甫의 祖父이며 高宗 咸亨 원년(670) 진사에 올라 隰城縣尉, 洛陽縣丞을 역임함. 중종 때는 張易之 형제와 교유한 죄로 峰州로 귀양을 갔으며 뒤에 修文館直學士에 다시 올랐음. 어릴 때 李嶠, 崔融, 蘇味道 등과 이름을 날려 세칭 '文章四友'라는 칭해졌고, 五律에 뛰어났으며 격률이 엄격하였음. 원래 문집이 있었으나 실전되었고, 명대 집일한《杜審言集》10권이 있음.《全唐詩》에 시 43수가 실려 있으며《舊唐書》(190) 文苑傳(上)과《新唐書》(201) 文藝傳(上)에 전이 있음.

2.《唐詩紀事》(6)

審言, 字必簡, 襄州人. 初貶吉州司戶, 與同僚不叶, 司馬周季重·司戶郭若訥誣以罪, 繫獄. 審言子幷, 年十三, 因季重酢讌, 懷刃刺之. 季重臨死曰:「吾不知審言有孝子, 若訥誤我, 亦焉避害.」審言因此免官, 還東都. 則天召, 將用之, 問曰:「卿喜否?」審言舞蹈謝恩, 因作〈懽喜詩〉, 授著作郎. 神龍初, 坐交通張易之, 流峯州. 入爲修文館學士卒. 將死, 謂宋之問·武平一曰:「吾在, 久壓公等; 今且死, 固大慰, 但恨不見替人」云. 與李嶠·崔融·蘇味道爲文章四友. 審言卒, 李嶠已下請加命, 時武平一爲表云:「審言譽鬱中朝, 文高前列, 是以升榮粉署, 擢秀蘭臺, 往以微瑕, 久從遠謫. 陛下膺圖玉宸, 下制金門, 收賈誼於長沙, 返蔡邕於左校, 審言獲登文館, 預奉屬車, 未獻長卿之辭, 遽啓元瑜之悼. 臣等積薪增愧, 焚芝盈感, 伏乞恩加朱紱, 寵及幽泉, 假飾終之儀, 擧哀榮之典, 庶弊帷莫棄, 墜履無遺.」乃贈著作郎. 制曰:「漢覃恩祐, 方慶於同時: 漳浦疚疴, 忽歸於厚夜. 蒿里修文之地, 永閟音徽; 蓬山著作之曹, 宜加寵數.」

3.《全唐詩》(62)

杜審言, 字必簡, 襄陽人. 善五言詩, 工書翰. 少與李嶠·崔融·蘇味道爲文章四友. 擢進士第, 爲隰城尉, 性矜誕. 嘗語人曰:「吾文章合得屈宋作衙官, 吾之書跡合得王羲之北面.」累轉洛陽丞, 坐事貶吉州司戶參軍. 尋免歸, 武后召見, 令賦〈歡喜詩〉, 甚見嘉賞, 授著作佐郎. 遷膳部員外郎. 神龍中, 坐交張易之兄弟, 流峯州. 尋入爲國子監主薄·修文館直學士卒. 有文集十卷, 今編詩一卷.

4.《唐才子傳》(1) 杜審言

審言, 字必簡, 京兆人, 預之遠裔. 咸亨元年宋守節榜進士, 爲隰城尉. 恃高才傲世見疾. 蘇味道爲天官侍郎, 審言集判, 出謂人曰:「味道必死.」人驚問何故,曰:「彼見吾判, 當羞死耳.」又曰:「吾文章當得屈·宋作衙官, 吾筆當得王羲之北面.」其矜誕類此. 坐事貶吉州司戶. 及武后召還, 將用之, 問曰:「卿喜否?」審言舞蹈謝. 后令賦〈歡喜詩〉, 稱旨, 授著作郎, 爲修文館直學士. 卒. 初審言病, 宋之問·武平一往省候, 曰:「甚爲造化小兒相苦, 尙何言! 然吾在, 久厭公等. 今且死, 但恨不見替人也.」少與李嶠·崔融·蘇味道爲「文章四友」. 有集十卷, 今不存, 但傳詩四十餘篇而已.

085

〈雜詩〉 ··· 沈佺期

잡시

들기로 황룡黃龍 땅 변방 수자리는,
해마다 병사를 휴식시키지도 못하고 있다 하네.
가련하다. 규방에서 보는 저 달은,
한나라 병영에도 언제나 뜨는 달.
젊은 아내 지금 봄날 안타까움에 젖어 있는데,
병영의 지아비는 어제 밤 그리움에 꿈을 꾸었네.
누가 능히 군대를 거느리고,
단번에 용성을 빼앗아 버릴 수 없을까?

聞道黃龍戍, 頻年不解兵.
可憐閨裏月, 長在漢家營.
少婦今春意, 良人昨夜情.
誰能將旗鼓, 一爲取龍城?

【雜詩】 사물을 만날 때 즉시 그 감흥을 읊는 시체의 하나.

【黃龍】 龍城. 黃龍岡에 설치한 변방 요새. 黃龍岡은 산세가 구불구불하며 동쪽 巨嶺으로부터 서쪽 遼河까지 이어져 그 형상이 용과 같아 이름이 붙여진 것. 동북 변방의 突厥, 奚, 거란(契丹)의 침입을 막기 위한 요충지였음. 동진 때 五胡十六國 중의 北燕. 馮跋이 이곳을 점거하고 天王이라 칭하여 都城으로 삼기도 하였으며, 지금의 遼寧 朝陽縣 근처임.

【頻年】 連年. 해마다.

【漢家】 唐詩에서 漢은 唐을 가리키며 當代를 직접 거론할 수 없어 漢나라를 대신 빗댄 것임.

【良人】 아내가 남편을 지칭하는 말.

【龍城】 한나라 때 흉노가 여러 부족을 모아 대회를 열어 조상과 천지·귀신에게 제사를 지내던 곳으로 龍庭이라고도 함. 지금의 蒙古 호서차이담호(和碩柴達木湖) 부근이며 어룬하(鄂爾渾河) 서쪽. 《漢書》 匈奴傳에 "匈奴諸王長少, 五月大會龍城, 祭其先·天地·鬼神"이라 하였으며, 한나라 때 車騎將軍 衛靑이 이곳에 이르러 7백 급을 베고 승리를 거두었음.

[참고 및 관련 자료]

1. 沈佺期는 則天武后 때 宮廷詩人으로 應制詩·奉和詩 등이 주류를 이루고 있으며 이 역시 그중 하나로 여김.

2. 李善 《文選》 주에 "雜者, 不拘流例, 遇物卽言, 故云雜也"라 하였고, 《文鏡秘府論》에 "古人所作, 元有題目, 撰入文選, 文選失其題目, 古人不詳, 名曰雜詩"라 함.

3. 明 王世貞의 《藝苑巵言》에 "五言至沈宋始可稱律, 律爲音律法律, 天下無嚴於是者. 知虛實平仄不得任情, 而法度明矣, 二君正是敵手"라 함.

4. 韻脚은 兵·營·情·城.

❀ 심전기(沈佺期: 650?~714)

1. 자는 雲卿, 相州 內黃(지금의 河南 內黃) 사람으로 高宗 上元 2년(675) 진사에 급제함. 協律郎을 시작으로 通事舍人에 올라 《三敎珠英》의 수찬에

참여함. 다시 給事中을 거쳐 考功員外郎이 되었으나 수뢰죄에 걸렸음. 그러나 마침 張易之가 패하여 驩州로 장기간 유배 생활을 함. 얼마 뒤 臺州錄事參軍 으로 옮겼으며, 中宗 때 풀려나 임금을 뵙고 起居郎, 修文館直學士에 오름. 開元 초에 죽었으며《舊唐書》文苑傳에 전이 실려 있음. 宋之問과 함께 이름을 날려 흔히 '沈宋'이라 불림. 則天武后 때 宮中詩人으로 그 때문에 應制詩와 奉和詩가 많음. 그의 文集과 詩는《新唐書》(藝文志, 4)와《郡齋 讀書志》에는 5권으로 되어 있으며《全唐詩》에는 3卷(95. 96. 97),《全唐詩 外編》및《全唐詩續拾》에는 2首와 斷句 4련이 補入되어 있음.《舊唐書》 (190) 文苑傳(中)과《新唐書》(202) 文藝傳(中)에 전이 실려 있음.

2.《唐詩紀事》(11)

佺期, 字雲卿, 相州人. 除給事中・考功郎, 受贓劾, 未究; 會張易之敗, 遂長流 驩州. 稍遷台州錄事參軍, 入計召見, 拜起居郎, 兼修文直學士. 侍宴, 爲弄辭 悅帝, 賜牙緋. 尋爲太子詹事. 開元初卒. (佺期迴波樂詞云: 迴波爾時佺期, 流向 嶺外生歸. 身名已蒙齒錄, 鮑笏未復牙緋.)

3.《全唐詩》(95)

沈佺期, 字雲卿, 相州內黃人. 善屬文, 尤長七言之作, 擢進士第. 長安中, 累遷 通事舍人. 預修三教珠英, 轉考功郎給事中. 坐交張易之, 流驩州, 稍遷台州 錄事參軍. 神龍中, 召見, 拜起居郎, 修文館直學士. 歷中書舍人. 太子少詹事, 開元初卒. 建安後, 訖江左, 詩律屢變. 至沈約・庾信, 以音韻相婉附, 屬對精密, 及佺期與宋之問, 尤加靡麗, 回忌聲病. 約句準篇, 如錦繡成文. 學者宗之, 號爲沈宋. 語曰:「蘇李居前, 沈宋比肩」集十卷, 今編詩三卷.

4.《唐才子傳》(1) 沈佺期

佺期, 字雲卿, 相州人. 上元二年, 鄭益傍進士. 工五言. 由協律考功郎受賕, 長流驩州. 後召拜起居郎, 兼修文館直學士. 常侍宮中, 旣侍宴, 帝詔學士等爲 《回波舞》, 佺期作弄辭悅帝, 詔賜牙緋. 歷中書舍人. 佺期嘗以詩贈張燕公, 公曰:「沈三兄詩淸麗, 須讓居第一也.」詩名大振.

◎ 自魏建安迄江左, 詩律屢變. 至沈約・鮑照・庾信・徐陵, 以音韻相婉附, 屬對 精緻. 及佺期・之問, 又加靡麗. 迴忌聲病, 約句準篇, 著定格律, 遂成近體, 如錦繡爲文, 學者宗尙. 語曰:「蘇・李居前, 沈・宋比肩.」謂唐詩變體, 始自 二公, 猶漢人五字詩始自蘇武・李陵也. 有集十卷, 今傳於世.

086
〈題大庾嶺北驛〉 ······················· 宋之問

대유령 북쪽 역참에서

시월에 남쪽으로 날아가는 기러기도,
전설에 여기까지만 와서는 되돌아간다 하였건만.
내 가는 길 아주 달라 잠시 그치지도 못할 뿐더러,
그 어느 날에 다시 돌아갈 수 있을 것인가?
썰물이 물러나니 강물은 조용한데,
수풀은 장기瘴氣에 덮인 채 길을 열어주지 않네.
내일 아침 고향을 바라볼 수 있는 곳,
그 고개 언덕에선 매화꽃을 보겠지.

陽月南飛雁, 傳聞至此回.
我行殊未已, 何日復歸來?
江靜潮初落, 林昏瘴不開.
明朝望鄉處, 應見隴頭梅.

大庾嶺《三才圖會》

【大庾嶺】남쪽 五嶺의 하나로 梅嶺이라고도 부름. 지금의 江西 大庾縣 남쪽
이며 廣東 雄縣의 북쪽에 있는 큰 고개. 唐나라 張九齡이 이 고갯길을 열고
고갯마루에 매화를 심었다 하며 그 때문에 梅嶺이라고도 부른다 함.

【北驛】대유령의 북쪽 역참. 驛은 고대 驛院제도에서 사신이나 여행객이 말을 바꾸어 타고 쉬어갈 수 있는 중간 휴게소.

【陽月】음력 10월.《爾雅》釋天에 "十月爲陽"이라 하였으며, 고대 陽氣가 亥에서 시작하여 子에서 생겨나며 10월을 建亥로 하였으므로 陽月이라 불렀음.

【傳聞至此回】衡陽 남쪽에 回雁峯이 있으며 이는 衡山七十二峯의 하나임. 기러기가 9월에 남으로 내려오다가 이곳에 이르러 더 이상 남쪽으로 가지 않고 겨울을 나고 북으로 돌아간다 하여 回雁峰이라 부름.《方輿覽勝》에 "回雁峰在衡陽之南, 雁至此不過, 遇春而回"라 하였으며 대유령은 회안봉의 남쪽에 있음.

【殊末已】기러기와 달라 자신은 전혀 머물 수 없음.

【江靜潮初落】조수가 물러나자 강물이 아주 조용함을 말함. 도치문.

【瘴】瘴癘. 남방 아열대 지방의 습기와 열기로 인해 동식물이 쉽게 부패하여 생기는 풍토병. 북쪽에서 귀양 온 이들은 이 병을 아주 두렵게 여겼음.

【隴頭梅】고개 마루의 매화. 大庾嶺은 남쪽이라 기후가 온화하고 습도가 높아 10월에 이미 매화가 피어남을 말함. 그 때문에 "十月先開嶺上梅"이라 함. 특히 같은 나무라도 남쪽으로 뻗은 가지의 꽃이 떨어질 때 비로소 북쪽 가지의 꽃이 핀다고 함. 淸 沈德潛은 여기서 '隴'자는 '嶺'자의 오기라 하였음.

참고 및 관련 자료

1. 이는 송지문이 中宗 神龍 원년(705) 武則天에게 아부하여 권력을 누렸던 張易之가 武則天이 퇴패함과 함께 쫓겨나자, 張易之에게 빌붙었던 송지문도 역시 瀧州(지금의 廣東 羅定縣 농쪽)로 귀양가면서 대유령을 오르기 전 북쪽 역참에서 읊은 것임.

2. 韻脚은 回·來·開·梅.

❀ 송지문(宋之問: 650?~712)

1. 자는 延淸. 汾州(지금의 山西 汾陽) 사람, 혹은 虢州 弘農(지금의 河南 靈寶縣) 사람이라고도 함. 高宗 上元 2년(675) 진사에 올라 洛州參軍에 올랐으며 張易之가 패하자 瀧州參軍으로 귀양을 감. 얼마 뒤 도망하여 鴻臚主簿가

되었으며, 中宗 景龍 연간에 考功員外郎을 거쳐 杜審言 등과 함께 修文館
學士가 됨. 다시 知貢擧에 올랐으나 청렴하지 못하여 越州長史로 폄직되었
으며, 睿宗 때에는 欽州로 유배를 갔다가 先天 연간에는 사약을 받고 죽음.
시집 10권이 있음. 그의 시풍은 齊梁의 유미주의를 본받아 沈佺期와 함께
이름을 날려 흔히 '沈宋'이라 불림.《全唐詩》에는 그의 詩 3권(51~53)이 수록
되어 있으며《全唐詩外編》·《全唐詩續拾》에 27首와 斷句 9句가 補入되어
있음.《舊唐書》(190) 文苑傳(中)과《新唐書》(202) 文藝傳(中)에 전이 실려 있음.

2.《新唐書》(202)

漢建安後迄江左, 詩律屢變, 至沈約·庾信, 以音韻相婉附, 屬於精密. 及宋之問·
沈佺期又加靡, 回忌聲病, 約句準篇, 如錦繡成文, 學者從之, 號曰沈宋.

3.《唐詩紀事》(11)

之問, 字延淸, 汾州人. 與佺期·允濟媚附易之, 及敗, 貶瀧州參軍事. 逃歸, 復附
三思. 景龍中, 諂事太平公主; 安樂公主權盛, 復往諧結, 太平深嫉之. 中宗將用
爲中書舍人, 太平發其贓, 下遷越州長史, 賦詩流傳京師, 睿宗立, 以獝險盈惡,
詔流欽州, 賜死.

4.《全唐詩》(51)

宋之問, 一名少連, 字延淸, 虢州弘農人. 弱冠知名, 初徵, 令與楊炯分直内教.
俄授雒州參軍. 累轉尙方監丞, 預修三教珠英. 後坐附張易之, 左遷瀧州參軍.
武三思用事, 起爲鴻臚丞. 景龍中, 再轉考功員外郎. 時中宗增置修文館學士,
之問與薛稷·杜審言首膺其選. 轉越州長史, 睿宗卽位. 徙欽州, 尋賜死. 集十卷,
今編詩三卷.

5.《唐才子傳》(1) 宋之問

之問, 字延淸, 汾州人. 上元二年進士. 偉貌辯給. 甫冠, 武后召與楊炯分直習
藝館, 累轉尙方監丞. 后遊龍門, 詔從臣賦詩, 左史東方虯詩先成, 后賜錦袍.
之問俄頃獻, 后覽之嗟賞, 更奪袍以賜. 後求北門學士, 以有齒疾不許, 遂作〈明
河篇〉, 有「明河可望不可親」之句以見志, 諂事張易之, 坐貶瀧州. 後逃歸, 匿張
仲之家. 聞仲之謀殺武三思, 乃告變, 擢鴻臚簿, 遷考功郎. 復媚太平公主. 以知
擧賕賂狼藉, 下遷越州長史. 窮歷剡溪山水, 置酒賦詩, 日遊宴, 賓客雜遝. 睿宗立,
以無悛悟之心, 流欽州, 御史劾奏賜死, 人言劉希夷之報也. 徐堅嘗論其文, 如良
金美玉, 無施不可. 有集行世.

087

〈次北固山下〉 ·· 王灣

북고산 아래에 머물면서

나그넷길 청산 밖까지 나가 보았네.
배는 푸른 물 앞에 대어 놓았네.
조수는 평온하며 두 언덕은 확 트였고,
바람은 마침 돛대 띄우기에 안성맞춤.
바다에는 남은 밤 빛 위로 해가 떠오르고,
강은 봄이 왔어도 지난해 다 흐르지 못했노라 계속 흐르네.
고향으로 보낸 편지 어디가면 받게 될까?
북으로 가는 기러기 저 낙양 근처까지 갔을 텐데.

客路青山外, 行舟綠水前.
潮平兩岸濶, 風正一帆懸.
海日生殘夜, 江春入舊年.
鄕書何處達? 歸雁洛陽邊.

【次】 원래 군대나 여행자가 하루 머무는 것을 '舍'라 하며 이틀 머무는 것을
'信', 그 이상 머물러 있는 것을 '次'라 함. 《左傳》 莊公 3년에 "凡師一宿爲舍,
再宿爲信, 過信爲次"라 함. 여기서는 잠시 定泊함을 뜻함.

【北固山】 지금의 江蘇 鎭江縣에 있는 산. 長江 가운데로 솟아 삼면이 물로 둘러싸여 있음.

【潮平】 조수가 솟아올라 강 언덕과 나란함.

【入】 진입, 침입.

【鄕書】 고향으로 부치는 편지.

【歸雁】 고향으로 돌아가는 기러기. 고대 기러기발에 편지를 묶어 보냈던 전설을 말함.

【洛陽】 시인 왕만의 고향.

참고 및 관련 자료

1. 唐나라 殷璠이 선집한 《河嶽英靈集》에는 제목이 〈江南憶〉으로 되어 있으며 "南國多新意, 東行伺早天. 潮平兩岸失, 風正數帆懸. 海日生殘夜, 江春入舊年. 從來觀氣象, 惟向此中偏"이라 하여 글자의 차이도 매우 심함.

2. 이는 왕만이 玄宗 先天 원년(712) 진사에 급제하고 얼마 뒤 江南을 유람할 때 지은 것임.

3. 韻脚은 前·懸·年·邊.

4. 《千家詩》原註(王相)

山在鎭江府北. 言舟行江邊, 經于北固下山, 因作詩. 曰江行客路過於靑山之下, 江舟之行, 則於綠水之前, 春水未至, 潮水平流, 兩岸之地多闊, 西風正而舟帆高挂, 以催順流而東, 天未明而放舟, 夜已殘而日出, 地近海隅, 日生最早也. 時値新正而立春, 則在去歲之末; 是春色之早也. 則吾離家已遠, 鄕書將何所達乎? 惟俟歸鴻之便, 傳之於洛陽而已.

○王灣, 洛陽人, 仕至榮(滎)陽簿, 盛唐.

❀ 왕만(王灣)

1. 唐代 시인. 洛陽 사람으로 先天 연간에 진사에 올랐으며 開元 초 滎陽主簿를 거쳐 洛陽尉에 오르기도 하였음. 그의 문장은 일찍이 알려져 吳楚 사이에 널리 퍼졌으며, 여기에 실린 '海日生殘夜, 江春入舊年'은 당시 가장 널리 애송되기도 하였음. 《全唐詩》에 시 10수가 수록되어 있음.

2.《唐詩紀事》(15)

灣, 登先天進士第, 開元初, 爲滎陽主簿. 馬懷素欲校正羣籍, 灣在選中, 各部撰次. 後爲洛陽尉.

3.《全唐詩》(115)

王灣, 洛陽人. 登先天進士第. 開元初, 爲滎陽主簿. 馬懷素請校正羣籍. 召學涉之士, 分部譔次. 灣在選, 中祕書罷譔. 又與陸紹伯等同校麗正院書, 終洛陽尉. 灣詞翰早著, 其『海日生殘夜, 江春入舊年』之句. 當時稱最, 張說手題於政事堂, 每示能文. 令爲楷式, 詩十首.

4.《唐才子傳》(1) 王灣

灣, 開元十一年, 常無名榜進士, 與學士綦母潛契切. 詞翰早著, 爲天下所稱. 往來吳·楚間, 多有著述. 如〈江南意〉一聯云:「海日生殘夜, 江春入舊年.」詩人以來, 罕有此作. 張燕公手題於政事堂, 每示能文, 令爲楷式. 曾奉使登終南山, 有賦. 志趣高遠, 識者不能弃焉.

5.〈江南意〉: 원제목은 〈次北固山下〉(《全唐詩》115)

『客路青山外, 行舟綠水前. 潮平兩岸闊, 風正一帆懸. 亥日生殘夜, 江春入舊年. 鄉書何處達, 歸雁洛陽邊.』(河兵英靈集題作〈江南意〉. 詩云:『南國多新意, 東行伺早天. 潮平兩岸失, 風正數帆懸. 海日生殘夜, 江春入舊年.』從來觀氣象, 惟此中編.)

088

〈題破山寺後禪院〉 ······························· 常建
파산사 뒤의 선원

맑은 새벽 고사에 들었더니,
막 떠오르는 해가 높은 숲을 비추누나.
굽은 오솔길은 그윽한 곳으로 통하고,
선방은 꽃나무 깊은 곳에 자리 잡았네.
산이 밝아 오니 새들이 즐거워하고,
연못에 비친 그림자는 내 마음을 비우게 하네.
온갖 만물의 소리는 여기서는 모두 정적이 되고,
오직 종소리와 풍경소리의 여운.

清晨入古寺, 初日照高林.
曲徑通幽處, 禪房花木深.
山光悅鳥性, 潭影空人心.
萬籟此俱寂, 惟餘鐘磬音.

【破山寺】破山은 산 이름으로 그곳 虞山의 興福寺를 가리킴. 지금의 江蘇
　常熟縣 虞山 북쪽에 있으며 南朝 齊나라 때 건립되었고, 唐 懿宗 咸通

9년(868)에 '破山興福寺'라는 賜額을 내림.《淸一統志》에 "興福寺在虞山, 齊彬州刺史舍宅爲寺. 唐常建'曲徑通幽處'卽此"라 함.

【禪院】 스님들이 함께 모여 수행하는 곳. 禪房과 같음.

【初日】 초승의 태양. 막 떠오르는 태양.

【高林】 불가에서 승려들이 모여 있는 도를 닦고 수도하는 禪院과 講院이 있는 곳을 '叢林'이라 하여 高林은 그러한 뜻으로 쓴 것임.

【曲】 혹 '竹'으로 된 판본도 있음.

【花木深】《千家詩》 원본에는 '花古深'으로 되어 있음.

【萬籟】 세상 온갖 만물의 소리. 籟는 天籟, 地籟, 人籟로 나뉘며 자연 상태의 소리를 말함.《莊子》齊物論에 "子游曰:「地籟則衆竅是已, 人籟則比竹是已. 敢問天籟.」子綦曰:「夫天籟者, 吹萬不同, 而使其自己也, 咸其自取, 怒者其誰邪!」"라 함.

【餘】 혹 '聞'으로 된 판본도 있음.

【鐘磬】 불가에서 쓰는 큰 종과 작은 종. 독경할 때 쓰이며 구리로 만들었음.

참고 및 관련 자료

1.《全唐詩》에는 제목이 〈題破山寺後禪院〉으로 되어 있으나 일부 판본에는 〈破山寺後禪院〉이라 하여 '題'자가 누락되어 있음.

2. 韻脚은 林·深·心·音.

3. 歐陽修《續居士集》에 "吾嘗喜誦常建詩云:「竹徑通幽處, 禪房花木深」, 欲效其語作一聯, 久不可得, 乃知造意者爲難工也"라 함.

4. 元 方回의《瀛奎律髓》에 "歐公喜此詩, 三四不必偶, 乃自是一體, 蓋亦古詩 律詩之間, 全篇自然"이라 함.

5.《千家詩》原註(王相)

寺僧有創爲別室者曰禪院. 言方早而日初出, 照於高林之上, 但見石徑斜曲, 而通 於幽隱之處, 禪房之外花木叢深, 淸香可挹, 山光宕蕩, 羣鳥悅而棲鳴, 潭影澄淸, 人心樂而空寂, 一塵不染, 萬籟無聲, 惟聞鐘磬之音, 徐度於林樹於外也. ○常建, 開元中進士, 爲盱眙尉, 盛唐.

089

〈寄左省杜拾遺〉 ·· 岑參

문하성 두습유에게 보냄

그대와 함께 나란히 걸음 재촉하여 조정을 오르내리며
각기 중서성과 문하성을 경계로 일을 보고 있네.
새벽이면 천자의 의장을 따라 들어서고,
저녁이면 임금의 향기에 젖은 몸으로 돌아오네.
백발은 지는 꽃잎을 슬퍼하고,
청운은 저 날아다니는 새를 부러워하지.
지금 조정에는 더 이상 잘못된 일도 없어
간언하는 상소문도 드물다네.

聯步趨丹陛, 分曹限紫微.
曉隨天仗入, 暮惹御香歸.
白髮悲花落, 青雲羨鳥飛.
聖朝無闕事, 自覺諫書稀.

【左省】문하성을 말함. 唐 高宗 龍朔 연간에 門下省을 東臺라 개칭하였으며,
남면하여 왼쪽이므로 이를 左省이라 함. 두보가 당시 문하성의 左拾遺였음.

【杜拾遺】杜甫를 가리킴. 岑參과 두보는 肅宗 乾元 원년 함께 관직에 올라 잠삼은 右補闕이 되어 中書省에 속하였고, 두보는 左拾遺가 되어 門下省에 속하였음.

【聯步】두 사람이 함께 나란히 걸음.

【丹陛】황궁의 계단. 붉은 칠을 하였음. 여기서는 조정을 말함.

【分曹】각기 맡은 일을 분담하여 처리함.

【紫微】紫薇省(紫微省). 중서성의 별칭. 당나라 때 중서성에는 자미화를 심어 별칭이 되었음. 紫微는 '紫薇'로도 표기함. 당시 잠삼은 우보궐, 중서성으로 궁궐 서쪽(우)에 있었고, 두보는 좌습유, 문하성으로 궁궐 동쪽(좌)에 있었음.

【天仗】제왕의 儀仗.

【御香】조회 때 전상에 熏香을 피워 공기를 맑게 하였음. 《新唐書》儀衛志에 "朝日, 殿上設黼扆·躡席·熏爐·香案"이라 함.

【惹】'물들다'의 뜻.

【靑雲】높은 관직이나 관운이 형통함을 말함. 《史記》范雎傳에 "賈不意君能自致於靑雲之上"이라 하였고, 〈伯夷傳〉에는 "非附靑雲之士, 惡能施於後世哉!"라 함.

【闕】빠뜨림. 잘못됨. 임금의 통치에 혹 빠진 부분.

【諫書】신하로서 임금에게 올리는 건의문이나 疏狀. 《千家詩》에는 '諫疏'로 되어 있음. 淸 紀昀은 "聖朝既以爲無闕, 則諫書不得不稀矣"라 함.

참고 및 관련 자료

1. 이는 肅宗 至德 2년(757)부터 이듬 해 乾元 원년(758)까지 岑參이 右補闕이 되어 中書省에 속하며 右署에 거하게 되었으며, 杜甫는 左拾遺로 門下省에 속하며 左署에 거할 때 두보를 두고 읊은 것임.

2. 《杜甫集》에 이 시에 대한 和答詩 〈奉答岑參補闕見贈〉이 있으며 전문은 "窈窕靑禁闥, 罷朝歸不同. 君隨丞相後, 我往日華東. 冉冉柳枝碧, 娟娟花蕊紅. 故人得佳句, 獨贈白頭翁"이라 함.

3. 明 胡震亨의 《唐音癸籤》(3)에 "和詩用來詩之韻曰用韻, 依來詩之韻盡押之, 不必以次曰依韻, 並依其先後而次之曰次韻. 盛唐人和詩不和韻, 晚唐人至有次韻者. 洪邁曰:「古人酬和詩, 必答其來意, 非如今人爲次韻所局也. 如高適寄

杜云:『草玄今已畢, 此外更何求?』杜和云:『草玄吾豈敢? 賦或似相如.』韋迢
寄杜云:『相憶無南雁, 何時有保章?』杜和云:『雖無南去雁, 看取北來魚.』只以
其來意往覆, 趣味自深, 何甞和韻? 至大曆中, 李端·盧綸野寺病居酬答, 始有
次韻. 後元·白二公次韻益多, 皮·陸則更盛矣.」今人倣傚, 至往返數回不止, 詩以
道性情, 一拘韻脚, 性情果可得而見耶?"라 함.

4. 韻脚은 薇·歸·飛·稀.

5.《千家詩》原註(王相)

岑爲左補闕, 居尙書左省, 子美爲拾遺居門下右省, 同居禁中, 故贈之以詩.
言與子同趨於丹階之間, 分左右省而居. 間於中書省之東西, 中書省有紫微花,
故曰限紫微, 天子臨朝, 則補闕拾遺, 同入而侍, 於其則何晚; 退朝則身沾御香
而歸省. 人老而白髮生, 花落而靑春去, 故動暮年之悲. 士貴如入靑雲, 宦達快
於飛鳥, 故動遲暮之美也. 身爲補闕之時, 值盛明朝政, 無闕可補, 無事可諫,
故諫職常閒而無書可上也.

○岑參, 河內人, 仕終刺史.

090

〈贈孟浩然〉 ·· 李白

맹호연에게

내 맹부자를 경애하노니,
풍류는 천하에 그 소문이 자자하다네.
젊은 나이에 벼슬을 버리고,
흰머리 늙어서는 소나무 구름에 누웠다네.
달에 취하여 술에 빠지기 일쑤이며,
꽃에 미쳐서 임금을 섬기지 못할 정도라네.
높은 산 같은 인품을 어찌 우러를 수 있으리?
이에 한갓 그 맑으신 향기를 본받을 뿐.

吾愛孟夫子, 風流天下聞.
紅顏棄軒冕, 白首臥松雲.
醉月頻中聖, 迷花不事君.
高山安可仰? 徒此揖清芬.

【夫子】 선생님. 상대를 높여 부르는 말.
【風流】 풍채가 높고 아름다움.

【軒冕】軒은 고관 수레의 지붕. 冕은 모자. 고관대작의 화려한 벼슬을 뜻함.

【中聖】술의 은어를 淸酒를 '聖人'이라 하고 濁酒를 '賢人'이라 하였으며, 그
聖人 즉 청주에 빠졌음을 말함. 술이 취함을 뜻함.《三國志》魏志 徐邈傳에
"魏國初建, 徐邈爲尙書郎. 時科酒禁, 而邈私飮, 至於沉醉. 校事趙達問以曹事,
邈曰:「中聖人. 平日醉客謂酒淸者聖人, 濁者謂賢人, 邈性修愼, 偶醉言耳.」"
라 함.

【不事君】임금을 모시지 않고 자연을 좋아하는 것을 고고함으로 본 것.
《周易》蠱卦에 "不事王侯, 高尙其事"라 함.

【高山】《詩經》小雅 車舝에 "高山仰止, 景行行止. 四牡騑騑, 六轡如琴. 覯爾
新昏, 以慰我心"라 한 말에서 따온 것.

【揖】'펴다(抒), 본받다(效)'의 뜻.

⎧ 참고 및 관련 자료 ⎫

1. 맹호연이 襄陽에서 은거하고 있을 때 李白은 사방을 분주히 다녔으나 뜻을
이루지 못하여 開元 27년(739)에 양양으로 가서 맹호연을 만나게 되었으며,
그때에 〈襄陽歌〉에 "鸕鷀杓, 鸚鵡杯, 百年三萬六千日, 一日須傾三百杯"의
호탕한 음주를 노래하기도 하였음. 이 시는 그때 맹호연을 만나 지은 것임.

2. 杜甫의 〈解悶詩〉에도 "復憶襄陽孟浩然, 新詩句句俱堪傳"이라 하여 맹호연을
높이 추앙하였음.

3. 韻脚은 聞·雲·君·芬.

091

〈渡荊門送別〉 ··· 李白

형문나루를 건너며 송별함

멀리 형문으로 건너 나서서,
그 옛날의 초국에 와서 노닐도다.
산은 넓은 들을 끝까지 따라 펼쳐져 있고,
강은 대황으로 향해 흘러들어 가는구나.
달은 내려와 하늘을 날아다니는 거울이 되고,
구름은 피어올라 바다에 신기루를 짓고 있구나.
아직도 고향산천 아끼고 사랑하기에,
만리 먼 곳으로 가는 배를 보내 주도다.

渡遠荊門外, 來從楚國游.
山隨平野盡, 江入大荒流.
月下飛天鏡, 雲生結海樓.
仍憐故鄕水, 萬里送行舟.

【荊門】산 이름. 지금의 湖北 宜都縣 서북 長江 南岸, 北岸 虎牙山과 서로
마주 보고 있으며 蜀과 楚의 분계선을 이루고 있음.

【送別】장강이 자신을 보내 줌을 뜻하는 것으로도 봄.

【楚國】고대 楚나라 땅이었던 지금의 湖北, 湖南 일대.

【渡遠】혹 '遠渡'로 된 판본도 있음.

【大荒】광막한 들판. 사람이 가보기 어려운 洪荒의
지역.《山海經》大荒經의 의미를 내포하고 있음.

【天鏡】달을 의미함. 둥그렇게 뜬 달이 마치 圓鏡과
같음.

【海樓】바다의 신기루. 바다에 아지랑이나 안개가 끼어
가물가물 마치 누각과 도시가 있는 것처럼 보이는

李太白《晩笑堂畵傳》

현상. 옛날에는 이를 蜃(大蛤)의 기침에 의해 생기는 것이라 하여 '蜃樓'
(蜃氣樓)라 하였음.

【故鄉水】長江의 물. 李白이 일찍이 한 때 四川에 살아 그 때문에 이렇게
부른 것.

참고 및 관련 자료

1. 開元 14년(726) 李白이 三峽을 경유하여 蜀에서 나올 때 지은 것임.

2. 淸 翁方綱《石洲詩話》에 "此等句皆適與手會, 無意相合, 故不必相爲倚傍,
亦不容區分優劣也"라 함.

3. 韻脚은 游·流·樓·舟.

092

〈送友人〉 ······························· 李白

친구를 보내며

푸른 산은 북쪽 성곽에 비껴 있고,
흰 물은 동쪽 성을 감돌아 흐르도다.
여기서 일단 헤어지고 나면
그대는 홀로 만리 먼 길을 가야 하리!
뜬구름은 그대처럼 임의로 가면 그만이지만,
지는 해는 나의 이 슬픈 마음이라오.
손을 흔들며 여기서 보내드리니,
말머리 돌리는 우리 두 말도 쓸쓸한 울음으로 작별을 하는구려!

青山橫北郭, 白水遶東城.
此地一爲別, 孤蓬萬里征!
浮雲游子意, 落日故人情.
揮手自玆去, 蕭蕭班馬鳴!

【北郭】 고대 내성 외곽으로 구분하였으며 여기서는 성과 상대하여 쓴 말.
【孤蓬】 가을에 쑥이 마른 채 이리저리 흩날리는 것을 말하여 흔히 표박, 표류
라는 뜻으로 널리 쓰임. 晉 潘岳의 〈西征賦〉에 "陋吾人之拘攣, 飄萍浮而蓬轉"

이라 하였고, 宋 鮑照의 〈蕪城賦〉에는 "孤蓬自振, 驚沙坐飛"라 함.

【浮雲】遊子가 사방을 유랑함을 말함. 曹植의 〈雜詩〉에 "西北有浮雲, 亭亭
如車蓋. 惜哉時不遇, 適與飄風會. 吹我東南行, 行行至吳會"라 함.

【征】먼 여행길.

【自妓去】《千家詩》원본에는 '自知去'로 되어 있음.

【蕭蕭】말이 우는 소리. 쓸쓸함을 말함.《詩經》車攻에 "蕭蕭馬鳴"이라 함.

【班馬】무리에서 분리된 말. '班'은 '分, 別'과 같음. 여기서는 이별하는
두 말을 말함.《左傳》襄公 18년에 "有班馬之聲, 齊師其遁"이라 하였고,
注에 "班, 別也"라 함.

참고 및 관련 자료

1. 이백이 어떤 친구와 헤어지면서 읊은 送別
詩로써 天寶 6년(747) 金陵(지금의 江蘇 南京)
에서 지은 것으로 보고 있음.

2. 淸 沈德潛《唐詩別裁》에 "蘇李贈言, 多唏
噓語而無蹴蹋聲, 知古人之意在不盡矣, 太白
猶不失斯旨"이라 함.

3. 韻脚은 城·征·情·鳴이다.

4.《千家詩》原註(王相)

〈人物交談圖〉(彩畫磚) 漢

太白送友之詩, 意曰送子出北郭, 則靑山橫亘於前; 送子登舟, 則長河一水遶
城而東去矣. 從此與子一別, 而孤蓬泛泛萬里長征, 遊子之意, 如浮雲之無定,
而故人之情, 則如落日之西沈, 望之而不能見也. 子之馬從舟而去, 吾之馬入城
而回, 二馬蕭蕭長鳴, 若有離羣之感, 非惟人不忍別, 馬亦不忍離也.

093

⟨聽蜀僧濬彈琴⟩ ……………………………………… 李白

촉 땅 준 스님의 거문고 소리를 듣고

촉 땅 스님 녹기綠綺라는 거문고 안고,
서쪽으로 아미산에서 내려오셨네.
나를 위해 한 곡조 연주하시니,
마치 일만 골짜기 솔바람 소리를 듣는 듯.
세속에 찌든 마음 흐르는 물에 씻어 주시고,
여운은 가을 산사에 울려 퍼져 들어가네.
푸른 산 저물어 가는 줄도 몰랐더니,
가을 구름 어두움에 몇 겹이나 쌓였는가?

蜀僧抱綠綺, 西下峨嵋峰.
爲我一揮手, 如聽萬壑松.
客心洗流水, 餘響入霜鐘.
不覺碧山暮, 秋雲暗幾重?

【濬】 촉 땅 승려의 法名. 濬公. 이백의 다른 시에 ⟨贈宣州靈源寺仲濬公⟩이
있어 같은 인물로 보임.

【綠綺】 거문고 이름. 傅玄의 〈琴賦〉序에
"司馬相如有綠綺, 蔡邕有焦尾, 皆天下名器也"
라 함.

【峨嵋峰】 지금의 四川 眉州에 大小峨嵋山이
있으며, 여인의 눈썹 峨眉처럼 생겨 이름이
붙여졌음. 佛敎 五大聖地의 하나.

峨嵋山《三才圖會》

【一揮手】 거문고를 연주함. 嵇康〈琴賦〉에 "伯牙揮手"라 하였고, 〈四言贈兄
秀才入軍詩〉에는 "目送飛鴻, 手揮五弦"이라 함.

【萬壑松】 〈風入松〉이란 곡조를 뜻하는 것으로 보임. 兪陛雲의《詩境淺說》에
"以松濤喩琴聲之淸越, 以萬壑喩琴聲之宏偉"라 함.

【客心】 원래 불교 용어. 세속의 티끌에 묻은 마음. 佛心에 상대하여 쓰는 말.

【洗流水】 〈石上流泉〉이라는 곡조가 있어 이를 뜻하는 것으로 보임. 한편
《列子》湯問篇에 "伯牙善鼓琴, 鍾子期善聽. 伯牙鼓琴, 志在登高山. 鍾子期曰:
「善哉! 峩峩兮若泰山!」 志在流水. 鍾子期曰: 「善哉! 洋洋兮若江河!」"라 함.

【霜鍾】 늦은 가을 절에서 울리는 종소리.《山海經》中山經 中次十一經에
"東南三百里, 曰豐山. ……有九鍾焉, 是知霜鳴"이라 하였고, 郭璞의 주에
"霜降則鍾鳴, 故曰知也"라 함. 한편《志雅堂雜抄》에는 "張受益有一琴, 名霜鍾"
이라 하여 거문고 이름으로 보았음.

참고 및 관련 자료

1. 黃錫珪의《李太白編年詩集目錄》에 이 시는 乾元 원년(758) 夜郎과 五岳
등지를 유람할 때 지은 것이라 하였음.

2. 淸 施均父의《硯傭說詩》에 "五律有淸空一氣, 不可以練句練字求者, 最爲
高格, 如太白「牛渚西江夜」·「蜀僧抱綠綺」·襄陽「掛席幾天理」, 摩詰「中歲頗好道」,
劉愼虛「道由白雲盡」諸首, 所謂羚羊挂角, 無迹可求"라 함.

3. 韻脚은 峰·松·鍾·重.

094

〈夜泊牛渚懷古〉 ··· 李白

우저에서 밤에 정박하여 옛일을 회고함

우저산牛渚山 서쪽 장강長江에 밤이 드는데,
푸른 하늘엔 조각구름 하나 없네.
배를 타고 가을 달 바라보다,
부질없이 사장군謝將軍을 생각한다.
나 또한 능히 시를 잘 짓건만,
이 같은 사람 찾을 수가 없구나.
내일 아침 돛 걸어 떠나면,
단풍잎만 떨어져 어지러우리.

牛渚西江夜, 青天無片雲.
登舟望秋月, 空憶謝將軍.
余亦能高詠, 斯人不可聞.
明朝挂帆去, 楓葉落紛紛.

【牛渚】물가에 솟은 산 이름. 지금의 安徽 當塗縣 西北쪽에 있음. 長江에
임하여 그 북쪽은 江 가운데로 돌입하여 采石磯와 연결되어 있음. 그 采石磯는

바로 李白이 달을 붙잡으려다 강물에 빠졌다는 采石江이 그곳이라 전하고 있음.

【西江】 고대 江西에서 지금의 江蘇 南京까지의 강을 '西江'이라 불렀음.

【謝將軍】 謝尙(308~357). 자는 仁祖. 謝鯤의 아들이며 王導가 '小安豊'이라 불렀음. 給事黃門侍郎을 거쳐 建武將軍, 鎭西將軍, 歷陽太守, 豫州刺史, 江夏, 義陽 등 都督을 지냄. 穆帝 때 尙書僕射를 지냄. 음악과 기예에 밝았으며 太樂을 처음으로 정리하였다 함. 원굉을 알아보고 추천한 인물. 《晉書》 (79)에 전이 있음.

【高詠】 袁宏이 〈詠史詩〉를 읊듯이 자신도 그렇게 소리 높여 시를 읊음. 〈詠史詩〉는 《藝文類聚》(55)에 수록되어 있음.

【挂帆去】 다른 판본에는 '挂帆席', '洞庭去'로 되어 있음.

참고 및 관련 자료

1. 이 시의 제목 아래에 '此處卽謝尙聞袁宏〈詠史〉處'라는 주가 있음. 《晉書》 文苑傳에 의하면 袁宏(328~376)은 자가 彦伯이며 재능이 있었으나, 어려 고아가 되어 조세를 운반하는 일로 생업을 삼고 있었음. 그는 〈詠史〉라는 시를 지어 자신의 감정을 표현하고 있었는데 당시 謝尙이 牛渚를 鎭守하면서 밤에 그가 읊는 글을 듣고 그를 찾아 밤이 새도록 정담을 나누어, 이 일로 원굉은 널리 알려져 마침내 東陽太守에 오르게 되었음. 《世說新語》 文學篇에도 "袁虎少貧, 嘗爲人傭, 載運租. 謝鎭西經船行, 其夜淸風朗月, 聞江渚間 估客船上, 有詠詩聲, 甚有情致; 所誦五言, 又其所未嘗聞, 歎美不能已. 卽遣 委曲訊問, 乃是袁自詠其所作詠史詩. 因此相要, 大相賞得"이라 함.

2. 淸 王士禎의 《帶經堂詩話》에 "或問'不著一字, 盡得風流'之說, 答曰: '太白 詩牛渚西江夜, ……風葉落紛紛', 詩至此, 色相俱空, 正如'羚羊挂角, 無迹可求', 畫家所謂'逸品'是也"라 함.

3. 宋 嚴羽 《滄浪詩話》에 "又太白牛渚西江夜之篇, 皆文從字順, 音韻鏗鏘, 八句皆無偶者"라 함.

4. 李鍈의 《詩法易簡錄》에 "通首單行, 一氣旋折, 有神無跡"이라 함.

5. 韻脚은 雲·軍·聞·紛.

095

〈春望〉 ··· 杜甫

봄날에 바라보다

도성이 함락되어도 산하는 그대로로구나.
성에 봄이 오니 풀과 나무만 무성하도다.
전시임을 떠올리니 꽃만 보아도 눈물을 뿌리게 하고,
가족과의 이별 한스러워하니 새소리에도 놀라는구나.
봉화가 연달아 석 달을 이어가니,
집으로 보내는 편지는 만금의 값어치.
흰머리는 긁을수록 더욱 짧아져
이제는 비녀조차 이기지 못하는구나.

　國破山河在, 城春草木深.
　感時花濺淚, 恨別鳥驚心.
　烽火連三月, 家書抵萬金.
　白頭掻更短, 渾欲不勝簪.

【國破】'國'은 나라의 都城. 구체적으로 長安을 말함.
【山河在】山河는 도리어 의연히 존재함을 말함.
【草木深】전란으로 사람이 없어 풀과 나무가 제멋대로 자라 우거짐.

【感時】 전란의 때임을 문득 느낌.

【恨別】 가족과 헤어져 홀로 장안에 묶여 있음을 한스럽게 여김.

【烽火】 지덕 2년 太原, 睢陽, 長安이 함락되어 봄 석 달 내내 봉화가 끊이지 않고 피어오름.

【抵萬金】 가치나 값이 만금에 해당함.

【搔更短】 긁으면 더욱 짧아짐. 머리카락이 자꾸 빠져 줄어듦.

【渾欲】 '곧바로 ~하고자 함.'渾'은 副詞.

【簪】 비녀. 고대에는 남자들은 머리를 틀어 묶고, 다시 비녀를 꽂아 이를 지탱하도록 하였음.

참고 및 관련 자료

1. 이 시는 肅宗 至德 2년(757) 3월 두보가 安史의 난으로 長安에 갇혀 있을 때에 읊은 것임. 司馬光 《續詩話》에는 "古人爲詩, 貴於意在言外, 使人思而得之. ……'國破山河在', 明無餘物矣; '城春草木深', 明無人迹矣. 花鳥平時可娛之物, 見之而泣, 聞之而悲, 則時可知矣"라 함.

2. 紀昀은 "語語沉著, 無一毫做作, 而自然深至"라 함.

3. 明 胡震亨의 《唐音癸簽》에 "對偶未嘗不精, 而縱橫變幻, 盡越陳規, 濃淡淺深, 巧奪天工"이라 함.

4. 元 方回의 《瀛奎律髓》에 "此第一等好詩, 想天寶至德, 以至大曆之亂, 不忍讀也"라 함.

5. 韻脚은 深·心·金·簪임.

6. 《杜詩諺解》初刊本(10)
나라히 破亡ᄒᆞ니 뫼콰 ᄀᆞᄅᆞᆷ쑨 잇고
잣 앉 보미 플와 나모쑨 기펫도다
時節을 感嘆ᄒᆞ니 고지 눖므를 ᄲᅳ리게 코
여희여슈믈 슬후니 새 ᄆᆞᅀᆞ믈 놀래ᄂᆞ다
烽火ㅣ 석 ᄃᆞ를 니세시니
지빗 音書는 萬金이 ᄉᆞ도다
셴 머리를 긁구니 ᄯᅩ 뎌르니
다 빈혀를 이긔디 몯홀 ᄃᆞᆺ ᄒᆞ도다

096

〈月夜〉 ·· 杜甫

달밤에

오늘 밤 부주에 뜬 달.
아내는 홀로 저 달을 보고 있겠지.
멀리 아득히 어린 딸 그리워하는 내 심정,
장안에서 이토록 그리워하는 내 마음 모르리라.
아내는 꽃다운 안개 속에 트레머리가 젖었을 것이며,
맑은 달빛에 옥 같은 그 팔이 시릴 텐데.
그 어느 때에 창문가 휘장에 의지하여,
두 사람 눈물 흔적 마르는 눈가에 달빛 함께 비치게 할꼬?

今夜鄜州月, 閨中只獨看.

遙憐小兒女, 未解憶長安.

香霧雲鬟濕, 淸輝玉臂寒.

何時倚虛幌, 雙照淚痕乾?

【鄜州】지금의 陝西 鄜縣(富縣). 杜甫가 아내와 딸을 그곳에 남겨 두었음.
《唐才子傳》(2)에 "時所在寇奪, 甫家寓鄜, 彌年艱窶, 孺弱至餓死, 因許甫自往
省視. 從還京師, 出爲華州司功參軍"이라 함.

【閨中】 杜甫의 妻를 가리킴.

【雲鬟】 여인들의 구름처럼 뭉게뭉게 틀어 올린 트레머리.

【淸輝】 월광. 맑은 기운을 띤 달빛.

【虛幌】 투명하여 달빛이 비치는 창문의 휘장.

【雙照】 두 사람 모두에게 달빛이 비침.

【乾】 '말리다. 닦아주다'의 뜻. 원음은 '간.'

참고 및 관련 자료

1. 두보가 天寶 15년(756) 6월 安史의 난을 피하여 가족과 함께 鄜州에 살다가, 7월 肅宗이 靈武(지금의 寧夏 靈武)에서 즉위하였다는 소식을 듣고 숙종을 찾아 나섰음. 그러나 도중에 반군의 포로가 되어 長安으로 끌려가 홀로 곤고한 생활을 하면서 鄜州에 남겨둔 아내와 딸을 그리워하며 지은 시임.

2. 韻脚은 看·安·寒·乾(간).

3. 《杜詩諺解》 重刊本(12)

오늘 밤 鄜州엣 드를

도장 안해셔 오직 ᄒᆞ오아 보ᄂᆞ니라

효근 兒女를 아ᄋᆞ라히 憐愛ᄒᆞ노니

長安 ᄉᆞ랑 호믈 그르디 몯ᄒᆞ얏ᄂᆞ니라

곳다온 雲霧에 구룸 ᄀᆞᆮᄒᆞᆫ 머리 저젓고

ᄆᆞᆰᄀᆞᆫ 빗체 玉ᄀᆞᆮᄒᆞᆫ ᄑᆞᆯ히 서늘ᄒᆞ니라

어느 ᄢᅴ 븬 帳을 지어셔

둘희 눈믈 그제 므른 닐 비취에 ᄒᆞ려뇨

097

〈春宿左省〉 ··· 杜甫

봄날 문하성에서 숙직하면서

꽃은 곁문과 담에 저녁 빛을 받아 은은하고,
지저귀는 새는 둥지 찾아가느라 이곳을 지나네.
하늘의 별들은 장안 만호의 반짝이는 불빛에 임해 있고,
달빛은 높은 궁궐 곁에서 더 밝게 쏟아지네.
잠을 쫓으며 자물쇠 소리에 귀를 기울였더니,
바람에 흔들리는 그 소리, 옥가 소리가 아닌가 떠올리게 하네.
이튿날 아침 조회에 숙직 보고할 문건을 봉하며,
스스로에게 지난 밤 아무 일 없었나 자주 물었지.

花隱掖垣暮, 啾啾棲鳥過.
星臨萬戶動, 月傍九霄多.
不寢聽金鑰, 因風想玉珂.
明朝有封事, 數問夜如何?

【宿】 숙직, 당직하며 밤을 지키는 일.
【左省】 門下省을 말함. 궁전의 동쪽에 있어 흔히 좌성이라 부르며, 중서성은
오른쪽, 문하성은 왼쪽에 있었음.

〈文苑圖〉(唐) 韓滉

【掖垣】'掖'은 궁중의 곁문. '垣'은 그 곁의 담을 말함.

【啾啾】새 우는 소리를 音寫한 것.

【萬戶】장안의 많은 집. 그러나 이 역시 궁궐을 의미하는 것으로 봄.《漢書》에 "建章宮有萬戶千門"이라 하였으며 뒤에 궁궐을 대신하는 말로 쓰임.

【九霄】하늘 끝. 여기서는 제왕이 거처하는 朝廷을 말함.

【金鑰】궁문의 자물쇠. 혹은 그를 여는 소리.

【玉珂】말 고삐 끝에 다는 구슬 모양 장식. 말이 움직이면 서로 부딪쳐 낭랑한 소리가 남. 당나라 제도에 五品 이상은 玉珂로 장식을 하도록 하였음. 여기서는 벌써 출근하는 고관의 수레 소리가 아닌가 여김을 말함.

【封事】밀봉한 문서. 임금에게 올리는 문서의 보안을 위하여 밀봉한 것을 말함. 여기서는 숙직 상황을 보고하는 문건을 말함.

【夜如何】지난 밤의 상황에 대하여 묻고 안전을 확인하는 일.《詩經》小雅 庭燎에 "夜如何其? 夜未央"이라 함.

1. 이 시는 두보가 肅宗 乾元 원년(758) 봄 左拾遺 벼슬이었을 때 숙직하면서 그 정취를 읊은 것임.

2. 宋 葛立方의 《韻語陽秋》에 "蓋憂君諫政之心切, 則通夕爲之不寐, 想其犯顔逆耳, 必不爲身謀也"라 함.

3. 韻脚은 過·多·珂·何.

4. 《千家詩》原註(王相)

子美爲左拾遺時, 値宿夜, 故止於門下左首. 掖垣, 宮門左右掖之墻, 卽省中而言宮花隱于掖垣, 昏夜而不得見, 但見投枝之鳥, 啾啾而覓宿也. 星斗粲然, 欲動照臨於萬戶, 皓月當天而光明于九霄, 宮門欲啓, 必有鎖鑰, 傳呼之聲, 侍臣于五更而起, 聽之最早也. 朝馬旣動, 則宮外必有鳴珂之響. 故因風動而思朝臣之將至也. 封事, 封章也. 因天明而欲上朝奏事, 故不暇而數問侍者, 夜之明否也. ○杜甫, 京兆杜陵也, 仕至工部員外郞, 盛唐.

5. 《杜詩諺解》初刊本(6)

고지 禁掖ㅅ담 나조히 그윽ᄒ니

기세 잘 새 우러 디나가놋다

벼른 萬戶애 臨ᄒ야 뮈오

ᄃ옰비츤 九霄애 바라 하도다

자디 아니ᄒ야셔 門ㅅ ᄌᄆᆯ쇠 여로ᄆᆯ 듣고

ᄇᆞᄅᆷ 부로ᄆᆯ 因ᄒ야 玉珂ㅅ 소리ᄅᆞᆯ 스치노라

ᄂᆡ싈 아ᄎᆞᄆᆡ 封事ㅣ 이실 시

ᄌᆞ조 바미 어드록고 묻노라

098

〈至德二載甫自京金光門出, 問道歸鳳翔. 乾元初從左拾
遺移華州掾, 與親故別. 因出此門, 有悲往事〉 …… 杜甫

지덕 2년(757) 나 두보가 서울 금광문을
나서서 길을 물어 봉상으로 돌아왔다.
건원 초 좌습유에서 화주연 벼슬로
옮기게 되어, 친구들과 작별하고
그때 다시 이 문을 지나게 되면서
지난날 일의 슬픔을 되새기게 되었다.

이 길을 통해 지난날 천자에게 갈 때,
서쪽 교외에는 오랑캐들이 마침 횡행하고 있었지.
지금까지도 오히려 쓸개가 무너지는 듯하니
마땅히 혼도 제대로 챙기지 못할 뻔하였도다.
이제 임금을 가까이 모시러 이렇게 서울로 돌아오는 길,
그때 나를 폄직한 것이 어찌 임금의 본심이었으랴?
재주도 없이 날로 늙어가는 이 몸,
잠시 말을 멈추고 건장궁을 바라보네.

此道昔歸順, 西郊胡正繁.
至今殘破膽, 應有未招魂.
近得歸京邑, 移官豈至尊?
無才日衰老, 駐馬望千門.

【至德】唐 肅宗의 연호. 756~757년의 2년 동안이었음.

【金光門】《長安志》에 "唐京師外郭城西面三門, 北曰明遠, 中曰金光, 南曰延平"
이라 함.

【鳳翔】地名. 지금의 陝西 서쪽에 있으며 肅宗이 그곳에 安祿山의 난을
피하여 머물고 있었음.

【乾元】역시 당 숙종의 연호로 758~759년까지 2년간임.

【左拾遺】벼슬이름. 두보가 가지고 있었던 직책. 拾遺는 임금의 정책을 보좌
하여 혹 임금이 빠뜨린 것이 있을 때 이를 보완하여 주는 임무를 맡음.

【華州掾】화주는 지명. 지금의 섬서 華縣. 연은 지방의 屬官, 副職. 두보가
그때 중앙의 좌습유 벼슬에서 華縣의 掾으로 임지를 옮겼음. 구체적으로는
華州司功參軍의 직책을 가리킴.

【往事】至德 2년(757) 장안이 함락되자, 두보가 금광문을 통해 피난길에
나서서 鳳翔으로 달려가 肅宗을 배알한 일을 말함.

【歸順】자신이 안록산에게 동조하지 아니하고 金光門을 통해 빠져나가 숙종
에게 귀순하였음을 말함. 혹 '금광문은 옛날 서쪽 이민족들이 당나라에 귀순
하여 조공하러 드나들던 길'이라는 뜻으로도 봄.

【猶破膽】혹 '殘破膽'으로 된 판본도 있음.

【近侍】혹 '近得'으로 된 판본도 있음.

【移官】두보가 華州司功參軍으로 임지를 옮긴 것을 말함.

【至尊】천하에 지극히 높은 신분. 天子(皇帝, 肅宗)를 가리킴.

【千門】千門萬戶의 줄인 말. 황제의 궁궐을 가리킴. 구체적으로는 建章宮을
말하며 漢武帝 때에 지었으며 당나라 때 숙종이 정궁으로 사용하고 있었음.
《史記》孝武紀에 "於是作建章宮, 度爲千門萬戶"라 함.

1. 唐 肅宗 至德 2년(757) 長安이 함락되자 두보는 급히 金光門을 통해 피신하여 鳳翔의 숙종에게 달려갔으며, 그때 숙종은 두보를 左拾遺에 봉하였음. 당시 재상 房琯이 자청하여 군대를 이끌고 長安과 洛陽 兩京 탈환에 나섰으나, 패하고 말아 재상직에서 파면되었음. 이에 두보가 상소하여 방관을 구하고자 하였으나, 이 일로 숙종의 미움을 받아 華州司功參軍으로 폄직되었으며 이때에 서울을 떠나면서 지은 시임.

2. 《杜詩鏡銓》에 顧脩遠의 말을 인용하여 "移官豈至尊, 不敢歸怨於君也, 當時 讒毁, 不言自見, 又以無才自解, 更見深厚"라 함.

3. 韻脚은 繁·魂·尊·門.

4. 《杜詩諺解》初刊本(3)
이 길로 녜 天子끠 갈 제
西郊애 되 正히 어즈럽더라
이제 니르리 오히려 애 허렛ᄂ니
당당이 브르디 몬혼 넉시 잇도다.
近侍로 京邑에 오니
마슬 올모ᄆ 엇뎨 님금 ᄯᅳ디시리오
진죄 업고 나날 늘고니
ᄆᆞᄅᆞᆯ 머믈워셔 千門을 ᄇᆞ라노라

099

〈月夜憶舍弟〉 ·· 杜甫

달밤에 아우를 그리워하며

수_戌자리 북소리에 사람 다니는 것조차 끊어지고,
변방 가을에 들리는 것이란 단 하나 기러기 소리뿐.
이슬은 오늘 밤부터 희어지기 시작할 것이며,
달은 고향에도 밝게 뜨는 그 달이로다.
아우들이 모두 각기 흩어져 살고 있으니,
집안 식구의 생사를 물어볼 데도 없구나.
편지를 부쳐도 오랫동안 전달되지 못하고,
하물며 이에 전투도 그칠 줄 모르는구나.

戌鼓斷人行, 秋邊一雁聲.
露從今夜白, 月是故鄕明.
有弟皆分散, 無家問死生.
寄書長不達, 況乃未休兵.

【舍弟】 한 집에 살던 아우들.
【戌鼓】 戌樓에서 시간을 일러 주거나 적의 내습 등 위험을 알려 통행을 금
 지하도록 치는 북.

【秋邊】《全唐詩》에는 '一作邊秋'라 함.

【露從今夜白】節氣가 白露(대개 양력 9월 6, 7일경)가 되어 오늘 밤부터는 하얀 이슬이 내리기 시작함.

【休兵】전투가 그치지 않음. 여기서의 전투는 安祿山의 난을 말함.

참고 및 관련 자료

1. 두보에게는 杜穎, 杜觀, 杜豐, 杜占 등 네 아우가 있었으며 杜占은 두보와 함께 있었고 나머지 셋은 각기 齊(山東), 許(河南), 洛陽에 있었음. 安祿山의 난으로 인해 뿔뿔이 흩어진 채 서로 소식을 알 수 없었음. 이에 杜甫가 乾元 2년(759) 가을 白露 때에 秦州에 유랑하면서 이들 아우를 생각하여 이 시를 읊은 것임.

2. 《杜詩鏡銓》에 王彦輔의 평을 인용하여 "子美善用故事及常語, 多顚倒用 之, 語峻而體健, 如'露從今夜白, 月是故鄕明'之類是也"라 함.

3. 韻脚은 聲·明·生·兵임.

4. 《杜詩諺解》初刊本(8)

防戍ᄒᆞᄂᆞᆫ 딧 부페 사ᄅᆞᆷ 든니리 그츠니
邊方ㅅ ᄀᆞᅀᆞᆶ히 ᄒᆞᆫ 그려긔 소리로다
이스른 오ᄂᆞᆳ 바ᄆᆞᆯ 조차 ᄒᆡ니
ᄃᆞ른 이 녯 ᄀᆞ올히 ᄇᆞᆯ갯ᄂᆞ니라
잇ᄂᆞᆫ 앗이 다 흐터가니
지비 주그며 사ᄅᆞᆷ 무롤 ᄃᆡ 업도다
브텨 보내ᄂᆞᆫ 書信이 ᄃᆞ양샹 ᄉᆞ몿디 몯거늘
ᄒᆞ믈며 兵戈ㅣ 마디 아니ᄒᆞ놋다

《杜工部集》

100

〈天末懷李白〉 ·································· 杜甫

하늘 가 멀리서 이백을 그리워하며

서늘한 바람 하늘 끝에서 불어오는데,
그대의 감회는 요즈음 어떠하오?
소식 전해 줄 홍안은 언제쯤 올까?
강호에는 가을 물이 많기도 하네.
뛰어난 문장은 통달한 운명을 증오하는 법,
이매란 귀신은 사람 지나가는 것을 좋아한다오.
굴원의 원혼을 위해 가의가 대신 글을 썼듯이,
나도 그처럼 시를 지어 멱라수에 던지오.

涼風起天末, 君子意如何?
鴻雁幾時到, 江湖秋水多.
文章憎命達, 魑魅喜人過.
應共冤魂語, 投詩贈汨羅.

【天末】 하늘 끝. 天邊, 天涯와 같음. 張衡의 〈東京賦〉에 "涉天末以遠朝"라 함.
당시 두보가 있던 秦州는 서북쪽 변방 끝이어서 이렇게 표현한 것.

【涼風】 초가을의 서늘한 바람.

【君子】 여기서는 李白을 가리킴.

【意】 가을바람 부는 이때 그대의 감회는 어떤가를 묻는 것.

【鴻雁】 소식을 말함. 고대 기러기는 흔히 편지나 소식을 전달해 주는 것으로 여겼음.

【秋水】 가을이 되어 물길이 한 곳으로 모여듦. 《莊子》 秋水篇에 "秋水時至, 百川灌河, 涇流之大, 兩涘渚崖之間不辯牛馬. 於是焉河伯欣然自喜, 以天下之美爲盡在己"라 함.

【文章憎命達】 '훌륭한 문장은 운명이 통달하는 것을 미워하여 문장에 뛰어날수록 운명에 기구함이 많다'는 뜻을 원용한 것임.

【魑魅】 산속이나 沼澤에 사는 귀신, 도깨비, 精靈. 사람을 해침. 魑는 山精靈, 魅는 怪物이라 함.

【喜人過】 사람이 자신이 지키고 있는 길목을 지나가는 것을 좋아함.

【應共】 '나도 응당 賈誼가 굴원을 위해 글을 써서 멱라수에 던진 것처럼 함께 (똑같이) 그대를 위해 글을 써서 던져드리리라'의 뜻. '共'은 '同'과 같음.

【冤魂】 屈原이 원통함을 품고 汨羅江에 빠져 죽었으며 뒤에 賈誼가 長沙로 좌천되면서 굴원을 애도하여 〈弔屈原賦〉를 지어 江에 던져 주었던 고사 (《史記》屈原賈生列傳)를 빗대어 이백의 억울함을 자신이 글로 풀어 줌을 말함.

【汨羅】 강 이름. '멱라'로 읽음. 지금 湖南 湘陰 東北쪽에 있음.

참고 및 관련 자료

1. 이 시는 乾元 2년(759) 두보가 秦州에서 李白의 유배 소식을 듣고 屈原과 賈誼의 고사를 빗대어 지은 것임. 008 〈夢李白〉 참조.

2. 韻脚은 何·多·過·羅임.

3. 《杜詩諺解》初刊本(21)
서늘흔 ᄇᆞᄅ미 하ᄂᆞᆯ 그테 니ᄂᆞ니
君子ᅵ 匹든 엇더ᄒᆞ뇨
그려기ᄂᆞᆫ 어느 ᄢᅴ 올고
江湖애 ᄀᆞᅀᆞᆳ 므리 하도다
文章이 命의 通達호ᄃᆞᆯ 믜ᄂᆞ니

귓거슨 사르미 디나가믈 깃놋다
당당이 冤魂과 다못 말ᄒᆞ야
그를 더뎌 汨羅애 주놋다

101

〈奉濟驛重送嚴公四韻〉 ··· 杜甫

봉제역에서 엄공을 거듭 보내며 4운으로 지음

멀리 보내나니 여기서 드디어 이별이로다.
청산은 부질없이 자꾸 정을 보태 주네.
어느 때나 다시 함께 술잔 잡을 수 있을꼬?
어젯밤에는 달 아래 함께 거닐었었지.
여러 고을은 그대 칭송하며 떠남을 애석히 여기는데,
그대는 삼대를 걸쳐 조정을 들고나며 영화롭게 하였지.
헤어지고 나면 나는 강촌 그곳에 홀로 돌아가
쓸쓸히 나의 여생이나 잘 봉양하고 있겠지.

遠送從此別, 靑山空復情.
幾時杯重把, 昨夜月同行.
列郡謳歌惜, 三朝出入榮.
將村獨歸處, 寂寞養殘生.

【奉濟驛】 고대 驛站(驛院)의 지명. 지금의 四川 綿州城 밖 30리에 있음.
【嚴公】 嚴武. 劍南西川節度使를 지냈으며, 두보를 보살펴 주고 생계를 도와
주었던 인물. 吐蕃을 물리친 공으로 鄭國公에 봉해졌으며 兩《唐書》에

傳이 있음.《唐才子傳》(2) 杜甫에 "客秦州, 負薪拾橡栗自給. 流落劍南, 營草堂成都西郭浣花溪. 召補京兆功曹參軍, 不至. 會嚴武節度劍南西川, 往依焉. 武再帥劍南, 表爲參謀·撿校工部員外郎. 武以世舊, 待甫甚善, 親詣其家, 甫見之, 或時不巾. 而性褊躁傲誕, 常醉登武牀, 瞪視曰:「嚴挺之乃有此兒!」武中銜之. 一日, 欲殺甫, 集吏於門, 武將出, 冠鉤於簾者三, 左右走報其母, 力救得止"라 하여 두보가 엄무의 은혜를 잊고 무례한 행동을 하기도 했음.

【重送】 당시 엄무는 황제의 조칙을 받고 長安으로 돌아가는 길이었으며, 이에 두보는 성도에서 錦州까지 그를 보내 주었음. 그에 앞서 두보는 〈送嚴侍郎到錦州同登杜使君江樓宴〉이라는 시를 지었음. 그 때문에 '거듭 환송하다'(重送)라 한 것임.

【月同行】 달 아래에 함께 동행함.

【列郡】 엄무가 검남절도사로 있을 때 西川과 東川의 여러 관할 군들.

【三朝】 엄무가 玄宗·肅宗·代宗의 三代에 걸쳐 조정 내외에 벼슬을 하여 업적을 드날렸음을 말함.《舊唐書》嚴武傳 참조.

참고 및 관련 자료

1. 이 시는 代宗 寶應 원년(762) 6월 成都의 奉濟驛에서 嚴武를 보내면서, 돌아가 자신의 늙음을 잘 관리하겠노라 다짐하며 지은 것임.

2. 仇兆鰲의《杜詩評註》에 "上半敍送別, 已覺聲嘶喉哽; 下半說到別後情實, 彼此懸絶, 眞欲放聲大哭, 送別詩至此, 使人不忍卒讀"이라 함.

3. 韻脚은 情·行·榮·生.

4.《杜詩諺解》初刊本(23)
먼 ᄃᆡ 보내요ᄆᆞᆯ 일로브터 여희노니
프른 뫼헤 ᄒᆞᆫ갓 ᄯᅩ ᄯᅳ들 가졧노라
어느 저긔 숤잔을 다시 자ᄇᆞ려뇨
이젯 바ᄆᆡ사 ᄃᆞ래 ᄒᆞᆫ ᄃᆡ 녀라
버릇ᄂᆞᆫ ᄀᆞ올ᄒᆞᆫ 놀애 블러 앗기ᄂᆞ니
三朝를 나며 드러 ᄃᆞ니ᄂᆞᆫ 榮華ㅣ로다
ᄀᆞ룸 ᄆᆞᄉᆞᆯ히 ᄒᆞ오ᅀᅡ 도라 가ᄂᆞᆫ ᄯᅡ해
寂寞히 衰殘ᄒᆞᆫ 人生을 養ᄒᆞ리로다

102

〈別房太尉墓〉 ·· 杜甫

방태위 묘를 떠나면서

타향에서 또다시 피난하며 떠도는 길에,
말을 멈추고 외로운 무덤 하나 살펴보고 떠나노라.
눈물 흘린 가까운 땅엔 마른 흙이 없을 정도,
낮게 드리운 공중에는 끊어진 구름이 걸쳤구나.
바둑을 두며 태연했던 사태부와 같은 풍모를 지녔던 그대,
서군의 무덤에 보검을 걸어두고 떠난 연릉계자와 같은 나의 상황.
오직 보이나니 숲 속에는 꽃이 지고 있는 모습뿐,
꾀꼬리는 떠나는 이 나그네에게 울음소리를 들려 주네.

他鄉復行役, 駐馬別孤墳.
近淚無乾土, 低空有斷雲.
對碁陪謝傅, 把劍覓徐君.
唯見林花落, 鶯啼送客聞.

【房太尉】房琯(697~763). 자는 次律, 房融의 아들. 玄宗 때 天寶 5년(746) 5월
門下省 給事中(재상)에 올라 安祿山의 난을 방어하다가 陳陶驛에서 대패하여

이듬해 파직되었으나, 肅宗 때 다시 刑部尙書 등을 역임함. 代宗 廣德
원년(763) 고향 四川 閬州 僧舍에서 죽음.《舊唐書》(111) 및《新唐書》(139)에
전이 있음. 죽은 뒤 太尉에 추증되었음.《舊唐書》房琯傳에 "寶應二年四月,
拜特進刑部尙書, 在路遇疾. 廣德元年八月四日, 卒於閬州僧舍. 時年六十七,
贈太尉"라 함.

【他鄕】이미 두보는 西川 成都의 草堂에 살고 있었으며, 마침 변란을 만나
東川을 왕래하고 있었음.

【行役】두보 자신이 이미 蜀에 사는 것이 나그네 타향인데, 다시 徐知道의
난을 만나 梓州로, 閬州로 떠도는 신세가 되었음을 말함.

【孤墳】房琯은 河南 洛陽 사람으로 東川에서 객사하여, 그 때문에 孤墳
(외로운 무덤)이라 부른 것.

【謝傅】謝太傅의 줄인 말. 晉나라 때 謝安(320~385)을 가리킴. 謝安은 조카
謝玄이 前秦의 苻堅과 전투를 벌이고 있을 때 바둑을 두고 있다가, 승리의
첩보가 왔음에도 태연히 바둑을 두고 있었다 함.《十八史略》에 "前秦의
苻堅이 晉나라로 쳐들어와 조야가 진동하였지만, 사안은 태연히 자신의
별장에서 바둑을 두고 있었다. 잠시 후 승리했다는 보고가 이르렀을 때에도
사안은 손님과 바둑을 두고 있다가 그 보고서를 다 보고 나서는 자리 옆에
밀어놓고, 손님에게 기뻐하는 기색도 보이지 않았다. 바둑이 끝나고 객이
묻자 천천히 이렇게 대답하였다. '어린 녀석(謝玄)들이 이미 적을 깨뜨렸다
는군.'손님이 떠나고 나서 사안은 방으로 들어오면서 너무 기뻐한 나머지
신발 축이 부러지는 것도 몰랐다. 감정을 억누르고 사물에 진정함이 이와
같았다"(晉太保謝安卒. 安文雅過王導, 有德量. 方秦寇至, 朝野震動, 安夷然圍棊
賭墅. 捷書至, 安方與客棊, 覽畢寘坐側, 無喜色. 棊罷, 客問之, 徐曰:「小兒輩已
邃破賊.」客去, 安入戶, 喜甚, 不覺屐齒折, 其矯情鎭物如此)라 함.《世說新語》
雅量篇에도 "謝公與人圍棊, 俄而謝玄淮上信至, 看書竟, 黙然無言, 徐向局.
客問:「淮上利害?」答曰:「小兒輩大破賊.」意色擧止, 不異於常"라 하였으며,
《續晉陽秋》에도 "初, 苻堅南寇, 京師大震. 謝安無懼色, 方命駕出墅, 與兄子
玄圍棊. 夜還, 乃處分, 少日皆辦. 破賊又無喜容. 其高量如此"라 하였음.
그 외《晉書》謝安傳에도 실려 있음. 여기서는 방관이 사안과 같은 침착한
풍모가 있었음을 표현한 것임.

【把劍覓徐君】《新序》節士篇에 실려 있는 고사. 春秋시대 吳나라 延陵季子
(季札)가 西쪽 晉나라에 초빙이 되어 갈 때, 寶劍을 차고 徐나라를 지나가게

되었다. 徐나라 임금은 검을 보고 무척 갖고 싶은 표정이었으나, 계찰은 상국에 사신으로 가는 길이라 돌아오는 길에 그에게 주리라 마음속으로 결정하고 사신의 임무를 마친 뒤 서나라에 들렀더니 서군은 이미 죽은 뒤였다. 이에 검을 풀어 그 무덤의 나무에 걸어두고 떠났다.(延陵季子將西聘晉, 帶寶劍以過徐君, 徐君觀劍, 不言而色欲之. 延陵季子爲有上國之使, 未獻也, 然其心許之矣. 致使於晉, 故反, 則徐君死於楚. 於是脫劍致之嗣君. 從者止之曰:「此吳國之寶, 非所以贈也.」延陵季子曰:「吾非贈之也, 先日吾來, 徐君觀吾劍, 不言而其色欲之, 吾有爲上國之使, 未獻也. 雖然, 吾心許之矣. 今死而不進, 是欺心也. 愛劍僞心, 廉者不爲也.」遂脫劍致之嗣君. 嗣君曰:「先君無命, 孤不敢受劍.」於是季子以劍帶徐君墓樹而去.) 그 외 《史記》 吳泰伯世家에도 "季札之初使, 北過徐君. 徐君好季札劍, 口弗敢言. 季札心知之, 爲使上國, 未獻. 還至徐, 徐君已死, 於是乃解其寶劍, 繫之徐君 冢樹而去. 從者曰:「徐君已死, 尙誰予乎?」季子曰:「不然. 始吾心已許之, 豈以死倍吾心哉!」"라 하였으며, 《十八史略》, 《論衡》(書虛篇), 《太平御覽》(465) 등에도 널리 전재되어 있음. 여기서는 자신이 이 무덤을 둘러보게 된 것은 마치 계찰이 서군의 무덤을 다시 찾아 칼을 걸어둘 정도의 知音이었던 것과 같은 상황임을 비유한 것임.

참고 및 관련 자료

1. 두보가 엄무를 보내고 나서(앞 장 참조) 얼마 뒤 西川兵馬道가 반란을 일으키자, 두보는 다시 東川의 梓州로 피신하였다가 廣德 원년(763) 가을, 낭주(閬州, 지금의 四川 閬中縣)로 갔으며 다시 梓州로 돌아왔음. 이 시는 바로 閬州에서 房琯의 무덤을 둘러보며 지은 것임. 본집의 주에 "閬州"로 되어 있음.

2. 방관에 대해서는 王維의 〈贈房琯〉詩에 "代人無不可, 忘己愛蒼生. 不復小千室, 弦歌在兩楹"이라 하였고, "視事兼偃臥, 對書不蠶縷. 蕭條人更疎, 鳥雀下空庭"이라 하는 등 널리 알려져 있으며 《唐詩紀事》에는 "是時琯之淸名, 己重於縉紳矣"라 함.

3. 韻脚은 墳·雲·君·聞.

4. 《杜詩諺解》 初刊本(24)
댜론 ᄀᆞ올ᄒᆞ로 쏜 길 녀셔
ᄆᆞ를 머믈워 외로왼 무더믈 여희노라

늦므레 갓가온 뒨 므른 흘기 업고
虛空애 노즉훈 그츤 구루믄 잇도다
奕碁를 對ᄒ야 謝太傅를 뫼숩다니
갈홀 자바 徐國ㅅ 님그믈 얻노라
오직 수픐 고지 뒤믈 보리로소니
곳고리 우러 나그내 드로믈 보내ᄂ다

103

〈旅夜書懷〉 ································ 杜甫

여행 중 밤에 책을 읽으며 느낀 바

미풍에 흔들리는 강 언덕의 작은 풀,
높이 솟은 돛대에 홀로 배 안에서 밤을 보내도다.
별들은 평야를 따라 널리 펼쳐져 있고,
달빛은 큰 강물 흐름을 따라 솟아 출렁이도다.
명예가 어찌 문장으로 드러나리오?
관직이란 늙어 병들면 그만두어야 하는 것.
이토록 표표한 모습 그 무엇과 같을까?
바로 하늘과 땅 사이 훨훨 나는 저 갈매기 같으리.

細草微風岸, 危檣獨夜舟.

星垂平野闊, 月湧大江流.

名豈文章著? 官應老病休.

飄飄何所似? 天地一沙鷗.

【危檣】 하늘로 우뚝 솟은 돛대.
【獨夜舟】 밤에 홀로 빈 채로 떠서 정박 중인 배.
【星垂】 일부 본에는 '星隨', '星臨' 등으로 되어 있음.

【大江】 長江을 가리킴.

【官應】 혹 '官因'으로 되어 있음.

【老病休】 나이 들고 병들어 관직에서 물러나야 함.

【飄飄】 혹 '飄零'으로도 되어 있음.

【沙鷗】 모래톱을 날고 있는 갈매기. 강가나 떠도는 갈매기와 같다는 뜻.

참고 및 관련 자료

1. 두보가 蜀(成都)에서 嚴武에게 의탁하였다가 엄무가 죽자, 촉을 떠나 代宗 永泰 원년(765) 正月 가족을 데리고 배를 타고 岷江을 따라 내려갔음. 그리하여 다시 長江으로 들어가 戎州(四川 宜賓), 渝州(重慶), 忠州(四川 忠縣)를 거쳐 雲安(지금의 四川 雲陽縣)에 이르렀을 때 지은 것임.

2. 俞陛雲의 《詩境淺說》에 "此與李白之夜泊牛渚, 同一臨江書感, 一則寫高曠之意, 一則寫身世之感, 皆氣象千雲, 所謂李杜文章, 光燄萬丈也"라 함.

3. 韻脚은 舟·流·休·鷗.

4. 《千家詩》 原註(王相)

子美罷官棲泊舟中, 夜月有懷而作也. 言春江兩岸, 草細風微, 適吾孤舟, 夜泊於此, 但見兩岸空濶, 一望無際, 惟有明星照映夜曠, 天低若依於地, 少間月出於大江之上, 如隨江潮而起, 影逐波流而動也. 因思寄浮名於世, 豈爲文章而著, 竊微祿於朝? 今因老病而休矣, 此身飄泊何似, 如沙鷗泛泛于天地之間耶?

5. 《杜詩諺解》 初刊本(3)

ᄀᆞᄂᆞᆫ 플 난 ᄀᆞᆺ간 ᄇᆞᄅᆞᆷ 부ᄂᆞᆫ 두들게
노ᄑᆞᆫ대 션 ᄒᆞ오ᅀᅡ 밤 ᄇᆡ로다
벼른 ᄑᆡᆼ 호ᄃᆞᆯ 드르히 어윈 ᄃᆡ 드리옛고
ᄃᆞᆯᄂᆞᆫ 큰 ᄀᆞᄅᆞᆷ 흐르ᄂᆞᆫ ᄃᆡ셔 소사 나놋다
일후믄 어느 文章 ᄒᆞ기로 나타나리오
벼슬 ᄒᆞ기ᄂᆞᆫ 당다이 늘근 病으로 ᄆᆞᆯ리로나
飄飄히 ᄃᆞᆫ뇨미 므스 거시 ᄀᆞᆮ하뇨
하늘 ᄯᅡ ᄉᆞᅀᅵ예 ᄒᆞᆫ 몰애옛 ᄀᆞᆯ며기로다

《纂註杜詩》澤風堂批解本

104

〈登岳陽樓〉 ·························· 杜甫

악양루에 올라

옛날부터 동정호 물에 대해 들어보았으나,
지금 비로소 악양루에 오르도다.
오나라 초나라 옛 땅은 동남쪽으로 갈라졌고,
하늘과 땅은 밤낮 이 호수 위에 떠 있구나.
친한 친구 한 글자 소식 없는데,
늙어가는 이 몸엔 오직 배 한 척뿐.
북쪽 저 고향엔 전쟁에 휩싸인 싸움 말만 있으니,
난간에 기대어 눈물만 흘릴 뿐.

昔聞洞庭水, 今上岳陽樓.
吳楚東南坼, 乾坤日夜浮.
親朋無一字, 老病有孤舟.
戎馬關山北, 憑軒涕泗流.

【岳陽樓】 누대 이름. 지금의 湖南 岳陽縣 城 西門 위의 누각. 삼층으로 되어
있으며 洞庭湖를 조망할 수 있음. 唐나라 때 세웠음.

【洞庭】洞庭湖. 호남 동북부와 장강 남쪽을 차지하고 있으며 길이 약 110km, 너비 약 80km의 큰 호수. 호수 가운데 많은 섬이 있으며 그중 君山이 가장 유명함. 원래 고대 雲夢澤의 잔여 부분임.

【吳楚】고대 오나라와 초나라. 동정호의 동쪽은 오나라 땅이었으며 그 남쪽은 초나라 땅. 즉 지금의 湖北, 安徽, 江西 지역은 고대 楚나라 땅이었으며, 지금의 江蘇, 浙江 및 江西와 安徽 일부는 고대 吳나라의 땅이었음.

【坼】갈라짐. 구분됨. 터짐. 구획이 됨.

【乾坤日夜浮】하늘과 땅 사이에서 낮이나 밤이나 떠 있듯이 넓고 아득함. 《水經注》에 湘水에 "洞庭湖水廣圓五百餘里, 日月若出沒于其間"이라 하였고, 《九家集註杜詩》(35)에 趙彦才의 말을 인용하여 "「乾坤日夜浮」句法, 蓋言在乾坤之內, 其水日夜浮也. 與「乾坤一腐儒」·「乾坤水上萍」之勢同"이라 함.

【老病】당시 두보는 57세였으며, 肺病과 風痺病이 있었고 왼팔을 제대로 쓰지 못하였음. 아울러 오른쪽 귀가 이미 들리지 않았다 함.

【戎馬】싸움터의 말. 戰馬. 여기서는 전쟁을 가리킴.《新唐書》代宗紀에 大曆 3년(768) 8월 吐蕃이 靈州·邠州로 쳐들어오자 長安에 계엄령을 내린 일이 있음. 두보는 이 소식을 듣고 먼 수도 장안에 전쟁이 일어난 것으로 여긴 것임. 실제 이 해에 郭子儀가 5만 군사를 거느리고 奉天(지금의 陝西 乾縣)에 주둔하여 吐蕃의 군사를 방비한 사건으로 보고 있음.

【關山】관중의 산지. 즉 長安 일대를 가리킴.

【憑檻】軒檻(악양루의 난간)에 기댐.

【涕泗】눈물과 콧물. 슬피 울음.

━━━━━━━━━━━━━━━
(참고 및 관련 자료)

1. 두보가 가족을 데리고 代宗 大曆 3년(768) 겨울, 蜀을 떠나 江湘을 유랑하면서 岳陽 洞庭湖에 이르러 감회를 읊은 것임.

2. 方回의 《瀛奎律髓》에 "嘗登岳陽樓, 左序毬門壁間大書孟詩, 右書杜詩, 後人不敢復題"라 함.

3. 浦起龍의 《讀杜心解》에는 "已暗逗遼遠漂流之象"이라 함.

4. 韻脚은 樓·浮·舟·流.

5.《千家詩》原註(王相)

坼音策, 境界也.

○子美言我昔聞洞庭之廣, 惜未之見, 今且得上此樓, 而同庭畢見矣. 其地東至於吳, 南盡于楚. 若此其巨, 其水上接於天, 下連於地, 日夜俱浮矣. 因思孤旅於此, 並無一字之知交, 老病休放, 惟有孤舟之漂泊, 而北方擾攘, 戎馬紛紜, 家信不通, 關山難越, 但依軒北望長歎而流涕泪而已.

6.《杜詩諺解》初刊本(14)

네 洞庭ㅅ 므를 듣다니

오늘 岳陽樓에 올오라

吳와 楚왓 東南녀기 뼈뎃고

하늘콰 싸콰ᄂᆞᆫ 日夜애 뻣도다

親ᄒᆞᆫ 버디 ᄒᆞᆫ 字ㅅ 글월도 업스니

늘거가매 외ᄅᆞ왼 ᄇᆡ옷 잇도다

사호맷 ᄆᆞ리 關山ㅅ 北녀긔 잇ᄂᆞ니

軒檻ᄋᆞᆯ 비겨셔 눖므를 흘리노라

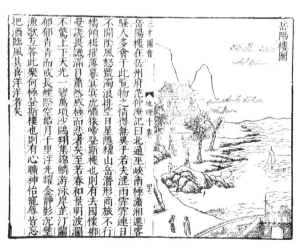

岳陽樓《三才圖會》

105

〈輞川閑居贈裴秀才迪〉 ······································· 王維

망천에 한거하면서 수재 배적에게 드림

찬 기운 서린 산의 나무는 창취의 색깔로 바뀌어 가고,
가을 물은 밤낮으로 쉼 없이 잔잔히 흐르네.
지팡이 의지하여 사립문 밖에 나서서,
바람 쐬면서 저문 매미 소리 듣노라.
나루터엔 지는 햇빛 겨우 남았고,
마을엔 한 줄기 저녁연기 피어오르네.
다시 또 접여처럼 취한 너를 만나,
오류선생 같은 내 집 앞에서 신나게 노래하네.

寒山轉蒼翠, 秋水日潺湲.
倚杖柴門外, 臨風聽暮蟬.
渡頭餘落日, 墟里上孤煙.
復値接輿醉, 狂歌五柳前.

【輞川】물 이름. 輞水, 輞谷水라고도 하며 終南山 輞谷에서 발원하며 지금
의 陝西 藍田縣 남쪽 20리에 있음. 王維가 이곳에 別莊(別墅, 別業)을 짓고
만년을 보냄. 왕유의 《輞川集》序에 "余別業在輞川山谷, 其游止有孟城坳・

華子岡·文杏館·斤竹澗, ……與裴迪閑暇各賦絶句云爾"라 함.

【裴迪】 王維의 절친한 친구이며 시인. 關中(陝西) 사람으로 초기에는 王維,
崔興宗 등과 함께 終南山에 은거하며 시를 주고받으며 교유하였음. 天寶
말에 벼슬에 올라 蜀州刺史가 되어 杜甫, 李頎 등과 사귀었으며 尙書省郞에
오름. 그의 시는 지금 29수가《王右丞集》에 남아 있음.《全唐詩》에 小傳이
있음.

【秀才】 唐代 鄕貢進士科에 합격한 이를 부르는 칭호.

【蒼翠】 가을의 되어 靑翠에서 蒼翠로 바뀜. 蒼翠는 푸른색에 다시 흰색이
더해진 것을 말하며 가을 나무 색깔을 표현한 것임.

【潺湲】 물이 느릿느릿 흘러가는 모습을 표현한 疊韻連綿語.

【墟里】 村落. 시골 전원의 마을.

【孤煙】 마을 여러 집 중에 제일 먼저 피어오르는 저녁 굴뚝의 연기.

【接輿】 楚나라 狂人이며 은사.《論語》微子篇에 "楚狂接輿歌而過孔子曰:
「鳳兮鳳兮! 何德之衰? 往者不可諫, 來者猶可追. 已而, 已而! 今之從政者殆而!」
孔子下, 欲與之言. 趨而辟之, 不得與之言"이라 하였고,《高士傳》(上)에는
"陸通字接輿, 楚人也. 好養性, 躬耕以爲食. 楚昭王時, 通見楚政無常, 乃佯狂
不仕, 故時人謂之楚狂, 孔子適楚, 楚狂接輿遊其門曰:「鳳兮鳳兮, 何如德之
衰也. 來世不可待, 往世不可追也. 天下有道, 聖人成焉, 天下無道, 聖人生焉,
方今之時, 僅免刑焉. 福輕乎羽, 莫之知載; 禍莫重乎地, 莫之知避. 已乎已乎,
臨人以德; 殆乎殆乎, 畫地而趨. 迷陽迷陽, 無傷吾行. 却曲却曲, 無傷吾足.
山木自寇也, 膏火自煎也. 桂可食, 故伐之; 漆可用, 故割之 人皆知有用之用而
不知無用之用也.」孔子下車欲與之言, 趨而避之, 不得與之言. 楚王聞陸通賢,
遣使者持金百鎰, 車馬二駟往聘通曰:「王請先生治江南.」通笑而不應, 使者去.
妻從市來曰:「先生少而爲義, 豈老違之哉? 門外車跡何深也? 妾聞: 義士非禮
不動. 妾事先生, 躬耕以自食, 親織以爲衣. 食飽衣暖, 其樂自足矣. 不如去之.」
於是夫負釜甑, 妻戴紝器, 變名易姓, 游諸名山, 食桂櫨實, 服黃菁子, 隱蜀
峨眉山, 壽數百年, 俗傳以爲仙云"이라 하여 이름을 '陸通'이라 하였음. 여기
서는 裴迪을 가리킴.

【五柳】 陶淵明이 자신을 五柳先生이라 하였음.《陶淵明集》(6) 五柳先生傳에
"先生不知何許人, 亦不詳其姓字. 宅邊有五流樹, 因以爲號焉. 閑靖少言, 不慕
榮利. 好讀書, 不求甚解, 每有會意, 便欣然忘食. 性嗜酒, 家貧不能常得. 親舊
知其如此, 或置酒而招之, 造飮輒盡, 期在必醉. 旣醉而退, 曾不吝情去留. 環堵

蕭然, 不蔽風日. 短褐穿結, 簞瓢屢空, 晏如也. 常著文章自娛, 頗示己志. 忘懷得失, 以此自終"이라 하였음. 여기서는 왕유 자기를 비유함.

참고 및 관련 자료

1. 天寶 9년(750) 王位가 어머니 상을 당하여 輞川에 갔다가 宋之問의 藍田別業에 자신도 輞川別墅를 짓게 됨. 2년 후인 11년에 상기를 마치고 나와 吏部侍郎에 올랐음. 그러나 安史의 난 때에 그들에게 협조하여 죄를 얻게 되었으며, 뒤에 사면으로 풀려나 겨우 죽음을 면하여 尙書右丞으로 벼슬을 마치게 됨. 그 뒤 은거 생활로 들어가게 되었으며 이때에 지은 것임.

2. 《舊唐書》藝文志 王維傳에 "晚年長齋, 不衣文綵, 得宋之問藍田別墅, 在輞口, 輞水周於舍下, 別漲竹洲花塢, 與道友裴迪, 浮舟往來, 彈琴賦詩, 嘯詠終日, 嘗聚其田園, 所爲詩號《輞川集》"이라 함.

3. 高步瀛의 《唐宋詩擧要》에 "自然流轉, 而氣象又極闊大"라 함.

4. 이는 陶淵明의 〈歸園田居〉 "少無適俗韻, 性本愛丘山. 誤落塵網中, 一去三十年. 羈鳥戀舊林, 池魚思故淵. 開荒南野際, 守拙歸田園. 方宅十餘畝, 草屋八九間. 楡柳蔭後簷, 桃李羅堂前. 曖曖遠人村, 依依墟里煙. 狗吠深巷中, 鷄鳴桑樹顚. 戶庭無塵雜, 虛室有餘閑. 久在樊籠裏, 復得返自然"의 意境을 읊은 것임.

5. 韻脚은 湲・禪・煙・前.

輞川 《三才圖會》

106

〈山居秋暝〉 ································· 王維

산중에서의 가을 어스름

빈산에 새로운 비가 내리고 나니,
날씨는 늦은 저녁에 가을을 데려오네.
밝은 달 소나무 사이로 비추고,
맑은 샘 돌 위로 흐르도다.
대숲 시끄럽더니 빨래하던 여인들 돌아오고,
연꽃 움직이더니 고기잡이 배 물 따라 돌아오도다.
꽃답던 봄 풀 이미 사라졌지만,
왕손은 그래도 머물 만한 곳이려니.

空山新雨後, 天氣晚來秋.
明月松間照, 淸泉石上流.
竹喧歸浣女, 蓮動下漁舟.
隨意春芳歇, 王孫自可留.

【秋暝】 秋晚. 늦가을 저녁 어스름.
【晚來秋】 저녁 빛이 가을을 데리고 옴.

【浣女】빨래하고 돌아오는 여인들.

【春芳】봄날 아름다운 풀.

【隨意】그 뜻에 맡김. 그 뜻을 따름.

【王孫】《楚辭》招隱士에 "王孫遊兮不歸, 春草生兮萋萋. 王孫兮歸來, 山中兮 不可久留"라 함. 《楚辭》에 '산중은 왕손이 오래 머물 곳이 아니라'하였지만 이러한 풍경이면 그를 만류하여 가히 머물게 할 만한 곳이라는 뜻.

참고 및 관련 자료

1. 이 시는 지은 연도는 알 수 없으며, 왕유 자신의 閑居를 읊은 것임.

2. 蘇東坡가 말한 王維 詩의 "詩中有畫, 畫中有詩"의 장면을 그대로 보여 주는 작품이며, 왕유 자신도 "宿世謬詞客, 前身應畫師"라 함.

3. 韻脚은 秋·流·舟·留.

107

〈歸嵩山作〉 ·· 王維

숭산으로 돌아오면서 짓다

맑은 시내는 긴 숲을 끼고 있어,
수레와 말 느릿느릿 한가롭구나.
흐르는 물도 이를 아는 지 나와 속도를 맞추고,
저녁 새들도 나와 더불어 같은 방향으로 날아가누나.
황량한 성터는 옛 나루에 임해 있고,
지는 햇빛은 가을 산에 가득하다.
아득히 가물가물 저 숭산 아래에,
내 살던 오두막으로 돌아와 문을 닫노라.

清川帶長薄, 車馬去閑閑.
流水如有意, 暮禽相與還.
荒城臨古渡, 落日滿秋山.
迢遞嵩高下, 歸來且閉關.

【嵩山】 泰山(東), 華山(西), 衡山(南), 恒山(北)과 함께 중국 五嶽의 中嶽에 해당
하므로 중악으로도 부름. 지금의 河南 登封縣에 있으며 洛陽에서 가까움.
少林寺 절이 유명함.

【淸川】 淸流. 潁水를 가리킴. 숭산은 潁水의 북쪽에 있음.
【長薄】 빽빽한 수풀로서 草木이 뒤섞인 곳.
【閑閑】 느리게 걸으면서 自得하는 모습.
【迢遞】 '초체'로 읽으며 아득함을 표현하는 雙聲連綿語.
【嵩高】 높고 아득한 모습. 中嶽에 해당하므로 이렇게 불렀음. 《史記》 封禪書
  에 "中嶽, 嵩高也"라 하였고, 《詩經》 大雅 崧高에 "崧高維嶽, 駿極于天"이라 함.
  '嵩'은 '崧, 崇'과 모두 같은 뜻임.

참고 및 관련 자료

1. 왕유가 開元 22년(734) 숭산에 은거할 때 마침 玄宗이 東都 洛陽에 와
있었고, 숭산은 낙양에 가까워 왕유는 관직에 나갈 뜻이 있어 재상 張九齡
에게 시를 바쳤음. 그로 인해 이듬해 右拾遺의 관직을 얻었으며, 그는 일단
낙양으로 갔다가 다시 이 숭산으로 돌아오면서 그 감회를 읊은 것으로 보임.

2. 元 方回의 《瀛奎律髓》에 "閑適之趣, 澹泊之味, 不求工而未嘗不工者, 此詩
是也"라 함.

3. 紀昀은 "非不求工, 乃已彫已琢, 後還於樸, 斧鑿之痕俱化爾. 學詩者當以
此爲進境, 不當以此爲始境, 須從切實處入手, 方不走入流易"라 함.

4. 韻脚은 閑·還·山·關.

108

〈終南山〉 ·· 王維

종남산

태을봉은 천자의 도읍 장안과 가깝고,

이어진 산은 바다 구석까지 이어졌도다.

발 앞에 구름은 돌아서면 다시 합쳐져 있고,

푸른 운애는 그 속에 들어가니 아무것도 볼 수 없네.

하늘의 분야는 각 봉우리에 맞추어 변한 듯하고,

어둡고 밝은 모습 골짜기마다 다르구나.

오늘 밤 누구 집엔가 자야겠기에,

물을 사이에 두고 건너편 나무꾼에게 물어보네.

太乙近天都, 連山到海隅.

白雲廻望合, 青靄入看無.

分野中峰變, 陰晴衆壑殊.

欲投人處宿, 隔水問樵夫.

【終南山】 산 이름. 당시 서울 長安 남쪽에 우뚝 솟아 있던 산. 지금의 陝西省
西安市 남쪽에 있으며 혹 南山이라고도 함. 秦嶺山脈의 주봉. 혹 太一山
(太乙山), 中南山, 周南山 등으로 불렸음.

【太乙】종남산의 별명. 太乙峰(太一峰)은 종남
  산의 주봉임.
【天都】天帝의 도읍. 아울러 天子의 도읍. 長安
  을 가리킴.
【連山到海隅】《全唐詩》(126)에는 "連山接海隅"
  로 되어 있으며 "山, 一作天; 接, 一作到"라 함.
【靑靄】청색의 雲靄.

終南山《三才圖會》

【分野】원래 별자리를 땅과 대응시켜 이르는 말. 고대 28수(宿)의 구역을
  주군에 상응하여 불렀음.《千家詩》王相 주에 "中峰之北, 爲秦, 爲雍州,
  井鬼之分; 其南爲蜀, 爲梁州荊州, 翼軫之分, 故曰分野"라 함. 여기에서는
  종남산 각 봉우리가 한 분야씩 해당되는 것으로 변한 듯 그 자체가 하나의
  천하인 듯 여겨짐을 말함.
【人處宿】'何處宿'으로 된 판본도 있음.
【水】'浦'로 된 판본도 있음.

참고 및 관련 자료

1. 이는 작자 왕유가 開元 말 終南山에 들어가 그 웅장함을 두고 읊은 것임.
2. 淸 沈德潛의《唐詩別裁》에 "近天都言其高, 到海隅言其遠, 分野二句言其大,
四十字中, 無所不包, 手筆不在杜陵下. 或謂末二句似與通體不配, 今玩其意,
見山遠而人寡也, 非尋常寫景可比"라 함.
3. 韻脚은 隅·無·殊·夫.
4.《千家詩》原註(王相)

太乙, 終南山之別名, 爲洞天之最故曰天都, 其山連亘數千里, 至於大海之隅.
中峰之北, 爲秦, 爲雍州, 井鬼之分; 其南爲蜀, 爲梁州荊州, 翼軫之分, 故曰分野.
摩詰言終南之廣大深遠, 如此忽而白雲迷漫, 望之如合忽而靑葱翠藹, 近之則
無分野之廣, 連跨于二州, 陰晴之變, 不同於萬壑山深, 曠野一望無際, 向晚欲
止宿于人家, 則不知其處, 隔水詢問于樵夫, 始知村舍之地也.

109

〈酬張少府〉 ·· 王維
장소부에게 답함

만년에 오직 고요함만을 좋아하여,
온갖 만사 관심 밖의 일일세.
스스로 돌아보아도 좋은 계책 없어서
한갓 옛 숲으로 돌아오는 것만 알게 되었다네.
솔바람 불어와 내 허리띠를 풀어주고,
산에 뜬 달은 내 타고 있는 거문고에 비치네.
그대는 오묘한 이치 내게 묻지만,
고기 잡아 노래 부르며 들어오는 포구만 깊을 뿐.

晚年惟好靜, 萬事不關心.
自顧無長策, 空知返舊林.
松風吹解帶, 山月照彈琴.
君問窮通理, 漁歌入浦深.

【張少府】張氏 성의 少府. 縣尉를 소부라 불렀음. 구체적으로 알 수 없음.
張九齡을 빗대어 한 것이 아닌가 함.

【舊林】옛날 자연과 더불어 살던 곳. 산림. 돌아갈 곳임을 말함. 陶淵明의
〈歸園田居〉에 "少無適俗韻, 性本愛丘山. 誤落塵網中, 一去三十年. 羈鳥戀
舊林, 池魚思故淵. 開荒南野際, 守拙歸田園"이라 함.
【解帶】허리띠를 풀게 함. 긴장에서 벗어나게 함.
【窮通】命理와 같음. 깊은 이치를 깨달음.《三國志》吳志 虞翻傳에 "又觀象
雲物, 察應寒溫, 原其禍福, 與神合契, 可謂探賾窮通者也"라 함.
【浦深】세상 명예와 권력에서 멀어져 깊은 곳에 은거하였음을 말함.

참고 및 관련 자료

1. 이 시는 玄宗 開元 29년(741) 王維 41세 때 지은 것으로 보이며, 왕유는
젊을 때 적극적으로 세상에 나갈 뜻이 있어 재상 張九齡을 모셨으나, 장구령이
세력을 잃자 상심하여 자연에 뜻을 두기 시작한 시기로 보고 있음.
2.《資治通鑑》에 "九齡旣得罪, 自是朝廷之士, 皆容身保位, 無復直言"이라 함.
3. 韻脚은 心·林·琴·深.

110

〈過香積寺〉 ··· 王維

향적사를 찾아가며

향적사가 어딘지 알 수 없구나.
몇 리를 가니 구름 걸린 봉우리.
고목에 사람 다닐 오솔길도 없는데,
깊은 산속 어디서 들리는 종소리인가?
샘물은 오뚝한 돌 곁에서 소리를 내고,
햇볕은 푸른 소나무에 차갑게 보이누나.
저녁 어스름이 찾아오는 빈 못 귀퉁이에서,
스님은 좌선하여 망녕의 잡념을 제압하고 계시더라.

不知香積寺, 數里入雲峰.

古木無人徑, 深山何處鐘?

泉聲咽危石, 日色冷青松.

薄暮空潭曲, 安禪制毒龍.

【過】'찾아가다. 過訪', 訪問의 過程을 의미함.

【香積寺】절 이름. 唐代 불교의 명찰로 高宗 永隆 2년(681)에 당시 고승 善導
　　大師를 추모하여 건립하였음. 지금의 陝西 長安 남쪽 30리 交河의 북쪽

神禾原에 있음. 宋 太平興國 3년 이름을 開利寺로 바꾸었다가 다시 원래
이름을 사용함.《淸一統志》西安府 참조.《雍錄》에 "在子午谷正北, 近昆明池,
鎬水發源之處"라 함.

【咽危石】 '咽'은 '열'로 읽으며 '샘물이 위험한 모습의 오뚝한 돌 틈에서 소리
내며 솟아남'을 말함.

【空潭曲】 비어 있는 못의 한 구석 귀퉁이. '曲'은 한 구석을 뜻함.

【安禪】 불교 용어. 坐禪入定함을 말함.

【毒龍】 망녕된 잡념을 비유함. 趙殿成의《王右丞集箋注》(7)에《涅槃經》:
'但我住處, 有一毒龍, 其性暴急, 恐相危害.'成按: 毒龍, 宜作妄心譬喩, 猶所
謂心馬情猴者; 若會意作降龍實事用, 失其解矣"라 함. 그리고《法苑珠林》에는
"西方山中有池, 毒龍居之. 昔五百商人止宿池側, 龍怒, 汛殺商人. 槃陀王就池
咒龍, 龍悔過向王, 王乃舍之"라 함.

참고 및 관련 자료

1. 이 시에 대하여 趙殿成의《王右丞集箋注》(7)에는 "此篇起句極超忽, 謂初
不知山中有寺也; 追深入雲峰, 於古木森叢‧人蹤罕到之區, 忽聞鐘聲, 而始知之.
四句一氣盤旋, 滅盡針線之跡, 非自盛唐鼓手, 未易多覯"라 함.

2.《全唐詩》에는 이 제목 아래에 '一作王昌齡詩'라 하였으나 이는 오류임.

3. 韻脚은 峰‧鐘‧松‧龍.

4.《千家詩》原註(王相)

在長安南子午谷中. 摩詰過寺游行登雲峰而作. 言初不知此時之幽, 遂徑行
不數里, 而入于雲峰之下, 但見古木參天, 人跡罕到, 鐘聲隱隱, 不知何處,
飄來流泉之聲, 咽於危石. 日色之冷, 徹於靑松. 時將薄暮, 聊於水潭一曲之近,
學高僧安禪靜坐, 而思息焉. 以制毒龍之擾也. 毒龍, 比諸慾之害得, 故宜由
之之可入道.

111

〈送梓州李使君〉 ·························· 王維

자주 이사군을 보내면서

온 골짜기마다 나무는 하늘의 높이에 참여하려 하고,
모든 산마다 두견새는 우짖겠지.
산속 하룻밤 내내 내린 비,
나뭇가지 끝마다 휘날리는 겹친 폭포.
한중漢中의 여인들은 동포橦布를 바치고,
파군의 남정네 토란 밭 때문에 다투기도 하겠지.
문옹文翁이 이루어놓은 교화의 유풍을,
그대는 감히 그런 선현에게만 의지하지는 말게.

萬壑樹參天, 千山響杜鵑.
山中一夜雨, 樹杪百重泉.
漢女輸橦布, 巴人訟芋田.
文翁翻教授, 不敢倚先賢.

【梓州】 唐나라 때 東川州라 불렀으며 치소는 지금의 四川 三臺縣에 있었음.
【李使君】 이름은 알 수 없으며 使君은 州의 刺史에 대한 별칭.

【杜鵑】 소쩍새・子規・杜宇・謝豹라고도 하며, 고대 蜀王 望帝 杜宇가 죽어 새가 되었다 함. 《禽經》에 "江左曰子規, 蜀右曰杜鵑"이라 하였고, 《蜀王本紀》에 "鼈靈死, 其屍逆江而流至蜀, 王杜宇以爲相, 宇自以德不及靈, 傳位而去, 其魄化爲鳥, 因名此, 亦曰杜鵑, 卽望帝也"라 함. 우는 소리가 '不如歸去'(돌아감만 못하다)라는 음을 내며 별령에게 나라를 빼앗긴 것을 원통해 한다고 믿었음. 그곳 蜀 땅에는 두견이 많아 이렇게 거론한 것.

【漢女】 梓州는 漢水가 흐르는 지역이므로 그곳 여인들을 말함.

【輸】 稅布를 나라에 바침.

【橦布】 일명 종포(橦布)라고도 하며 동목화(橦木花)의 섬유로 짠 布. 〈蜀都賦〉에 "布有橦花"라 하였고, 劉淵林의 주에 "其花柔毳, 可績爲布也"라 하였으며, 《晉書》食貨志에도 "夷人輸賨布, 戶匹, 遠者或一丈"이라 함.

【巴人】 역시 巴蜀 지역의 사람들을 말함.

【芋田】 토란 밭. 〈蜀都賦〉에 "瓜疇芋區"라 하여 토란은 그곳의 중요한 특산물이었음을 알 수 있음. 남자들이 토란 심은 밭을 두고 爭訟을 벌임.

【文翁】 한나라 때 유명한 교육가. 漢 景帝 때 蜀郡太守가 되어 그곳에 學宮을 세워 많은 인재를 교육하여 개화시킴. 《漢書》循吏傳에 "文翁, 盧江舒人也. 少好學, 通《春秋》, 以郡縣吏察擧. 景帝末, 爲蜀郡守, 仁愛好敎化. 見蜀地辟陋有蠻夷風, 文翁欲誘進之, 乃選郡縣小吏開敏有材者張叔等十餘人親自飭厲, 遣詣京師, 受業博士, 或學律令. 減省少府用度, 買刀布蜀物, 齎計吏以遺博士. 數歲, 蜀生皆成就還歸, 文翁以爲右職, 用次察擧, 官有至郡守刺史者. 又修起學官於成都市中, 招下縣子弟以爲學官弟子, 爲除更繇, 高者以補郡縣吏, 次爲孝弟力田. 常選學官僮子, 使在便坐受事, 每出行縣, 益從學官諸生明經飭行者與俱, 使傳敎令, 出入閨閤. 縣邑吏民見而榮之, 數年, 爭欲爲學官弟子, 富人至出錢以求之. 繇是大化, 蜀地學於京師者比齊魯焉. 至武帝時, 乃令天下郡國皆立學校官, 自文翁爲之始云"라 하였고, 《蒙求》(143)에도 "前漢, 文翁, 盧江舒人. 少好學, 通《春秋》. 景帝末爲蜀郡守. 仁愛好敎化, 見蜀地辟陋, 有蠻夷風, 欲誘進之. 乃選郡縣小吏開敏有材者, 親自飭厲遣詣京師, 受業博士. 數歲蜀生皆成就還歸, 爲右職, 官有至郡守刺史者. 又修起學官於成都市中, 招下縣子弟, 爲學官弟子, 爲除更繇, 高者以補郡縣吏, 次爲孝悌力田. 每行縣, 益從學官諸生明經飭行者與俱, 使傳敎令出入閨閤. 吏民見而榮之, 爭欲爲學官弟子, 富人至出錢以求之. 由是大化蜀地, 學於京師者比齊魯焉. 武帝乃令天下郡國皆立學校, 自立翁始. 文翁終於蜀, 吏民爲立祠堂, 歲時祭祀不絶. 至今巴蜀好文雅,

文翁之化也"라 하였음. 여기서는 李使君을 文翁에 비유한 것.

【翻】'翻然하게, 확실하게, 시원하게'의 뜻.

【不敢倚】감히 그의 업적에 의지하여 게을리하지 말고 더욱 덕치를 베풀도록 권면함을 말함.

참고 및 관련 자료

1. 이는 왕유가 멀리 巴蜀의 梓州縣尉로 부임하는 李氏 성의 친구에게 준 贈別詩, 送別詩임.

2. 明 徐世溥의 《楡溪詩話》에 "此詩輕妙渾然. ……乍讀之, 初不覺連用山樹字也. 于參天之杪, 想百重泉, 于百重泉知一夜雨, 則所謂千山杜鵑者, 政響于夜雨之後, 百重泉之間矣. 妙處豈復畫師之所能到? 前身畫師故是"라 함.

3. 紀昀은 이 시를 "高調摩雲"이라 평하였고, 王士禎은 "興來神來, 天然入妙, 不可湊泊"이라 함.

4. 韻脚은 天·鵑·泉·田·賢.

112

〈漢江臨眺〉 ·· 王維

한강에 임하여 조망함

초나라 변방은 삼상三湘에 이어져 있고,
형문산엔 아홉 지류 물길이 모여 통과하네.
강물은 하늘 밖 저쪽으로 흘러가고,
산 빛은 그 속에 있는 듯도 하고 없는 듯도 하네.
군과 읍은 앞 포구에 떠 있는 듯 보이고,
물결은 멀리 공중에서 요동치네.
양양의 이 좋은 풍광과 날씨에,
이곳에 머물러 산옹과 더불어 취해 보고 싶구나.

　楚塞三湘接, 荊門九派通.
　江流天地外, 山色有無中.
　郡邑浮前浦, 波瀾動遠空.
　襄陽好風日, 留醉與山翁.

【漢江】漢水. 四川 西北 지역을 흐르는 長江의 상류. 陝西 寧强에서 발원하여
　襄樊을 거쳐 武漢에 이르러 장강과 합류함.

【臨眺】 '臨帆', '臨汎', '臨泛'과 같음. 배를 띄워 眺望함.

【楚塞】 楚나라 지역의 변방. 초나라 지역은 산이 많아 경계를 이룸으로써 楚塞라 불렀음.

【三湘】 湖南 일대를 일컫는 말. 《太平寶宇記》에 의하면 湘潭, 湘鄕, 湘陰을 함께하여 '三湘'이라 칭한다 하였음. 그러나 《長沙府志》에는 瀟湘·沅湘· 蒸湘의 세 물길을 삼상이라 한다 하였음. 즉 湘水와 沅水를 합하여 '沅湘' 이라 하며, 다시 瀟水와 湘水를 합하여 '瀟湘'이라 하며, 蒸水와 湘水를 합하여 '蒸湘'이라 함.

【荊門】 荊門山. 長江 南岸의 산 이름. 지금의 湖北 宜昌縣 서북쪽. 북안의 호아산과 마주하여 마치 아주 큰 문과 같아 이름이 붙여졌음.

【九派通】 長江은 潯陽에 이르러 여러 支流가 모여들어 이들이 한꺼번에 형문을 통과함. 전설에 고대 禹가 荊門山을 뚫어 이들 물을 소통시켰다 함. 九派는 많은 물줄기를 뜻함.

【有無】 있고 없음. 숨은 것 같기도 하고 나타나는 것 같기도 함. '似有若無'와 같음.

【襄陽】 지금의 湖北省 襄樊市로 漢水의 北岸에 있음.

【山翁】 山簡(253~312)을 가리킴. 晉나라 때 山簡이 술을 좋아하여 征南將軍이 되어 襄陽을 지킬 때 習氏의 園池에서 놀면서 그 園池를 '高陽池'라 불렀음. 일부 해석본에는 山翁을 孟浩然을 가리키는 것이라 하였음.

╭─────────────────╮
│ 참고 및 관련 자료 │
╰─────────────────╯

1. 지목 〈漢江臨眺〉는 다른 판본에는 〈漢江臨帆〉 혹 〈漢江臨汎〉·〈漢江臨泛〉 으로 되어 있음.

2. 이 시는 開元 28년(740) 왕유가 監察御使로써 殿中侍御史로 옮겨 그해 겨울 知南選이라는 직책으로 長安을 출발, 襄陽·郢州·夏口를 경유하여 嶺南으로 가는 도중 襄陽 부근의 漢水에서 지은 것으로 보고 있음.

3. 王世貞은 "是詩家峻語, 却入畫三昧"라 하였고, 王國維는 "千古壯觀"이라 하였음.

4. 韻脚은 通·中·空·翁.

113

⟨終南別業⟩ ··· 王維

종남산 별장

중년 나이에 자못 불교를 좋아하였고,
만년에 종남산 귀퉁이에 집을 얻게 되었네.
흥이 솟을 때마다 홀로 그곳을 찾아가면,
거기에서 느끼는 깨달음 한갓 나만 알게 된다네.
물길 근원 다하는 곳까지 걸어가서는,
그곳에 앉아 구름 피어나는 때를 지켜본다네.
우연히 숲 속의 늙은이라도 만나게 되면,
이야기꽃 피우다가 돌아갈 기약조차 잊고 만다네.

中歲頗好道, 晚家南山陲.
興來每獨往, 勝事空自知.
行到水窮處, 坐看雲起時.
偶然值林叟, 談笑無還期.

【終南山】 산 이름. 당시 서울 長安 남쪽에 우뚝 솟아 있던 산. 지금의 陝西省
西安市 남쪽에 있으며 혹 南山이라고도 함. 秦嶺山脈의 주봉. 혹 太一山
(太乙山), 中南山, 周南山 등으로 불렸음.

【別業】別莊, 別墅와 같음. 王維가 만년에 宋之問의 藍田別墅를 얻어, 이를 자신의 輞川別業으로 삼았으며 이는 終南山 근처에 있었음.

【中歲】중년의 나이. 고대 30세 후반부터 50세 전반까지를 中歲, 中年이라 불렀음. 왕유는 불교를 믿는 집안이었으며, 開元 17년(729)년부터 大薦福寺의 道光禪師에게 敦敎를 수업한 것으로 알려졌으며 그때 왕유는 30여 세였음.

【道】佛理, 불교를 말함.

【南山陲】終南山의 귀퉁이. 陲(수)는 부근, 구석, 귀퉁이.

【晚】만년. 天寶 후기에 왕유는 이미 나이가 50이 넘었음.

【勝事】도를 깨달아 즐거움을 느끼는 일.

【水窮】물이 흐르는 그 근원을 찾아가 물이 더 이상 나오지 않는 곳.

【林叟】산림 속에 은거하는 老翁.

【無還期】'忘還期'와 같음. 이야기를 끝내고 집으로 돌아갈 시간도 잊음.

참고 및 관련 자료

1. 終南別業은 輞川別業을 가리키며 이 시는 天寶 중기 혹 후기에 지어진 것으로 봄.

2. 왕유는 張九齡이 폄직을 당한 뒤로 점차 소극적으로 변했으며, 安史의 난 때 비록 협박에 의해 벼슬을 받았지만 난이 평정된 뒤 그에 대한 자신의 고민을 덜지 못해 매우 고통을 겪었음. 이에 輞川別墅를 얻은 뒤 佛像을 모시고 향을 피우고, 홀로 讀誦과 坐禪에 드는 것으로 自適의 情緖를 다스렸다 함.

3. 胡仔의《苕溪漁隱叢話》에 宋庠의《後湖集》을 인용하여 "此詩造意之妙, 至與造物相表裏, 豈直詩中有畫哉? 觀其詩知其蟬蛻塵埃之中, 浮游萬物之表者也"라 함.

4. 韻脚은 陲·知·時·期.

114

〈臨洞庭上張丞相〉 ·· 孟浩然
동정호에서 장승상에게 올림

팔월 가을이 되니 호수 물은 평온하고,
물은 하늘과 뒤섞여 구분할 수 없구나.
운몽택은 끊임없이 수증기를 뿜어내고,
파도는 저 악양 성곽을 흔들고 있네.
건너가고 싶지만 배도 노도 없으니,
이토록 편한 삶에 임금께 부끄럽게 여기네.
그저 앉아 저 낚시 드리운 강태공 같은 이를 바라보면서
고기 잡는 저 정취를 한갓 부러워할 뿐!

八月湖水平, 涵虛混太淸.
氣蒸雲夢澤, 波撼岳陽城.
欲濟無舟楫, 端居恥聖明.
坐觀垂釣者, 空有羨魚情!

【張丞相】張九齡(673~740), 자는 子壽. 唐代의 詩人이며 宰相.《曲江張
先生文集》20卷을 남겼음.《舊唐書》(99)와《新唐書》(126)에 傳이 실려 있음.

001 참조. 張九齡은 이때 洪州刺史로써 開元 21년에 丞相에 올랐음. 그러나 혹 일부는 여기서의 張丞相은 張說을 가리키는 것이라 보기도 함.

【涵虛混太淸】하늘과 호수가 서로 비추고 있음. 涵虛는 포함하고 있음을 말하며, 虛와 太淸은 하늘을 말함. 그리하여 서로 하늘과 호수를 구분할 수 없을 정도임을 표현한 것임. 〈吳都賦〉의 劉淵 주에 "太淸, 謂天也"라 함.

【氣蒸】수증기가 피어오름.

【雲夢澤】고대 초나라의 늪 이름. 원래 두 호수로 장강 남쪽을 雲澤, 북쪽을 夢澤이라 하였으나 뒤에 메워져서 洞庭湖가 되었음.

【岳陽城】지금의 湖南 岳陽縣. 유명한 岳陽樓가 있음. 宋 范致明의 《岳陽風土記》에 "蓋岳陽城居洞庭湖東北, 湖面百里, 常多西南風, 夏秋水漲, 濤聲喧如萬鼓, 晝夜不息, 漱齒城岸, 岸常傾頹"라 함. 《千家詩》에는 '岳城陽'으로 잘못 표기되어 있음.

【端居】편안한 일상. 閒居.

【耻】《論語》泰伯篇에 "子曰:「篤信好學, 守死善道. 危邦不入, 亂邦不居. 天下有道則見, 無道則隱. 邦有道, 貧且賤焉, 恥也; 邦無道, 富且貴焉, 恥也.」"라 함.

【聖明】천자를 말함.

【垂釣者】임금에게 발탁되어 벼슬하는 사람. 姜太公의 일화를 연상한 것.

【空】한갓, 헛되이. 일부 본에는 '徒'로 되어 있음.

【羨魚】고기 잡는 사람을 부러워함. 여기서는 벼슬하고 싶어하는 심정을 말한 것. 《淮南子》說林訓에 "一目之羅, 不可以得鳥; 無餌之釣, 不可以得魚; 遇士無禮, 不可以得賢. ……臨河而羨魚, 不如歸家織網"이라 함. 重義法 표현으로 자신이 장승상에게 발탁되기를 바라는 뜻을 담고 있음.

참고 및 관련 자료

1. 일부 본에는 제목이 〈臨洞庭〉, 혹 〈望洞庭湖贈張丞相〉으로 되어 있음.

2. 개원 16년(728) 맹호연 나이 40세에 장안에 이르러 벼슬을 구했으나 뜻을 이루지 못하자, 개원 18년 장안을 나서서 吳越지역을 3년 유랑하게 되었으며, 이때 지은 것으로 봄. 이는 장승상이 자신을 추천하여 벼슬길에 오르도록 도와줄 것을 바라는 干祿詩로 보고 있음.

3. 宋 曾季貍의 《艇齋詩話》에는 "老杜有岳陽樓詩, 孟浩然亦有, 浩然雖不及

老杜, 然‘氣蒸雲夢澤, 波撼岳陽城’, 亦自雄壯"이라 함.

4. 紀昀은 "以望洞庭托意, 不露干乞之痕"이라 함.

5. 韻脚은 淸·城·明·情.

6. 《千家詩》原註(王相)

浩然南遊洞庭有感而作. 言秋深洞庭, 水落潮平, 澄淸蕩漾, 而天光雲影, 上下
相映也. 雲澤夢澤, 二水名. 在楚, 二水相合爲一, 故曰雲夢. 言洞庭之氣, 鬱蒸
而爲雲夢也. 洞庭之波, 直抵岳陽城下, 故云波撼. 撼, 搖也. 前四句, 寓言國家
承平, 文德武功, 被乎四海; 後四句, 言己之不遇也. 言欲濟大川, 若無舟楫. 寓
汲引無人也. 欲端居而引, 則有聖明在上而不任, 是邦有道, 貧且賤焉, 恥也.
因坐觀湖上之釣叟, 徒羡其得魚之多, 而已無與焉, 古人云: 臨淵羨魚, 不如退
而結網, 謙言已之學未足, 故人不知而空羨他人之遇也.

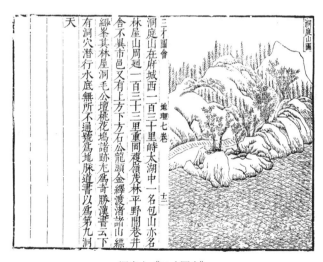

洞庭山《三才圖會》

115

〈與諸子登峴山〉 ································· 孟浩然

여럿이 함께 현산에 올라

사람의 일이란 흥망성쇠가 있으며,
지난 일과 지금의 일이 모여 고금이라는 시간을 이루네.
강산은 이곳에 좋은 자취 남겼으니,
우리도 다시금 여기에 올랐다네.
물 물러가니 어량주 흔적이 얕게 드러나고,
날씨 추워지니 운몽택이 깊어지는구나.
양호羊祜 타루비 아직도 그대로 있어,
읽고 나니 나 역시 눈물이 옷깃을 적시누나!

人事有代謝, 往來成古今.
江山留勝跡, 我輩復登臨.
水落魚梁淺, 天寒夢澤深.
羊公碑字在, 讀罷淚沾襟!

【諸子】 여러 친구들.
【峴山】 산 이름. 지금의 湖北 襄陽縣 남쪽에 있으며 일명 峴首山이라고도 함.
　그 산에는 晉나라 때 羊祜의 墮淚碑가 있음.

【代謝】興替와 같음. 차례대로 사그라짐. '謝'는 꽃이 시들거나 물건이 낡아
 삭아짐을 뜻함.

【往來】과거와 현재의 시간.

【勝跡】勝迹과 같으며, 좋은 자취를 남김. 峴山에는 羊祜가 올라 감회를 말한
 고사와 그 비석이 남아 있음을 말함.

【魚梁】魚梁洲라는 모래톱. 襄陽 부근 沔水 나루에 있으며 東漢 때 은사
 龐德公이 은거하던 곳. 《水經注》沔水에 "沔水中有魚梁洲, 龐德公所居"라 함.

【夢澤】雲夢澤. 원래 雲澤과 夢澤 둘이었으나 뒤에 함께 칭하여 雲夢이라 함.
 지금의 湖北 남부와 湖南 북부 일대를 덮고 있는 큰 沼澤地. 洞庭湖는 그
 일부임.

【羊公碑】晉나라 때 羊祜를 위해 세운 타루비. 《晉書》羊祜傳에 의하면
 진나라 때 장군 양호가 衡陽을 지킬 때 항상 이 산에 올라 시를 읊고 술을
 마시며 놀았는데, 어느 날 이곳에 올라 세월의 무정함과 인걸의 무상함을
 탄식하였음. 양호는 襄陽에서 덕정을 베풀어 그곳 백성들이 그를 위해
 송덕비를 세워 주었으며, 이를 보는 이마다 눈물을 흘려 杜預가 그 뒤를
 이어 부임하여 이름을 '타루비'라 함. 한편 羊祜(221~278)는 자는 叔子.
 羊續의 손자이며 司馬師 羊皇后의 아우. 司馬昭가 권력을 독점하자 이에
 좇아 中書侍郞, 給事中, 黃門郞, 秘書監 등의 직책을 담당하면서 荀勗과
 더불어 국가 기밀을 관장함. 晉나라가 되면서 中軍將軍, 散騎常侍 등을
 거쳐 尙書左僕射, 衛將軍 등을 역임함. 荊州를 지키면서 吳나라 백성에게
 잘해 주어 吳나라 사람들이 그들 羊公이라 불렀음. 선정을 베풀고 그가
 죽자 백성들이 罷市를 할 정도였다 함. 그의 碑廟는 杜預가 〈墮淚碑〉라
 불렀음. 《老子傳》이 있으며 《晉書》(34)에 전이 있음.

【尙在】'尙'자는 일부 본에는 '字'로 되어 있음.

┌─────────────────────┐
│ 참고 및 관련 자료 │
└─────────────────────┘

1. 이는 맹호연이 湖北 襄陽의 峴山에 올라 晉나라 때 羊祜의 고사와 〈墮淚碑〉
를 두고 그 감회를 읊은 것임.

2. 《晉書》羊祜傳에 "祜性樂山水, 每風景必造. 峴山置酒, 言詠終日不倦.
嘗慨然太息, 顧謂從事中郎鄒湛等曰:「自有宇宙, 便有此山, 由來賢達勝士,

登此遠望, 如我與卿者多矣, 皆湮沒無聞, 使人悲傷, 吾百歲後, 有知魂帛, 猶應
登此山也!」湛曰:「公令聞令望, 必與此山俱傳. 至若湛等, 乃當與公言耳!」
祜卒, 襄陽百姓建碑於山, 見者墮淚"라 함.

3. 兪陛雲의 《詩境淺說》에 "凡登臨懷古之作, 無能出其範圍, 句法一氣揮灑,
若鷹隼摩空而下, 盤折中有勁疾之勢, 洵推傑作"이라 함.

4. 蘅塘退士는 이 시를 "憑空落筆, 若不着題而自有神會"라 평함.

5. 韻脚은 今·臨·深·襟.

116

〈淸明日宴梅道士山房〉 ·································· 孟浩然

청명일 매도사 산방에서 잔치를 하면서

자연에 파묻혀 사노라 봄이 다함이 너무 안타까워,
휘장을 열고 창밖 만물의 화려함을 구경하노라.
홀연히 서왕모의 사자 파랑새 찾아오더니,
나를 맞이하여 적송자의 집으로 데려가네.
단조에는 비로소 불을 피우고,
신선 세계의 선도는 이제 막 꽃이 피었네.
만약 동안을 머무르게만 할 수 있다면,
유하주流霞酒에 취하기를 어찌 아까워하리오!

林臥愁春盡, 騫帷覽物華.
忽逢靑鳥使, 邀入赤松家.
丹竈初開火, 仙桃正發花.
童顔若可駐, 何惜醉流霞!

【淸明】24節氣의 하나. 대체로 4월 5, 6일쯤에 해당함.
【梅道士】맹호연의 고향 친구로 도교 또는 불교의 한 인물로 보임. 맹호연의

시에 〈梅道士水亭〉, 〈尋梅道士張逸人〉 등의 제목이 보임.

【林臥】흔히 늙거나 병들어 자연에 묻혀 자적하며 보내는 생활을 말함. 謝靈運의 〈登池上樓〉에 "徇祿返窮海, 臥病對空林. ……衾枕昧絶候, 褰開暫窺臨"이라 함.

【褰帷】방의 휘장을 걷어 올림. 혹 '開軒'으로 표기된 판본도 있으며 이 경우 '수레의 덮개를 열다'의 뜻이 됨.

【靑鳥使】西王母의 심부름하는 새. 뒤에 使臣, 使者의 의미로 쓰임.《漢武故事》에 "七月七日, 忽有靑鳥, 飛集殿前. 東方朔曰:「此西王母欲來.」有頃, 王母至, 三靑鳥來侍王母旁"이라 하였으며,《山海經》海內北經에는 "西王母梯几而戴勝, 其南有三靑鳥, 爲西王母取食. 在昆侖虛北"이라 함.

【赤松】赤松子. 옛날의 仙人으로 神農時代에 雨師였음.《列仙傳》(上)에 "赤松子者, 神農時雨師也. 服水玉以敎神農, 能入火自燒. 往往至崑崙山上, 常止西王母石室中. 隨風雨上下, 炎帝少女追之, 亦得仙, 俱去. 至高辛時, 復爲雨師. 今之雨師本是焉"이라 함. 여기서는 매도사를 말함.

【金竈】도교에서 丹藥을 제련하는 화로. 江淹 〈別賦〉에 "守丹竈而不顧, 煉金鼎而方堅"이라 함.《史記》孝武本紀에는 "是時而李少君亦以祠竈穀卻老方見上, 上尊之. 少君者, 故深澤侯入以主方. 匿其年及所生長, 常自謂七十, 能使物, 卻老"라 함. 혹 '丹竈'로도 표기되어 있음.

【初開火】淸明 전 3일이 寒食이며 이날부터 3일간 불을 피우지 못하다가 비로소 처음 불을 지피기 시작함.

【仙桃】西王母가 먹던 신선 세계의 복숭아. 蟠桃라고도 하며 漢 武帝가 西王母를 만날 때 그가 가지고 온 蟠桃를 자신도 심고자 씨를 숨기자, 이는 3천 년 만에 한 번씩 꽃이 피고 복숭아가 달린다 하였음.《漢武內傳》에 "王母上殿東向坐著, 黃塔褋文采鮮明, 光儀淑穆, 帶靈飛大綬, 腰佩分景之劍, 頭上太華髻, 戴太眞辰嬰之冠, 履玄璃鳳文之舃, 視之可年三十許, 修短得中天姿, 掩藹容顔, 絶世眞靈人也. 下車登牀, 帝跪拜問寒暄畢, 立因呼帝, 共坐, 帝面南, 王母自設天廚, 眞妙非常豊珍, 上果芳華, 百味紫芝, 菱芬芳塡樏, 淸香之酒, 非地上所有. 香氣殊絶, 帝不能名也. 又命侍女, 更索桃果, 須臾以玉盤盛, 儽桃七顆, 大如鴨卵, 形圓靑色, 以呈王母. 母以四顆與帝, 三顆自食, 桃味甘美, 口有盈味, 帝食輒收其核, 王母問帝, 帝曰: '欲種之.' 母曰: '此桃三千年一生實, 中夏之薄, 種之不生'. 帝乃止."라 하였으며《박물지》(8)에도 실려 있음.

【流霞】 신선들이 마시는 술 이름. 붉은색에 놀이 흐르는 듯한 색채를 띠고
있다 함. 《抱朴子》 祛惑篇에 "又河東蒲坂有項曼都者, 與一子入山學仙,
十年而歸家, 家人問其故. 曼都曰: 「在山中三年精思, 有仙人來迎我, 共乘龍
而升天. 良久, 低頭視地, 窈窈冥冥, 上未有所至, 而去地已絶遠. 龍行甚疾,
頭昻尾低, 令人在其脊上, 危怖山兪山戲. 及到天上, 先過紫府, 金床玉几,
晃晃昱昱, 眞貴處也. 仙人但以流霞一懷與我, 飮之輒不飢渴. 忽然思家, 到天
帝前, 謁拜失儀, 見斥來還, 令當更自修積, 乃可得更復矣!」"라 한 고사에서
유래됨. 王充 《論衡》의 道虛篇에도 "曼都好道學仙, 委家亡去, 三年而返.
家問其狀, 曼都曰: 「去時不能自知, 忽見若臥形, 有仙人數人, 將我上天, 離月
數里而止. 見月上下幽冥, 幽冥不知東西. 居月之旁, 其寒悽愴. 口饑欲食,
仙人輒飮我以流霞一杯. 每飮一杯, 數月不饑. 不知去幾何年月, 不知以何
爲過, 忽然若臥, 復下至此.」 河東號之曰斥仙"라 함.

☞ 참고 및 관련 자료

1. 이 시의 제목은 일부 〈宴梅道士山房〉, 〈淸明日宴梅道士房〉 등으로 되어
있음.

2. 신선 고사와 신화 전설을 다양하게 활용하여 읊고 있음.

3. 韻脚은 華·家·花·霞.

117
〈歲暮歸南山〉 ································· 孟浩然
세밑에 남산으로 돌아와

조정에 글을 올릴 자격이 없으니,
남산 옛 낡은 집으로 돌아가리라.
재주 없으니 훌륭하신 임금께서도 나를 버리고,
병이 많으니 친구조차 소원해지는구나.
백발은 늙어 감을 재촉하고,
봄은 오면서 지난해를 없애고자 서두르는구나.
한밤 내내 시름 가득 안고 잠 못 이루는데,
소나무 사이로 비치는 달 빈 창문으로 젖어드네.

北闕休上書, 南山歸敝廬.
不才明主棄, 多病故人疎.
白髮催年老, 靑陽逼歲除.
永懷愁不寐, 松月夜窗虛.

【歲暮】 세밑. 섣달그믐.
【南山】 맹호연의 연고지인 襄陽城 남쪽 峴山을 가리킴.

【北闕】북쪽에 자리하여 임금이 南面하여 조회를 함으로 北闕이라 부른 것. 朝廷을 뜻함.《漢書》高帝紀 顏師古의 注에 "尙書奏事, 謁見之徒, 皆詣 北闕"이라 하여 원래 구체적으로 未央宮의 일부분을 가리켰음.

【敝廬】다 낡아 허물어져 가고 있는 茅屋. 빈궁함을 뜻함.

【明主棄】영명한 군주로부터 버림을 받음. 明主는 玄宗을 가리키며, 이 구절은 현종과 마주쳐 현종이 힐난한 고사를 가지고 있음. 참고란을 볼 것.

【靑陽】새롭게 시작되는 봄.《爾雅》釋天에 "春尉靑陽"이라 하였고, 주에 "氣靑而溫陽"이라 함.

┌─────────────────────┐
│ 참고 및 관련 자료 │
└─────────────────────┘

1. 이는 맹호연이 長安에서 벼슬을 구하지 못하여 "年四十游京師, 應進士 不第"(《舊唐書》)의 실의에 빠져 고향으로 돌아가면서 지은 것으로 開元 20년 (732)에 해당함.

2. 五代 王定保의《唐摭言》(11)에 "襄陽詩人孟浩然, 開元中, 頗爲王右丞 所知. ……維待詔金鑾殿. 一旦, 召之商較風雅. 忽遇上幸維所, 浩然錯愕伏 床下, 維不敢隱, 因之奏聞. 上欣然曰:「朕素聞其人.」因得詔見, 上曰:「卿將 得詩來耶?」浩然奏曰:「臣偶不賫所業.」上卽命吟, 浩然奉詔, 拜舞念詩曰: 『北闕休上書, 南山歸敝廬. 不才明主棄, 多病故人疎. 白發催年老, 靑陽逼歲除. 永懷愁不寐, 松月夜窗虛.』上聞之憮然曰:「朕未曾棄人, 子是卿不求進, 奈何 反有作此?」因命放歸南山, 終身不仕"라 하여 맹호연이 王維의 부름으로 사사 롭게 궁궐에 들어갔다가 임금과 마주쳐, 이 시 구절 "임금이 나를 버렸다"를 두고 주고받은 고사가 실려 있음.

3. 韻脚은 書·廬·疎·除·虛.

118

〈過故人莊〉 ⋯⋯⋯⋯⋯⋯⋯⋯⋯⋯⋯⋯⋯⋯⋯⋯⋯⋯ 孟浩然

친구의 별장을 찾아가서

친구는 닭을 잡고 기장밥을 갖추어,
나를 자신의 농촌 집으로 불러 주었네.
파란 나무는 마을 끝을 휘감아 감싸고 있고,
푸른 산은 성곽 밖으로 비껴 있구나.
열어놓은 창문 밖엔 채마밭이 면해 있는데,
술잔 잡고 뽕과 삼 얘기로 화제를 삼네.
구월구일 중양절이 다가오거든,
다시 와서 국화주를 기울이자 하네.

故人具雞黍, 邀我至田家.
綠樹村邊合, 青山郭外斜.
開軒面場圃, 把酒話桑麻.
待到重陽日, 還來就菊花.

【過】訪過, 찾아감. 尋訪함.

【故人】친구, 연고가 있어 친한 사람.

【鷄黍】田家에서 닭을 잡고 기장밥을 갖추어 손님을 대접함.《論語》微子
篇에 "子路從而後, 遇丈人, 以杖荷蓧. 子路問曰:「子見夫子乎?」丈人曰:
「四體不勤, 五穀不分. 孰爲夫子?」植其杖而芸. 子路拱而立. 止子路宿, 殺鷄
爲黍而食之, 見其二子焉. 明日, 子路行以告. 子曰:「隱者也.」使子路反見之.
至, 則行矣. 子路曰:「不仕無義. 長幼之節, 不可廢也; 君臣之義, 如之何其
廢之? 欲潔其身, 而亂大倫. 君子之仕也, 行其義也. 道之不行, 已知之矣.」의
정경을 말함.

【合】둘러쳐 모아져 감싸고 있음.

【開軒】'軒'은 여기서는 창문을 말함. 혹 '開筵'으로 된 판본도 있으며, 이 경우
"자리를 펴다"가 됨.

【場圃】텃밭. 마당과 연결된 채마밭. 흔히 打穀場과 菜園을 합하여 莊園,
혹 場圃라 부름.

【桑麻】뽕나무와 삼. 여기서는 농작물을 말하며 넓혀 농사일을 화제로
삼았음을 뜻함.

【重陽日】중양절. 음력 9월 9일. 고대 '九'를 '陽'으로 여겨 이 양이 겹친
날이라 하여 중양절이라 부름. 登高와 菊花酒, 茱萸를 머리에 꽂는 등의
행사를 벌임. 241 王維의 시를 참조할 것.《續齊諧記》에 "汝南桓景隨費
長房學, 長房謂曰: '九月九日汝家當有災厄, 急宜去. 令家人各作絳囊盛茱
萸而繫臂, 登高, 飲菊花酒, 此禍可消.」景如言, 夕還, 見鷄犬牛羊一時暴死"
라 함.

【就】'국화에 다가가다, 국화주에 취하다, 감상하다, 국화꽃을 술잔에 띄우다,
국화꽃을 마주하다'등 여러 가지로 해석될 수 있도록 묘한 표현을 한 것.
원래 이 글자는 판본에서 판독할 수 없었다 함. 明 楊愼의《升庵詩話》에는
"刻本脫一'就'字, 有疑補者, 或作醉, 或作賞, 或作泛, 或作對, 皆不同, 後得善本,
是就字, 乃知其妙"라 함.

【菊花】중양절을 쇠기 위해 국화주를 담가 준비함.《西京雜記》(3)에 "九月
九日, 佩茱萸, 食蓬餌, 飲菊花酒, 令人長壽. 菊花舒時, 並採莖葉, 雜黍
米釀之, 至來年九月九日始熟, 就飲焉, 故謂之菊花酒"라 함. 그러나 일부 해석에는
"국화꽃이 필 때이니 그때 국화를 감상하자"라고 풀이하기도 함.

1. 마치 潑墨畫처럼 아름답게 읊은 田園詩임.

2. 紀昀은 方回의 《瀛奎律髓》를 인용하여 "王淸而遠, 孟淸而切. 學王不成, 流爲空腔; 學孟不成, 流于淺語"라 함.

3. 韻脚은 家·斜·麻·花.

119

〈秦中感秋寄遠上人〉 ················· 孟浩然

진중에서 가을을 느껴 원상인에게 부침

일찍부터 자연에 묻혀 살고자 하였으나,
세 갈래 오솔길도 마련하지 못하여 괴롭소이다.
이곳 북토 장안은 내가 원하는 곳 아니요,
동림정사의 혜원 같은 그대를 내 스승으로 모시고 싶다오.
이곳은 생활비가 비싸 황금을 쓰고 계수나무를 땔감으로 해야 할 지경,
그 때문에 장하게 품었던 의지 해가 갈수록 시들어지고 있다오.
아침저녁 서늘한 바람 불어오고,
들리는 매미소리는 단지 슬픔만 더할 뿐이라오.

一丘嘗欲臥, 三徑苦無資.
北土非吾願, 東林懷我師.
黃金燃桂盡, 壯志逐年衰.
日夕涼風至, 聞蟬但益悲.

【秦中】 長安을 가리킴. 장안은 고대 秦나라 도읍 咸陽이었던 곳으로 장안
일대를 역시 秦中이라 불렀음.

【遠上人】 성이 遠氏인 승려. 大德高僧을 '上人'이라 높여 불렀음.

【一丘】 산림(자연)에 은거함을 말함.《漢書》敍傳에 "棲遲于一丘, 則天下不易其樂"이라 함.

【三徑】 세 갈래 오솔길. 東漢 趙岐의 《三輔決錄》에 의하면 羊仲과 求仲 두 사람의 隱士의 고사를 지칭한 것. 西漢 말 兗州刺史 蔣詡는 王莽의 횡포를 보고 벼슬을 버리고 杜陵에 은거하였는데, 그는 가시로 자신의 집을 가리고 살았음. 그의 집 곁에는 오직 세 갈래의 오솔길이 있어 이 길로 당시 같은 뜻으로 은거하고 있던 羊仲과 求仲만이 왕래할 수 있었다 함. 《三輔決錄》逃名에 "蔣詡, 字元卿. 舍中竹下開三徑, 惟羊仲·求仲從之遊"라 하였음. 《陶淵明集》〈集聖賢羣輔錄〉에 "求仲. 羊仲. 右二人不知何許人, 皆治車爲業, 挫廉逃名. 蔣元卿之去兗州, 還杜陵, 荊棘塞門. 舍中有三逕, 不出, 惟二人從之遊. 時人謂之「二仲」. 見嵇康《高士傳》"이라 함.

【北土】 秦中을 가리킴.

【東林】 晉나라 고승 慧遠이 처음에는 廬山 西林寺에서 수도하고 있었는데, 太元 9년(384) 그곳의 刺史 桓尹이 그를 위해 東林精舍를 지어 주었음. 慧皎《高僧傳》(6) 慧遠傳에 "時有沙門慧永, 居在西林, 與遠同門舊好, 遂要遠同止. 永謂刺史桓伊曰：「遠公方當弘道, 今徒屬已廣, 而來者方多. 貧道所栖褊狹, 不足相處, 如何?」桓乃爲遠復於出東更立房殿, 卽東林是也. 遠創造精舍, 洞盡山美, 却負香爐之峯, 傍帶瀑布之壑, 仍石疊基, 卽松栽搆, 淸泉環階, 白雲滿室. 復於寺內別置禪林, 森樹樹凝, 石蓮苔合. 凡在瞻履, 皆神淸而氣肅焉"이라 함. 慧遠은 바로 佛敎 淨土宗의 시조임.

【燃桂】 '燃'은 '땔감으로 삼다'의 뜻.《戰國策》秦策(1)에 "說秦王書十上而說不行. 黑貂之裘弊, 黃金百斤盡, 資用乏絶, 去秦而歸. 嬴縢履蹻, 負書擔橐, 形容枯槁, 面目犁黑, 狀有歸色. 歸至家, 妻不下紝, 嫂不爲炊, 父母不與言"이라 하였고, 〈楚策〉(3)에는 "楚王曰：「寡人聞先生, 若聞古人. 今先生乃不遠千里而臨寡人, 曾不肯留, 願聞其說.」對曰：「楚國之食貴於玉, 薪貴於桂, 謁者難得見如鬼, 王難得見如天帝. 今令臣食玉炊桂, 因鬼見帝.」王曰：「先生就舍, 寡人聞命矣.」"라 하여 노자나 생활비가 모두 바닥나 매우 困苦함을 말함.

【逐年】 일 년을 이어 일 년씩.

【聞蟬】 가을이 시작됨.《禮記》月令에 "孟秋之月, 涼風至, 白露降, 寒蟬鳴"이라 함.

참고 및 관련 자료

1. 일부 판본에는 제목이 〈秦中寄遠上人〉으로 되어 있음.

2. 이는 개원 16년(728)부터 18년 사이 長安에서 벼슬을 구하였으나, 뜻을 이루지 못하였던 기간에 고통을 처절하게 읊은 것임.

3. 唐 殷璠의 《河岳英靈集》에는 이 시를 崔國輔의 작품이라 하였음. 실제 맹호연은 그토록 가난에 찌들지는 않았다 함.

4. 韻脚은 資·師·衰·悲.

120

〈宿桐廬江寄廣陵舊遊〉 ························· 孟浩然

동려강에 자면서 광릉의 옛 친구에게 부침

산은 어둡고 원숭이 울음소리 시름겨운데,
파란 강물 한밤중에도 급히 흐르고 있구려.
바람은 양 언덕 나뭇잎을 울리고,
달은 외로운 나의 이 뱃머리를 비추고 있다오.
건덕은 내 머물 땅이 아니니,
유양의 옛 벗이 그립구려.
게다가 두 줄기 흐르는 이 눈물을,
멀리 바다 서쪽 그대 있는 곳에 보내고 있다오.

山暝聽猿愁, 滄江急夜流.
風鳴兩岸葉, 月照一孤舟.
建德非吾土, 維揚憶舊游.
還將兩行淚, 遙寄海西頭.

【桐廬江】물 이름. 浙江 桐廬縣에 있으며 지금의 杭州市 교외 新安江의
지류임. 錢塘江의 상류이며 建德과 桐廬 사이에 있음. 桐江이라고도 함.

【廣陵】江蘇 揚州의 옛 이름. 맹호연이 서울로 돌아가는 길에 광릉을 유람한 적이 있음.

【舊遊】옛 친구.

【滄江】맑고 차가우며 푸른색을 띤 강물.

【建德】지명. 지금의 浙江 桐廬縣 남쪽에 있음. 漢나라 때 建德과 桐廬는 모두 富春縣에 속하였음.

【非吾土】나의 영토나 내가 활동할 지역이 아님. 三國 魏 王粲의 〈登樓賦〉에 "雖信美非吾土兮"라 함.

【維揚】揚州. 廣陵을 가리킴. 지금의 江蘇省 江都縣 東北쪽.《尙書》禹貢에 "淮海惟揚州"라 하였으며 '惟'와 '維'는 같은 글자로 보아 '揚州'를 '維揚'이라 부름.

【還】不如와 같음.

【海西頭】廣陵(揚州)은 東海 西쪽에 있어 이렇게 부르는 것. 隋 煬帝의 〈泛龍舟〉에 "借問揚州在何處? 淮南江北海西頭"라 하였음.

> 참고 및 관련 자료

1. 이 시는 맹호연이 開元 18년(730)에 長安에서 물러나 남쪽을 유람하면서 洛水로부터 越 땅으로 가는 도중 桐廬江에서 숙박하면서 지은 것임.

2. 蕭繼宗의 〈孟浩然詩說〉에 "此詩前四句所寫富春景色, 不足以見江山之秀美, 反有蕭寒之感, 因旣爲夜泊, 復念舊遊也"라 함.

3. 殷璠은 맹호연 시를 "詞彩豐茸, 經緯綿密"이라 평함.

4. 韻脚은 愁·流·舟·遊·頭.

121

⟨留別王侍御維⟩ ··· 孟浩然

시어 왕유에게 고별의 시를 남기고 떠남

쓸쓸히 끝내 무엇을 기다리겠소?
아침마다 부질없이 혼자서 되돌리는 발길인데.
이제 방초 찾아 떠나고자 하노니,
그대의 뜻에 위배됨이 안타깝구려.
요직에 앉은 이들 누가 나의 힘이 되겠소?
나를 알아주는 이는 세상에 드문 법.
다만 마땅히 청정무위를 지켜 내어,
돌아가 옛 집의 사립문을 닫으려 하오.

寂寂竟何待? 朝朝空自歸.

欲尋芳草去, 惜與故人違.

當路誰相假? 知音世所稀.

只應守寂寞, 還掩故園扉.

【留別】 시를 남겨두고 자신이 그곳을 떠날 때 쓰는 말.
【侍御】 王維의 벼슬 이름. 당시 王維는 長安에 閑居하면서 맹호연에게 ⟨送孟
六歸襄陽詩⟩를 주었음.

【寂寂】 뜻을 이루지 못하여 위축된 모습. 혹은 쓸쓸하여 기를 펴지 못하며 세상에 인정받지 못하는 상태. 左思의 〈詠史〉에 "寂寂揚子居, 門無卿相輿"라 함.

【尋芳草】 芳草를 찾아감. 이상 세계를 찾아 은거하고자 함. 《離騷》에 "何所獨無芳草兮, 爾何懷乎故宇"라 함.

【故人】 王維를 가리킴.

【當路】 권세문의 要路. 《孟子》 公孫丑(上)에 "公孫丑問曰:「夫子當路於齊, 管仲晏子之功, 可復許乎?」 孟子曰:「子誠齊人也, 知管仲·晏子而已矣.」"라 함.

【知音】 자신을 알아주는 자. 知己와 같음.

【守寂寞】 일부 판본에는 '守索寞'으로 되어 있음. 그러나 〈四部叢刊〉과 章燮의 注에는 모두 '寂寞'으로 되어 있음. 적막은 '寂漠'으로도 표기하며 淸淨無爲를 뜻함. 《莊子》 天道篇에 "夫虛靜恬淡, 寂漠無爲者, 萬物之本也"라 함.

참고 및 관련 자료

1. 다른 판본에는 제목이 모두 〈留別王維〉로 되어 있음.

2. 이 시는 開元 18년(730) 맹호연이 長安의 求職을 포기하고 王維에게 이별을 고하며 대신 시를 남겨두고 고향 襄陽으로 떠나면서 지은 것임.

3. 兪陛雲의 《詩境淺說》에 "襄陽懷才不遇, 拂袖而行, 若淵明之詩, 則委心去留, 絶無憤世語也"라 함.

4. 韻脚은 歸·違·稀·扉.

122

〈早寒江上有懷〉 ·· 孟浩然

때 이른 추위에 강가에서 회포에 젖어

나뭇잎 지고 기러기 남쪽으로 가고,
북풍에 강가 언덕이 춥구나.
내 집은 양수의 굽이,
아득히 초나라 구름 끝에 격해 있구나.
고향 그리는 눈물 나그네 생활에 다하고,
이제 외로운 배 하늘 끝에 가물가물 보이도다.
나루 잃어 건널 곳을 묻고자 하는데,
바다처럼 드넓은 강물 저녁 빛에 출렁이네.

木落雁南渡, 北風江上寒.
我家襄水曲, 遙隔楚雲端.
鄉淚客中盡, 孤帆天際看.
迷津欲有問, 平海夕漫漫.

【木落】 나뭇잎이 지는 쓸쓸한 가을. 漢 武帝(劉徹)의 〈秋風辭〉에 "秋風起兮
白雲飛, 草木黃落兮雁南歸"라 함.

【襄水】漢水. 맹호연의 고향 襄陽 부근의 물을 襄水, 혹은 襄河라 부름. 지금의 湖北 襄陽 서북쪽.

【遙隔楚】당시 맹호연은 吳越 지역에 있었고, 襄陽은 고대 楚나라에 속하던 곳이었음.

【迷津】나루터를 물음. 갈 곳을 몰라 망연해함을 말함.《論語》微子篇에 "長沮·桀溺耦而耕, 孔子過之, 使子路問津焉. 長沮曰:「夫執輿者爲誰?」子路曰:「爲孔丘.」曰:「是魯孔丘與?」曰:「是也.」曰:「是知津矣.」問於桀溺. 桀溺曰:「子爲誰?」曰:「爲仲由.」曰:「是魯孔丘之徒與?」對曰:「然.」曰:「滔滔者天下皆是也, 而誰以易之? 且而與其從辟人之士也, 豈若從辟世之士哉?」耰而不輟. 子路行以告. 夫子憮然曰:「鳥獸不可與同群, 吾非斯人之徒與而誰與? 天下有道, 丘不與易也.」"라 함.

【平海】강물이 넓게 마치 바다처럼 펼쳐진 모습을 말함.

【 참고 및 관련 자료 】

1. 일부 판본에는 〈早寒有懷〉로 '江上'이 생략되어 있음.

2. 이 역시 맹호연이 長安을 떠나 襄陽의 漢水 가에서 때 이른 추위를 만나 쓸쓸함을 읊은 것임.

3. 蕭繼宗의 〈孟浩然詩說〉에 "全詩骨肉停勻, 悵觸不盡, 起筆尤爲凌厲"라 함.

4. 韻脚은 寒·端·看·漫.

123

〈秋日登吳公臺上寺遠眺〉 ···································· 劉長卿

가을에 오공대 위의
절에 올라 멀리 바라보다

옛 누대는 퇴락하여 썰렁해졌는데,
가을이 오니 고향 생각에 젖는구나.
거친 절이라 찾아오는 이 적고,
구름 낀 봉우리는 물 건너 깊구나.
석양은 옛 보루에 의구한데,
차가운 풍경소리 빈 수풀에 가득하다.
가엾다, 남조의 지난 일들이여,
장강만이 홀로 지금까지 흐르누나.

古臺搖落後, 秋入望鄕心.
野寺來人少, 雲峰隔水深.
夕陽依舊壘, 寒磬滿空林.
惆悵南朝事, 長江獨至今.

【吳公臺】누대 이름으로 지금의 江蘇 江都城에 있음. 원래 南朝 劉宋의
沈慶之가 竟陵王 劉誕을 공격하기 위하여 축조한 弩臺로써 당시 鷄臺라

불렀음. 뒤에 南朝 陳의 장수 吳明徹이 北齊를 江都에서 포위하고 이 성을 증축하여 吳公臺라 불렀음. 隋 煬帝의 무덤이 있음. 《太平寰宇記》에 "江都縣吳公臺, 在縣西北. 宋沈慶之攻竟陵王誕所築弩臺也. 後陳將吳明徹增築之, 號吳公臺"라 함. 그 누대가 있는 언덕에 퇴락한 절이 있었음.

【搖落】荒蕪함. 頹落함. 宋玉의 〈九辯〉에 "蕭瑟兮草木搖落而變衰"라 함.

【秋入】다른 판본에는 '秋日'로 되어 있음.

【來人】다른 판본에는 '人來'로 되어 있음.

【隔水】다른 판본에는 '水隔'으로 되어 있음.

【寒磬】차갑게 들리는 절간의 풍경소리.

【惆悵】'惆愴'으로도 표기하며 쓸쓸함을 표현하는 雙聲連綿語.

【南朝】宋·齊·梁·陳의 네 왕조. 모두 東晉을 이어 建康(建業, 지금의 南京)에 도읍하여 중국 남방을 다스렸던 시대. 北朝(北魏, 東魏, 西魏, 北齊, 北周)에 상대하여 南朝라 부름(420~588). 뒤에 모두 隋나라에 의해 통일됨. 한편 吳明徹은 陳 宣帝 때의 명장으로 陳나라가 북쪽으로 北齊를 정벌하기 위하여 淮南과 江北 일대를 공격, 승리를 거두었으나, 뒤에 다시 北周와 다시 작전 끝에 패하여 포로가 되었다가 분을 품고 죽음. 이로써 남조의 세력을 급격히 쇠퇴하고 말았음.

┌─────────────────┐
│ 참고 및 관련 자료 │
└─────────────────┘

1. 제목 아래에 "寺卽陳將吳明徹戰場"이란 주가 들어 있음.

2. 이 시는 肅宗 上元 원년(760) 蘇州 長洲尉에서 潘州 南巴尉로 좌천되었다가, 이듬해 사면을 받아 북쪽으로 돌아오면서 강남 일대를 유람하였고, 다시 代宗 大曆 6년(771)에 轉運判官이 되었으나 觀察使 吳仲孺의 모함으로 睦州 司馬로 좌천될 때 임지로 가면서 지은 것으로 보고 있음.

3. 淸 賀貽孫의 《詩筏》에 "劉長卿詩能以蒼秀接盛唐之緖, 亦未免以新雋開中晚之風"이리 함.

4. 韻脚은 心·深·林·今.

✿ 유장경(劉長卿: 709~780?)

1. 자는 文房, 河間 사람으로 唐 玄宗 開元 21년
(733) 진사에 올랐으며 肅宗 至德 연간에 監察
御史가 되었으나 吳仲孺의 모함을 입어 蘇州의
옥에 갇히고 말았음. 뒤에 潘州 南巴尉로 좌천
되었으나, 그를 변호한 자가 있어 사면을 받아
睦州司馬로 옮겼음. 隨州刺史로 생을 마쳐 그를
劉隨州라 부르며 《劉隨州集》이 있음. 그는
당시 뛰어난 작가로 특히 五言의 近體詩에
뛰어나 權德輿가 그를 '五言長城'이라 불렀음.
아울러 大曆十才子(錢起, 郎士元, 李嘉祐, 皇甫冉,
司空曙, 韓翃, 盧綸, 李端, 李益)의 우두머리로

劉長卿 《晚笑堂畵傳》

칭해지기도 하였음. 그의 시는 시기적으로는 성당 때 사람이지만 시풍은
중당의 특색을 나타냄. 그의 文集은 《新唐書》(藝文志, 4)에 10卷이 著錄
되어 있으며 《全唐詩》에 詩 5卷(147~151)이 실려 있고, 《全唐詩外編》 및
《全唐詩續拾》에 詩 2首가 補入되어 있음.

2. 《唐詩紀事》(26)

劉長卿, 字文房. 至德監察御史, 以檢校祠部員外郎爲轉運使判官, 知淮南鄂岳
轉運留後, 鄂岳觀察使吳仲孺誣奏, 貶潘州南邑尉, 會有爲之辯者, 除睦州
司馬, 終隨州刺史. 以詩馳聲上元·寶應間. 皇甫湜云: 「詩未有劉長卿一句,
已呼宋玉爲老兵矣; 語未有駱賓王一字, 已罵宋玉爲罪人矣.」 其名重如此.

3. 《全唐詩》(147)

劉長卿, 字文房, 河間人. 開元二十一年進士. 至德中, 爲監察御史, 以檢校祠
部員外郎爲轉運使判官. 知淮南鄂岳轉運留後. 鄂岳觀察使吳仲孺誣奏, 貶潘
州南邑尉. 會有爲之辯者, 除睦州司馬, 終隨州刺史, 以詩馳聲上元·寶應間.
權德輿[嘗](常)謂爲五言長城, 皇甫湜亦云: 『詩未有劉長卿一句, 已呼宋玉爲
老兵.』 其見重如此. 集十卷, 內詩九卷, 今編詩五卷.

4. 《唐才子傳》(2) 劉長卿

長卿, 字文房, 河間人. 少居嵩山讀書, 後移家來鄱陽最久. 開元二十一年,
徐徵榜及第. 至德中, 歷監察御史, 以撿校祠部員外郎出爲轉運使判官, 知淮西
岳鄂轉運留後, 觀察使吳仲孺誣奏, 非罪繫姑蘇獄. 久之, 貶潘州南巴尉. 會有

爲辯之者, 量移睦州司馬. 終隨州刺史. 長卿清才冠世, 頗凌浮俗, 性剛, 多忤權門, 故兩逢遷斥, 人悉冤之. 時調雅暢, 甚能煉飾. 其自賦傷而不怨, 足以發揮風雅, 權德輿稱爲「五言長城」. 長卿嘗謂:「今人稱前有沈‧宋‧王‧杜, 後有錢‧郎‧劉‧李. 李嘉祐‧郎士元何得與余並驅?」每題詩不言姓, 但書『長卿』, 以天下無不知其名者云. 灞陵碧澗有別業. 今詩集賦文等傳世.

124

〈送李中丞歸漢陽別業〉 ································ 劉長卿
이중승이 한양 별장으로 돌아감을 전송하며

정신없이 전장을 옮겨다니던 정남장군이여,
일찍이 십만 군사를 지휘했었지.
벼슬을 그만두고 돌아가도 옛 농사일도 없어서,
늙어감에 명철한 임금 다스리던 태평성대를 그리워하네.
우뚝 홀로 서니 삼변이 조용해졌고,
삶을 가볍게 여김에 칼 한 자루가 알아주도다.
망망한 장강과 한수 가에서,
해 지는 이때에 다시 어디로 가려하오?

流落征南將, 曾驅十萬師.
罷歸無舊業, 老去戀明時.
獨立三邊靜, 輕生一劍知.
茫茫江漢上, 日暮復何之?

【李中丞】 李씨 성의 中丞 벼슬인 유장경의 친구. 구체적으로는 알 수 없음.
中丞은 御史臺의 副官이며 唐代는 흔히 鎭將에게 御史中丞, 御史大夫

등의 직함을 겸하여 칭하였음. 뒤의 구절로 보아 그는 征南將軍이었음을
알 수 있음.

【漢陽】鄂州에 속하며 지금의 湖北 漢陽 일대.

【流落】장수의 임무를 수행하느라 정한 곳이 없이 사방을 떠돎. 雙聲連綿語.

【罷歸】벼슬을 사직하고 고향으로 돌아감.

【明時】明哲한 군주가 태평하게 다스리는 때. 태평성대를 의미함.

【三邊】원래는 북방 幽州·幷州·涼州의 세 주를 가리키며, 변방을 뜻하는
것이었음.《後漢書》鮮卑傳에 "幽, 幷, 涼三州緣邊諸郡, 歲被寇抄殺掠"이라 함.

【靜】'靖'과 같음. 靖定의 뜻.

【輕生】목숨을 아까워하지 않고 나라를 위해 몸을 바침.

【江漢】《全唐詩》에는 '漢江'으로 되어 있음. 長江과 漢水를 합하여 부른
것으로 漢陽을 가리킴.

【復】혹 '欲'으로 표기된 판본도 있음.

참고 및 관련 자료

1. 劉長卿은 代宗 大曆 연간에 鄂岳轉運判官, 知淮西·鄂岳轉運留后의 직책
으로 그곳에 부임하였으며 이 시는 그때에 읊은 것임.

2. 韻脚은 師·時·知·之.

125

〈餞別王十一南游〉 ························· 劉長卿

남쪽으로 가는 왕십일을 전별하며

그대 바라보며 안개 낀 넓은 강물을,
손 흔들어 보내오니 수건에 눈물 가득.
날아가고 있는 저 새 어디로 사라지는가?
청산만 부질없이 사람을 대하고 있구려.
장강에 돛단배 한 척 멀리 사라지고,
오호에 지는 해에 봄빛이 잦아드네.
그 누가 내 지금 강가 모래톱의
백빈을 두고 그대 그리워하며 시름함을 보아 줄 건가?

　　望君煙水闊, 揮手淚霑巾.

　　飛鳥沒何處? 靑山空向人.

　　長江一帆遠, 落日五湖春.

　　誰見汀洲上, 相思愁白蘋?

【餞別】 '祖餞', '餞行'이라고도 하며 멀리 길 떠나는 사람을 길에서 잔치를
　　열어 보내 줌. 고대 黃帝의 아들 유조(纍祖)가 먼 길을 떠나 도중에 죽자,

사람들이 그를 '路神'으로 여겨 길 떠나는 자를 보호해 달라는 뜻으로 제를 올리기 시작한 것에서 유래되었다 함.(《四民月令》)

【王十一】 유장경의 친구로서 王씨 성의 排行이 열한 번째인 사람. 구체적으로 알 수 없음.

【煙水】 강물에 안개가 피어올라 자욱하게 비낀 모습.

【五湖】 太湖를 중심으로 그 주위의 長蕩湖, 射湖, 貴湖, 滆湖를 묶어 五湖라 함. 江蘇와 浙江에 걸쳐 있으며 옛 吳나라 땅이었음.

【汀洲】 물 가운데의 삼각주. 모래톱. 梁 柳惲의 〈江南曲〉에 "汀洲采白蘋, 落日江南春. 洞庭有歸客, 瀟湘逢故人. 故人何不見, 春花復應晩. 不道新知樂, 只言行路遠"이라 하여 汀洲와 白蘋은 멀리서 그리워하는 의미로 널리 쓰임.

【白蘋】 수초의 일종.《爾雅翼》釋草에 "蘋似槐而連生淺水中, 五月有華, 白色, 故謂之白蘋"이라 함. 그러나 이는 '白蘋'의 오기가 아닌가 함. 즉《九歌》湘夫人에 "登白蘋兮騁望, 與佳期兮夕張"이라 한 것이 이 구절의 출전으로 보고 있음.

참고 및 관련 자료

1. 유장경은 長安에 살면서 어릴 때 嵩山에서 독서하였고 天寶 연간에 진사에 급제하여 監察御使에 올랐음. 그 뒤 至德 3년(738)쯤 남쪽으로 가는 친구를 보내며 지은 시가 아닌가 함.

2. 淸 吳喬의《圍爐詩話》에 "隨州五言律詩, 始收斂氣力, 歸於自然, 首尾一氣, 宛如面語"라 함.

3. 韻脚은 巾·人·春·蘋.

126

〈尋南溪常山道人隱居〉 ························· 劉長卿

남계에 상산도인이 은거하는 곳을 찾아가며

한길 오로지 수행하는 곳에,
이끼엔 나막신 자국이 드러나 있네.
흰 구름은 고요한 물가에 의지하고 있고,
봄풀은 닫힌 문 안에서 한가롭기만 하네.
비 지나간 뒤 소나무 색깔 보면서,
산 따라 걷다 보니 물의 근원에 다다랐네.
시냇가의 꽃과 좌선에 든 뜻이
서로 마주하고 있으니 할 말을 잊게 되네.

一路經行處, 莓苔見履痕.
白雲依靜渚, 春草閉閑門.
過雨看松色, 隨山到水源.
溪花與禪意, 相對亦忘言.

【南溪】마을의 남쪽을 흐르는 냇물. 구체적으로 어디인지는 알 수 없음.
【常山道士】'常道人', '常道士'이라고도 하며 혹 常山과 연관이 있는 僧侶일

가능성이 있음. 구체적으로는 알 수 없음. '道人'은 道家 혹 佛家의 修道人을
가리킴.

【經行】원래는 수행하여 길을 닦음을 말함. 唐 義淨의 《南海寄歸內法傳》에
"五天之地, 道俗多作經行, 直去直來, 唯遵一路, 隨行隨性, 勿居鬧處, 一則痊痾,
一則消食"이라 함.

【莓笞】푸른 이끼.

【屐痕】혹 '履痕'으로 된 표기도 있음. '屐'은 나막신, '履'는 신발. 발자국
흔적이 나 있음을 말함.

참고 및 관련 자료

1. 다른 판본에는 제목이 〈尋南溪常道士〉로 되어 있음.

2. 兪陛雲의 《詩境淺說》"七句花與禪本不相涉, 而連合言之, 便有妙悟. 收句
意謂朋友存臨, 但須會意, 溪花相對, 莫逆於心, 寧在辭費耶?"라 함.

3. 이 시는 綦毋潛 〈過融上人蘭若〉의 "山頭禪室挂僧衣, 窗外無人溪鳥飛.
黃昏半在下山路, 卻聽鍾聲連翠微"와 같은 경지라 함.

4. 韻脚은 痕·門·源·言.

127

〈新年作〉 ··· 劉長卿

새해에

고향 생각 새해가 되니 더욱 간절해,
이 먼 하늘 끝에서 홀로 눈물이 와락.
늙어서도 남의 아래 처하고,
봄은 나그네를 남겨둔 채 먼저 가버리고 마네.
영남의 원숭이도 아침저녁 함께하며,
강가의 버들은 바람과 안개를 나와 함께하고 있네.
이미 저 장사의 태부 가의와 같은 신세,
이제부터 또 몇 년을 더 견뎌야 할지?

鄕心新歲切, 天畔獨潸然.
老至居人下, 春歸在客先.
嶺猿同旦暮, 江柳共風煙.
已似長沙傅, 從今又幾年?

【天畔】 하늘 가. 嶺南 지역은 中原으로부터 먼 蠻荒의 땅이므로 이렇게
표현한 것.

【潸然】눈물을 와락 흘리는 모습.

【嶺】五嶺을 말함. 중국의 嶺南을 경계로 삼는 산맥의 고개.

【長沙傅】賈誼(B.C.200~B.C.168). 西漢시대의 政論家이며 文學家. 文帝 초에 博士가 되어 大中大夫에 올랐으나, 죄를 짓고 長沙王의 太傅로 쫓겨남. 그때 屈原과 자신을 비교하여 〈吊屈原賦〉를 지었음. 저술 《新書》를 남겼으며 〈鵩鳥賦〉의 고사로도 유명함. 《史記》屈原賈生列傳 참조. 여기서는 유장경이 南巴縣尉로 좌천되는 자신이 賈誼와 같음을 비유한 것.

┌─────────────────┐
│ 참고 및 관련 자료 │
└─────────────────┘

1. 이는 유장경이 전혀 권세에 기대지 않았다가 肅宗 至德 연간에 吳仲孺의 무고로 蘇州 감옥에 갇혔다가 潘州의 南巴縣(지금의 廣東 茂名) 縣尉로 좌천되면서 지은 것으로 至德 3년(758) 봄에 해당함.

2. 明 陸時雍의 《詩鏡總論》에 "劉長卿體物情深, 工於鑄意處, 有逈出盛唐者, 「黃葉減餘年」, 的是庾信·王粲氣. 「老至居人下, 春歸在客先」, 春氣句, 何減薛道衡思歸語? 「寒鳥數移柯」, 與隋煬「鳥擊初移樹」同, 而風格欲遜. 「鳥似五湖人」, 語冷而尖, 巧還傷雅, 中唐手於此見矣"라 함.

3. 淸 沈德潛의 《唐詩別裁》에 유장경의 시를 평하여 "劉文房工於鑄意, 巧不傷雅, 猶有前輩體段"이라 함.

4. 韻脚은 然·先·煙·年.

128

〈送僧歸日本〉 ························· 錢起

일본으로 돌아가는 스님을 전송하며

인연 따라 이 중국 땅에 와서 살았지,
왔던 길 생각하면 꿈속 길과 같았지.
하늘에 둥둥 뜬 듯 창해는 먼 길이려니
이곳을 떠나는 돌아가는 법주는 가볍게 건너가리.
물에 비친 달이란 선경禪境과 통할 테고,
물고기와 용들도 염불소리 들으리라.
오직 불법의 등불 하나 아끼고 사랑하여
만리 밖 먼 곳에서도 천안天眼을 밝히소서.

上國隨緣住, 來途若夢行.
浮天滄海遠, 去世法舟輕.
水月通禪寂, 魚龍聽梵聲.
惟憐一燈影, 萬里眼中明.

【日本僧】唐나라 때 우리나라나 일본에서는 佛法을 공부하러 많은 學僧이
중국에 유학을 갔었으며 이들을 遣唐留學生이라 하였음.

【上國】中國을 말함.

【隨緣】佛家의 말로 因緣을 따라 살거나 움직이게 됨.

【來途】왔던 길. 살아온 길. 《金剛經》에 "斯陀含名一往來而實無往來"라 함.

【法舟】생사의 고해를 건너게 해 주는 배. 여기서는 구체적으로 일본에서 배로 왔음을 말함. 《宋書》天竺迦毗黎國傳에 "無上法船, 濟諸沈溺"이라 함.

【水月】불교 용어로 모든 것이 空임을 뜻함.

【禪寂】《全唐詩》에는 '禪觀'으로 되어 있음. 禪境을 의미함.

【魚龍】불법을 듣고자 어룡조차 나와서 경청함. 《高僧傳》三集(25)에 〈讀誦論〉을 인용하여 "但能感動龍神, 能生物善者, 爲讀誦之正音也"라 함.

【梵聲】佛經을 읽는 소리. 梵은 불경이 원래 범어로 되어 있었음을 말함.

【一燈影】불법은 燈과 같아서 하나의 등으로써 계속 이어 등불을 붙여 나가면 가히 大千世界를 두루 비출 수 있음을 말함. 《維摩詰經》에 "譬如一燈然 百千燈, 冥者皆明, 明終不盡"이라 함. 여기서는 불법의 지극히 밝은 지혜를 말함.

【眼中明】鳩摩羅什 역의 《維摩詰經》「天眼」에 "色無色相, 若見色有遠近精粗, 卽是爲色, 爲色則是邪惑顚倒之眼"이라 하였고, 僧肇의 注에 "眞天眼謂如來 法身無相之目也, 幽燭微形, 巨細兼觀, 萬色彌廣, 有若目前, 未曾不見而未嘗 有見. 故無眼色之二相也"라 함. 사악의 전도된 장애를 제거하고 능히 불성이 진여를 볼 수 있는 눈을 말함.

참고 및 관련 자료

1. 이는 전기가 자신과 교분이 있던 일본 승려가 귀국함에 贈送詩로 써 준 것임. 唐代 筆記인 《南部新書》에는 "大曆來, 自丞相以下出使作牧, 無錢起·郞士元詩祖送者, 時論鄙之"라 함.

2. 章燮의 평에 "前半不寫送歸, 偏寫其來處; 後半不明寫出送歸, 偏寫海上夜景, 送歸之意, 自然寓內, 如此則詩境寬而不散, 詩情蘊而不晦矣"라 함.

3. 韻脚은 行·輕·聲·明.

❀ 전기(錢起: 710?~780?)

1. 자는 仲文, 吳興(지금의 浙江 嘉興) 사람으로 어릴 때 鄕吏에서 이미

文才를 드날렸음.《唐才子傳》에 의하면 天寶 10년(751)에 서울에 올라가 시험에 참가하여 전날 밤 꿈에서 겪은 일을 그대로 지어 합격한 〈湘靈鼓瑟〉의 유명한 고사를 가지고 있음. 뒤에 秘書省校書郞을 거쳐 尙書考功郞中을 지냄. 大曆 연간에 劉長卿·李益 등과 함께 '大曆十才子'라 칭해졌음.《新唐書》(藝文志, 4)에《錢起詩》1卷이 著錄되어 있으며《郡齋讀書志》에는 2卷으로, 그리고《直齋書錄解題》에는 10卷으로 되어 있음. 余嘉錫의 〈四庫全書提要辯證〉(卷20)에 전기 시집은 宋代에 1卷·5卷·8卷·10卷 등 4종의 판본이 있었으며, 10卷은 南宋 때 重編된 것이라 하였음.《全唐詩》에는 4卷(236~239)으로 되어 있으며, 가끔 그의 孫子인 錢珝의 詩가 섞여 있음.《全唐詩外編》및《全唐詩續拾》에 8首와 斷句 2句가 補入되어 있으며《唐詩紀事》(卷30)에 관련기록이 있음.

2.《唐詩紀事》(30)

起, 吳興人, 天寶進士, 與郎士元齊名, 時語曰:「前有沈·宋, 後有錢·郎.」終考功郎中.

3.《全唐詩》(236)

錢起, 字仲文, 吳興人. 天寶十載登進士第, 官秘書省校書郎, 終尙書考功郎中. 大曆中, 與韓翃·李端輩號十才子. 詩格神奇, 理致淸贍. 集十三卷, 今編詩四卷.

4.〈湘靈鼓瑟〉(《唐詩紀事》(30)·《全唐詩》(238)에도 실려 있음)

天寶十年, 試〈湘靈鼓瑟〉詩云:『善鼓雲和瑟, 常聞帝子靈. 馮夷徒自舞, 楚客不堪聽. 苦調凄金石, 淸音入杳冥. 蒼梧來怨慕, 白芷動芳馨. 流水傳湘浦, 悲風過洞庭, 曲終人不見, 江上數峯靑.』起從鄕薦, 居江湖客舍, 聞吟於庭中曰:「『曲終人不見, 江上數峯靑』. 視之, 無所見矣.」明年, 崔曙〈試湘靈鼓瑟〉詩, 起卽用爲末句, 人以爲鬼謠.

5.《唐才子傳》(4) 錢起

起, 字仲文, 吳興人. 天寶十年, 李巨卿榜及第. 少聰敏, 承鄕曲之譽. 初, 從計吏至京口客舍, 月夜閒步, 聞戶外有行吟聲, 哦曰:「曲終人不見, 江上數峰靑.」凡再三往來, 起遽從之, 無所見矣. 嘗怪之. 及就試粉闈, 詩題乃〈湘靈鼓瑟〉起綴就, 卽以鬼謠十字爲落句, 主文李曙深嘉美擊節, 吟味久之, 曰:「是必有神祖之耳.」遂擢置高第. 釋褐授校書郎. 嘗採箭竹, 奉使入蜀. 除考功郎中. 大曆中, 爲太淸宮使·翰林學士. 起詩體製新奇, 理致淸贍, 芟宋·齊之浮游, 削梁·陳之嫚靡, 迥然獨立也. 王右丞許以高格, 與郎士元齊名. 士林語曰:「前有沈·宋, 後有錢·郎.」集十卷, 今傳.

129

〈谷口書齋寄楊補闕〉 ·································· 錢起
곡구서재에서 양보궐에게 부침

나의 띠집은 샘물과 골짜기에 연결되어 있고,
구름과 노을은 벽라 휘장에서 피어난다오.
대나무는 방금 그친 비로 인해 아름답고,
산은 석양 때에 맞추어 더욱 사랑스럽다오.
한가로운 해오라기는 늘 일찍 돌아와 둥지에 깃을 들고,
가을의 꽃들은 더욱 더디게 떨어지고 있소.
집안 머슴아이 송라의 오솔길 쓰는 이유는,
어제 그대 온다는 약속이 있었기 때문.

泉壑帶茅茨, 雲霞生薛帷.
竹憐新雨後, 山愛夕陽時.
閑鷺棲常早, 秋花落更遲.
家童掃蘿徑, 昨與故人期.

【谷口】 지명. 지금의 陝西 涇陽 서북쪽이며 醴泉縣의 동북 仲山의 谷口.
黃帝가 升仙한 곳이라 전해지며 寒門이라 불렀음. 錢起가 이곳에 서재를
짓고 은거하고 있었음.

【書齋】공부와 기도, 수도, 수양하는 방. 전기가 은거하고 있는 곳.

【楊補闕】이름은 알 수 없으며 楊씨 성의 補闕을 지냈던 인물. 補闕은 諫官으로 中書省과 門下省에 각기 한 사람씩 배치하여, 임금에게 풍간을 바치거나 扈從의 임무를 맡겼던 관직 이름.

【茅茨】茅茨는 띠풀, 혹 갈대. 이로써 지붕의 이엉을 삼음. 茅屋을 뜻함. 《韓非子》五蠹篇에 "堯之治天下也, 茅茨不剪, 采椽不斲"이라 함.

【薜帷】薜荔로 만든 휘장. 薜荔(薜蘿)는 香草의 이름. 일명 木蓮이라고도 함. 《楚辭》山鬼에 "若有人兮山之阿, 披薜荔兮帶女蘿"라 하여 高潔한 인품을 대신하는 말로도 쓰임.

【蘿徑】松蘿(女蘿)가 늘어진 작은 오솔길. 蘿는 女蘿, 地衣類의 香草. 덩굴 식물의 일종. 흔히 隱士들이 사는 환경을 말할 때 거론함.

【故人】친구. 어제 자신의 집에 오겠다고 한 楊補闕을 가리킴.

참고 및 관련 자료

1. 은거하는 자신의 서재 주변 모습과 어제 약속된 친구가 온다는 설렘에 준비하는 과정을 아름답게 읊은 것임.

2. 高仲武의 《中興間氣集》에는 이 시를 "員外(錢起)詩體格新奇, 理致淸淡, 越從登第, 挺冠詞林. 文宗右丞, 許以高格, 右丞沒後, 員外爲雄"이라 평하였음.

3. 韻脚은 茨·帷·時·遲·期.

130

〈淮上喜會梁州故人〉 ························· 韋應物

회수 가에서 양주의 벗을 만나 기뻐하며

강한에서 일찍이 나그네 되어,
그대와 만날 때마다 잔뜩 취하여 돌아오곤 하였었지.
뜬구름처럼 한 번 이별하고 난 뒤,
유수 같은 세월 어느덧 십 년이나 흘렀구려.
오늘 만나 웃고 즐기는 정 옛날 그대로이지만,
우리 둘 모두 드문드문 귀밑머리 이미 반백이 지났구려.
무슨 이유로 북쪽으로 돌아갔냐고요?
회수 가에서 가을 산을 마주하고 있는 정취 때문이라오.

江漢曾爲客, 相逢每醉還.
浮雲一別後, 流水十年間.
歡笑情如舊, 蕭疏鬢已斑.
何因北歸去? 淮上對秋山.

【淮上】滁州의 淮水를 가리킴.
【梁州】지금의 陝西 漢中市. 漢水 상류에 있으며 위응물이 長安에 살면서

일찍이 梁州에서 멀지 않은 곳을 자주 다녀왔음. 다른 판본에는 '梁川'으로 되어 있으며 지금의 陝西 南鄭縣 동쪽이라고도 함.

【江漢】漢水를 가리킴.

【浮雲】나그네를 의미함. 曹丕의 〈雜詩〉에 "西北有浮雲, 亭亭如車蓋. 惜哉時不遇, 適與飄風會. 吹我東南行, 行行至吳會"라 함.

【流水】세월의 빠름을 말함. 《論語》子罕篇에 "子在川上曰:「逝者如斯夫, 不舍晝夜.」"라 함.

【蕭疏】낡아 떨어져 드문드문함. 雙聲連綿語.

【斑】斑白. 머리가 희끗희끗함. 이미 세월이 흘러 늙어 감을 말함.

參考 및 관련 자료

1. 이는 韋應物이 建中 4년(783)부터 興元 원년(784) 가을 滁州刺史였을 때 지은 것임.

2. 뒤의 구절은 이백의 〈山中問答〉 "問余何事棲碧山, 笑而不答心自閑. 桃花流水渺然去, 別有天地非人間"과 같다고 보고 있음.

3. 韻脚은 還·間·斑·山.

131

〈賦得暮雨送李冑〉 ·· 韋應物

저녁 비에 부를 지어 이주를 보냄

초강에 가랑비 내리고,
건업의 저녁 종소리 들려오는 때.
아스라이 돛단배 겹겹이 들어오고,
어둑어둑 새들은 느리게 돌아가네.
해문海門은 깊이 잠겨 보이지 않고,
포구의 나무들은 멀리 짙은 색을 머금었네.
내리는 빗물도 그대 보내는 정 끝이 없는 듯,
흩어놓은 실처럼 눈물과 함께 옷깃을 적시네.

楚江微雨裏, 建業暮鐘時.
漠漠帆來重, 冥冥鳥去遲.
海門深不見, 浦樹遠含滋.
相送情無限, 沾襟比散絲.

【賦得】 賦(詩)를 지어 친구를 보낼 수 있는 정취가 됨을 말하며 '詠'과 같음.
【李冑】 원본에는 '李曹'로 되어 있으나 위응물 本集에는 '李冑'로 되어 있음.

혹 '李渭'라고도 하며 구체적으로는 알 수 없음. 위응물의 다른 시에 〈送李
十四山人東遊〉가 있어 이 '李十四山人'이 아닌가 함.

【楚江】 長江. 고대 楚나라 경내를 흐르는 강이었으므로 이렇게 표현한 것.

【建業】 지금의 南京. 唐나라 때 金陵이라 불렸으며 東晉과 남조 4대(宋·齊·
梁·陳)의 도읍지였음.

【海門】 長江이 바다로 들어가는 입구.《讀史方輿紀要》(5)에 "揚州爲海門,
爲大江入海之口"라 함. 혹 현 이름으로 지금의 江蘇 啓東縣이라고도 함.
李胄가 양주로 가고자 떠나는 포구.

【滋】 푸르고 짙게 잘 자라 있음.

【散絲】 실을 흩어놓은 것과 같음. 晉 張協의 〈雜詩〉에 "騰雲似涌煙, 密雨如
散絲"라 함.

┌─────────────────┐
│ 참고 및 관련 자료 │
└─────────────────┘

1. 이는 위응물이 代宗 廣德, 永泰 연간에 洛陽에서, 혹 滁州刺史일 때 지은
것으로 보고 있음.

2. 韻脚은 時·遲·滋·絲.

132

〈酬程近秋夜卽事見贈〉 ··· 韓翃

정근의 〈추야즉사〉를 받고 이에 화답함

길게 자란 대나무 이미 가을바람을 맞이하고,
텅 빈 성에는 달빛만 담담하오.
은하수 가을밤에 외기러기 날고,
한밤중 다듬이 소리 집집마다 들려옵니다.
절후로 보아 응당 이미 늦가을이건만,
마음으로야 기약하지만 한가한 삶에 소식이 늦었구려.
방금 그대 보내온 빼어난 시구를 읊노라,
어느새 새벽 까마귀 우는 줄도 몰랐다오.

長簟迎風早, 空城澹月華.
星河秋一雁, 砧杵夜千家.
節候看應晚, 心期臥亦賖.
向來吟秀句, 不覺已鳴鴉.

【程近】 인명. 혹 '程延'으로도 표기하며 구체적으로는 알 수 없음.
【秋夜卽事】 程近(程延)의 시 제목. 내용은 알 수 없음.

【簟】 원래는 대나무 이름. 여기서는 대나무 가지를 뜻함. 흔히 돗자리를 뜻하기도 함. 《南越志》에 "博羅縣東洲足簟竹, 銘曰: 「簟竹旣大, 薄且空中. 節長一丈, 其長如松.」"이라 하였고, 《西京雜記》(2)에는 "會稽歲時獻竹簟 供御, 世號爲流黃簟"이라 함. 《世說新語》德行篇에는 "王恭從會稽還, 王大 看之, 見其坐六尺簟, 因語恭: 「卿東來, 故應有此物, 可以一領及我?」恭無言. 大去後, 卽擧所坐者送之. 旣無餘席, 便坐薦上. 後大聞之, 甚驚, 曰: 「吾本謂 卿多, 故求耳.」對曰: 「丈人不悉恭; 恭作人無長物.」"의 고사가 실려 있음.

【月華】 달빛.

【星河】 銀河.

【砧杵】 다듬이질과 다듬잇방망이. 겨울을 준비함을 의미함.

【心期】 마음으로 서로 만나거나 소식을 주고받을 정회를 기약하고 살아감.

【臥】 한가한 생활을 뜻함. 한가히 사느라 세월이 이렇게 가는 줄을 몰랐음을 말함.

【賒】 느림. 느릿느릿 시간이 지나감. '사'로 읽음. 자신이 소식을 전하지 못한 것을 양해해 달라는 의미로 쓰인 것임.

【秀句】 南朝 이래 남의 문장을 높여 부르는 말로 쓰임.

【鳴鴉】 이미 날이 밝아 까마귀가 욺.

참고 및 관련 자료

1. 제목은 일부 판본에는 〈酬程延秋夜卽事見贈〉으로 되어 있음.
2. 韻脚은 華·家·賒·鴉.

한굉(韓翃)

1. 자는 君平, 南陽 사람으로 天寶 13년(754) 진사에 올라 侯希逸과 李勉의 幕府에서 벼슬하였음. 建中 초에 시로써 德宗의 찬사를 입어 駕部郞中에 올랐다가 中書舍人으로 발탁됨. 錢起·盧綸 등과 함께 大曆十才子로 불렸으며, 《新唐書》(藝文志, 4)에 《韓翃詩集》(5卷). 《郡齋讀書志》·《直齋書錄解題》에도 역시 5卷으로 著錄되어 있음. 《全唐詩》에는 그의 詩가 3卷 (243~245)으로 실려 있고 《全唐詩外編》에 詩 2首가 補入되어 있음.

2.《唐詩紀事》(30)

○ 韓翃, 字君平, 南陽人. 命以駕部郎中知制誥, 時有兩韓翃, 德宗曰:「與詩人韓翃.」終中書舍人.

○ 侯希逸鎮淄青, 宏爲從事. 後罷府閑居十年, 李勉鎮夷門, 辟爲幕屬. 時韓已遲暮, 不得意, 多家居. 一日夜將半, 客叩門急, 賀曰:「員外除駕部郎中知制誥.」翃愕然曰:「誤矣.」客曰:「邸報制誥闕人, 中書兩進名, 不從, 又請之.」曰:「與韓翃. 時有同姓名者, 爲江淮刺史.」又具二人同進, 御批曰:『春城無處不開花, 寒食東風御柳斜. 日暮漢宮傳蠟燭, 青煙散入五侯家.』又批曰:「與此韓翃.」客曰:「此員外詩耶?」翃曰:「是也. 是不誤矣.」時建中初也.

○ 高仲武云: 韓員外意放經史, 興致繁富, 一篇一詠, 朝野珍之, 多士之選也. 至如『星河秋一鴈, 砧杵夜千家』, 又『客衣筒布細, 山舍荔枝繁』; 又『疏簾看雪卷, 深戶映花關』. 方之前載, 則芙蓉出水, 未足多也. 其比興深於劉員外, 筋節減於皇甫冉也.

○ 世傳翃有寵姬柳氏, 翃成名, 從辟淄青, 置之都下. 數歲, 寄詩曰:『章臺柳:『顏色青青今在否? 從使長條似舊垂. 也應攀折他人手.』柳答曰:『楊柳枝, 芳菲節, 可恨年年贈離別. 一葉隨風忽報秋, 縱使君來豈堪折.』後果爲蕃將沙吒利所劫. 翃會入中書, 道逢之, 謂永訣矣! 是日臨淄太校置酒, 疑翃不樂, 具告之. 有虞候將許俊, 以義烈自許, 即許取得之, 以授韓. 希逸聞之曰:「似我往日所爲也, 俊復能之.」翃後爲夷門幕府, 後生共目爲惡詩, 輕之.

3.《全唐詩》(243)

韓翃, 字君平, 南陽人. 登天寶十三載進士第, 淄青侯希逸, 宣武李勉相繼辟幕府. 建中初, 以詩受知德宗. 除駕部郎中, 知制誥. 擢中書舍人卒. 翃與錢起・盧綸輩號大曆十才子. 爲詩興致繁富, 一篇一詠, 朝野珍之. 集五卷, 今編詩三卷.

4.〈寒食〉(《全唐詩》卷245) 본 책 252를 볼 것.

『春城無處不飛花, 寒食東風御柳斜. 日暮漢宮傳蠟燭, 輕煙散入五侯家.』

5.《唐才子傳》(4) 韓翃

翃, 字君平, 南陽人. 天寶十三載, 楊紘榜進士. 侯希逸素重其才, 至是, 表佐淄青幕府. 罷, 閒居十年. 及李勉在宣武, 復辟之. 德宗時, 制誥闕人, 中書兩進除目, 御筆不點, 再請之, 批曰:「與韓翃.」時有同姓名者, 爲江淮刺史. 宰相請孰與, 上復批曰:『春城無處不飛花.』韓翃也. 俄以駕部郎中知制誥. 終中書舍人. 翃工詩, 興致繁富, 如芙蓉出水, 一篇一詠, 朝士珍之. 比諷深於文房, 筋節成於茂政, 當時盛稱焉. 有詩集五卷, 行於世.

133

〈闕題〉 ·· 劉眘虛

제목을 비워둠

길은 흰 구름으로 온통 덮여 있고,
봄은 푸른 시내와 함께 길게 흐르네.
때는 혹 꽃 떨어지는 시기가 이르러오니
멀리서 흘러온 물에 그 향기 따라 오네.
한가히 닫힌 문 산을 향해 나 있는 작은 길이요,
깊은 버드나무 속에는 글 읽는 초당이라.
한낮이면 버들에 가려 그윽한 빛이 어른거리며,
맑은 햇빛이 책 읽는 이의 옷에 비추네.

道由白雲盡, 春與青溪長.
時有落花至, 遠隨流水香.
閑門向山路, 深柳讀書堂.
幽映每白日, 清輝照衣裳.

【闕題】제목을 알 수 없어 임시로 〈闕題〉(제목을 비워둠)라 한 것임.
【白雲盡】산길을 흰 구름이 덮어 깊이 숨겨져 있음.

【向山路】 산을 향해 나 있는 작은 길.

【幽映】 버드나무 속의 독서당이므로 빛이 그윽하게 어른어른 비칠 뿐임.

【淸輝】 맑은 光輝. 햇빛을 말함.

---

1. 이 시는 일찍이 이미 제목을 알 수 없었음. 殷璠의 《河岳英靈集》에 이 시를 수록하면서 제목이 없어 이 때문에 뒷사람들이 〈闕題〉라 한 것임.

2. 兪陛雲의 《詩境淺說》에 "唐人缺題之詩, 或託興, 或寓言, 意本飜空, 事非徵實, 在讀者黙諭之"라 함.

3. 《漁陽詩話》에 그의 시를 "超遠幽敻"하였음.

4. 《劍溪詩話》에 "于王孟外又辟一徑, 氣象一派空明"이라 함.

5. 韻脚은 長·香·堂·裳.

❀ 유신허(劉眘虛)

1. 嵩山 사람으로 天寶 때 夏縣(지금의 山西 夏縣) 현령을 지냈으며 뒤에 盧阜에 은거하고자 하였으나, 뜻을 이루지 못하여 山僧이나 道人들과 즐겨 교유함. 그의 文集에 대한 기록은 없고 《全唐詩》(256)에 그의 詩 1권, 그리고 《唐詩紀事》(卷25)에 그에 관한 기록이 있음. '眘'은 '愼'자의 고자이며 뒤에 南宋 孝宗(趙眘)을 피휘하여 흔히 '劉愼虛'로 표기함.

2. 《唐詩紀事》(25)

鄭處誨《明皇雜錄》云:「天寶末, 劉希夷·王泠然·王昌齡·祖詠·張若虛·張子容·孟浩然·常建·李白·劉愼虛·崔曙·杜甫, 雖有文章盛名, 皆流落不偶.」

3. 《全唐詩》(256)

劉愼虛, 江東人. 天寶時, 官夏縣令. 詩一卷.

4. 《唐才子傳》(1) 劉愼虛:

愼虛, 嵩山人. 姿容秀拔. 九歲屬文, 上書, 召見, 拜童子郎. 開元十一年, 徐徵榜進士, 調洛陽尉, 遷夏縣令. 性高古, 脫略歲利, 嘯傲風塵. 後欲卜隱盧阜, 不果, 交遊多山僧道侶. 爲詩情幽興遠, 思雅詞奇, 忽有所得, 便驚衆聽. 當時

東南高唱者數十人, 聲律婉態, 無出其右, 惟氣骨不逮諸公. 永明已還, 端可傑
立江表. 善爲方外之言. 夫何不永, 天碎國寶, 有志不就, 惜哉! 集今傳世.

〈雪窓讀書圖〉宋, 작자미상

134

〈江鄉故人偶集客舍〉 ······························· 戴叔倫

강향의 친구들이 우연히 객사에 모임

가을에 달 또다시 만월이 되었고,
성궐엔 밤이 천 겹으로 깊었구나.
그래도 강남에서 만났던 친구들 이렇게 모였다니,
꿈속의 만남이 아닌가 의심 가네.
바람 부는 나뭇가지 밤 까치 놀라게 하고,
이슬 젖은 풀은 찬 귀뚜라미 소리를 덮고 있네.
오랜 나그네 생활 취할 자신 있으니,
함께 머무는 이 시간 새벽 종소리 들릴까 두렵구나.

天秋月又滿, 城闕夜千重.
還作江南會, 翻疑夢裏逢.
風枝驚暗鵲, 露草泣寒蟲.
羈旅長堪醉, 相留畏曉鐘.

【江鄉】戴叔倫은 潤州 金壇(지금의 江蘇 金壇) 사람으로 安史의 난으로 江南으로 피난하였다가 다시 江西로 옮겨 살았음. 이 때문에 이 일대를 '江鄉'이라 부른 것.

【城闕】城 위의 높은 樓閣. 門樓.《文選》陸機의 〈謝平安內史表〉에 "不得束身奔走, 稽顙城闕"이라 하였고, 王勃의 〈杜少府之任蜀州〉에는 "城闕輔三秦"이라 하여 모두 長安을 가리킴.

【千重】천 겹 만 겹의 궁궐. 漢나라 때 建章宮이 天門萬戶였다 하며 여기서는 장안을 가리킴.

【露草泣寒蟲】풀에 맺힌 이슬이 눈물방울과 같고 가을벌레 소리는 울음소리를 연상시킴. 그러나 다른 판본에는 '露草覆寒蛩'으로 되어 있어 '蛩'은 귀뚜라미를 가리킴. 혹 나무에 맺힌 찬이슬이 눈물을 연상시키고, 귀뚜라미 소리는 우는 소리를 연상시킴.

【羈旅】나그네가 객지에 떠돌며 살아가는 것.

【堪醉】술에 취함을 堪當해 낼 자신이 있음.

【曉鐘】새벽 종소리가 울리면 이 모임이 끝날 것임을 두려워한 것.

참고 및 관련 자료

1. 다른 판본에는 제목이 〈客舍與故人偶集〉으로 되어 있음.

2. 이는 대숙륜이 長安에 살 때 지은 것임.

3.《大曆詩略》에 "情來之作, 有不自知其然者"라 함.

4. 韻脚은 重·逢·蛩·鐘.

🐝 대숙륜(戴叔倫: 731~789)

1. 자는 幼公(《新唐書》에는 '一字次公'이라고도 하였음), 潤州 金壇(지금의 江蘇 金壇) 사람으로 蕭穎士의 제자이며, 貞元 초 撫州刺史로써 맑은 정치를 베풀어 德宗이 〈中和節詩〉를 하사할 정도였다 함. 그의 文集은《新唐書》(藝文志, 4)에《述稿》10卷으로 되어 있으며,《郡齋讀書志》에도 같은 기록이 있으나 별도로《詩》1卷,《書狀》1卷이 著錄되어 있음. 한편《全唐詩》에는 그의 詩 300首가 2권(273·274)으로 편집되어 있으나 그중에는 唐代부터 明代의 다른 詩人의 작품이 잘못 들어가 있는 것이 수십 수가 있음.《全唐詩續拾》에 詩 1首, 斷句 2句, 제목 4개가 補入되어 있음.《新唐書》(143)에 전이 있음.

2.《唐詩紀事》(29)

戴叔倫, 字幼公, 潤州人. 師事蕭穎士, 爲門人冠. 劉晏管鹽鐵, 表主管湖南. 至雲安, 楊惠琳反, 馳客劫之曰:「歸我金幣, 可緩死.」叔倫曰:「身可殺, 財不可得.」乃捨之. 累遷至容管經略. 德宗嘗賦中和節詩, 遣使者寵賜. 代還, 卒.

3.《全唐詩》(373)

戴叔倫, 字幼公, 潤州金壇人. 劉晏管鹽鐵, 表主運湖南, 嗣曹王皋領湖南·江西. 表佐幕府, 皋討李希烈, 留叔倫領府事, 試守撫州刺史. 俄即眞, 遷容管經略使, 綏徠蠻落, 威名流聞. 德宗嘗賦中和節詩, 遣使者寵賜, 世以爲榮, 集十卷, 今編詩二卷.

4.《唐摭言》(8) 入道

戴叔倫, 貞元中, 罷容管都督, 上表請度爲道士.

5.《唐才子傳》(5) 戴叔倫

叔倫, 字幼公, 潤州, 金壇人. 師事蕭穎士爲門生. 賦性溫雅, 善擧止, 能清談, 無賢不肖, 相接盡心. 工詩. 貞元十六年, 陳權榜進士. 賞在租庸幕下數年, 夕惕匪怠. 吏部尙書劉公與祠部員外郎張繼書, 博訪選材, 日揖賓客, 叔倫投刺, 一見稱心. 遂就薦. 累遷撫州刺史. 政擬龔·黃, 民樂其治, 圜扉寂然, 鞠爲茂草. 詔書褒美, 封譙縣男, 加金紫. 後遷容管經畧使, 威名益振, 治亦清明, 仁恕多方, 所至稱最. 德宗賦〈中和節〉詩, 遣使者寵賜, 世以爲榮. 還, 上表請爲道士. 未幾, 卒. 叔倫初以淮·汴寇亂, 魚肉江上, 攜親族避地來鄱陽, 肆業勤苦, 志樂清虛, 閉門卻掃, 與處士張衆甫·朱放素厚, 范·張之期, 曾不虛月. 詩興悠遠, 每作驚人. 有《述藁》十卷, 今傳於世.

135

〈送李端〉 ⋯⋯⋯⋯⋯⋯⋯⋯⋯⋯⋯⋯⋯⋯⋯⋯⋯⋯⋯⋯ 盧綸

이단을 보내면서

고향 관문엔 시든 풀 널려 있는데,
지금 이렇게 헤어지니 슬픔을 어찌 감당하랴!
길은 차가운 구름 밖으로 뻗어 있고,
사람들은 저녁 눈을 헤치고 돌아오고 있는 이때.
어린 날 고아로서 일찍 나그네 되었으며,
온갖 고난을 겪느라 나중에야 그대를 알게 되었다오.
눈물을 감추면서 부질없이 그대를 바라보오.
이 풍진 세상 그 어디에서 다시 만날 수 있을까?

故關衰草遍, 離別正堪悲!
路出寒雲外, 人歸暮雪時.
少孤爲客早, 多難識君遲.
掩泣空相向, 風塵何處期?

【李端】趙州 사람으로 大曆 5년(770)에 盧綸보다 1년 전에 진사에 급제하여
杭州司馬를 역임하였으며, 노륜과 함께 '大曆十才子'의 하나로 칭함.《唐才

子傳》(4)에 전이 실려 있음.

【故闕】故園, 고향.

【少孤】盧綸은 어릴 때 아버지를 여의고 외할아버지 長安韋氏에게서 자랐음.

【多難】많은 재난을 겪음. 노륜 8세 때 安史의 난이 일어나 鄱陽으로 피난
하였으며, 19세 때인 대력 원년(766) 長安으로 올라와 진사 시험에 응했으나
계속 낙제를 거쳐 大曆 6년에야 登科하였음.

【掩泣】다른 판본에는 '掩淚'로 되어 있음.

【風塵】먼지와 바람이 심한 이 세상살이를 말함. 漢 秦嘉의 〈與妻詩〉에 "當涉
遠路, 趨走風塵"이라 함.

참고 및 관련 자료

1. 이는 혹 嚴維의 작이라고도 하며 다른 판본에는 제목이 〈李端公〉으로
되어 있음.《全唐詩校》에는 "一作嚴維詩, 題作〈送李端〉"이라 하였으며, 李端
역시 大曆十才子의 하나임.

2. 이 시는 大曆 초에 지어진 것임.

3. 韻脚은 悲·時·遲·期.

❀ 노륜(盧綸)

1. 자는 允言. 河中 蒲(지금의 山西 永濟縣) 사람으로 안사의 난을 피하여
고향 鄱陽에 살다가 大曆 초에 과거에 응했으나 여러 차례 낙방함. '大曆十
才子'의 하나이며 뒤에 監察御史를 역임함. 한때 남에게 모함을 입은 적이
있어 시가 대체로 불만과 憂鬱에 차 있음. 渾瑊이 河中을 鎭守할 때 그를 따라
하중으로 가서 머문 적이 있으며 그때 邊塞詩를 짓기도 함. 唐 文宗이 그의
시를 좋아하여 재상 李德裕에게 "노륜이 죽고 나서 남긴 문장이 얼마나 되는가?
그 자손은 있는가?"라 묻자 이덕유가 "그의 아들 넷이 모두 진사에 올라
臺閣에 벼슬을 하고 있습니다"라 하였다 함.《新唐書》(藝文志, 4)·《直齋書
錄解題》(卷19)에《盧綸詩集》10권이라 하였으나,《郡齋讀書志》(卷4)에는
1卷이라 著錄되어 있음.《全唐詩》에 그의 詩 5卷(278~280)이 실려 있고
《唐詩紀事》(卷30)에 관련 기록이 있음.《新唐書》(203)를 참조할 것.

2.《唐詩紀事》(30)

○ 綸, 字允言, 河中人. 大曆進士. 與吉中孚·韓翃·錢起·司空曙·苗發·崔峒·
耿湋·夏侯審·李端皆能詩, 號大曆十才子.

○ 綸, 德宗時爲戶部郎中, 舅韋渠牟表其才, 召見禁中, 帝有所作, 輒賡和. 異日
問渠牟:「盧綸·李益何在?」答曰:「綸從渾瑊在河中」驛召之, 會卒. 文宗尤
愛其詩, 問宰相:「綸文章幾何? 亦有子否?」李德裕對:「綸四子, 皆擢進士第,
在臺閣.」帝遣中人悉索家笥, 得詩五百篇以聞.

3.《全唐詩》(276)

盧綸, 字允言, 河中蒲人. 大曆初, 數擧進士不第, 元載取其文以進, 補閿鄉尉.
累遷監察御史, 輒稱疾去. 坐與王縉善, 久不調. 建中初, 爲昭應令. 渾瑊鎭
河中, 辟元帥判官, 累遷檢校戶部郎中. 貞元中, 舅韋渠牟表其才. 驛召之, 會卒.
集十卷, 今編詩五卷.

4.《唐才子傳》(4) 盧綸

綸, 字允言, 河中人. 避天寶亂, 來客鄱陽. 大曆初, 數擧進士不入第. 元載素
賞重, 取其文進之, 補閿鄉尉. 累遷檢校戶部郎中·監察御史. 稱疾去. 渾瑊鎭
河中, 就家禮起爲元帥判官. 初, 舅韋渠牟得幸德宗, 因表其才, 召見禁中, 帝有
所作, 趣賡和. 至是, 帝忽問渠牟:「盧綸·李益何在?」對曰:「綸從渾瑊在
河中」詔令驛召之, 會卒.

○ 綸與吉中孚·韓翃·耿湋·錢起·司空曙·苗發·崔峒·夏侯審·李端, 聯藻文林,
銀黃相望, 且同臭味, 契分俱深, 時號「大曆十才子」. 唐之文體, 至此一變矣.
綸所作特勝, 不減盛時, 如三河小年, 風流自賞. 文宗雅愛其詩, 問宰相:「綸沒後,
文章幾何? 亦有子否?」李德裕對:「綸四子皆擢進士, 仕在臺閣.」帝遣中使悉
索其巾笥, 得詩五百首, 進之. 有別業在終南山中. 集十卷, 今傳.

136

〈喜見外弟又言別〉 ·· 李益

기쁘게 외사촌 동생을 만났으나
다시 이별을 고하며

십 년이나 난리로 헤어졌다가,
어른 되어 이렇게 한 번 만나게 되었구나.
성을 물어 보고 처음 만남에 놀랐고,
이름을 맞추어 보고서야 옛 얼굴을 기억하겠구나.
이별한 이래 상전벽해처럼 세상사는 변했는데,
이야기 마치자 저녁 종소리 들리누나.
내일 또다시 파릉으로 간다 하니
가을산은 또 우리를 몇 겹이나 떼어 놓을꼬?

十年離亂後, 長大一相逢.
問姓驚初見, 稱名憶舊容.
別來滄海事, 語罷暮天鐘.
明日巴陵道, 秋山又幾重?

【外弟】 외사촌 아우. 이종사촌 아우. 이모의 아들. 表弟라고도 함. 彭國棟은
盧綸이 아닌가 하였음. 그의 《灊園詩話》에 "元吳師道引《時天彝》云: 李益
與盧綸爲中表, 此云外弟, 蓋指盧綸"이라 함.

【十年】 실제 오랜 세월을 뜻함. 이익은 天寶 8년(749)에 태어나 8살에 安史의 난을 만났으며 그로부터 20여 년 뒤에 이 동생을 만난 것임.

【滄海事】 '滄海桑田'의 고사를 말함. 《神仙傳》(3) 王遠傳에 "麻姑自說:「接待以來, 已見東海三爲桑田; 向到蓬萊, 水又淺於往昔, 會將略半也, 豈將復還爲陵陸乎?」 方平笑曰:「聖人皆言, 海中行復揚塵也.」"라 하였고, 《太平廣記》(7, 60) 및 《仙佛奇蹤》(1) 麻姑 등에도 실려 있음.

【暮天鐘】 당나라 때는 저녁이 되면 종을 울려 시간을 알려 주었음.

【巴陵】 고대의 岳州. 지금의 湖南 岳陽.《元和郡縣志》에 "昔羿屠巴蛇於洞庭, 其骨若陵, 故曰巴陵"이라 하였으며,《舊唐書》地理志에 "岳州, 天寶元年改爲巴陵郡"이라 함.

참고 및 관련 자료

1. 이는 安史의 난을 겪은 뒤 모처럼 외사촌 동생을 만났으나 다시 헤어짐을 안타까워하여 지은 것임.
2. 韻脚은 逢·容·鐘·重.

❀ 이익(李益: 749~829)

1. 자는 君虞, 甘肅 姑臧(지금의 武威縣) 사람. 大曆 4년(769)에 진사에 올라 燕趙(河北) 지역을 유람하였으며, 幽州節度使 劉濟에게 발탁되어 從事 벼슬을 함. 변방에서 10여 년을 살면서 많은 邊塞詩를 많이 남겼으며, 이 시들이 악보에 올라 궁중에서 널리 불리기도 함. '大曆十才子'의 하나. 憲宗이 그의 이름을 듣고 불러 秘書少監을 시켰으며 集賢殿學士를 거쳐 禮部尙書에 올랐음. 시풍은 王昌齡과 비슷하며 五七言 絶句에 능하였음. 그의 文集에 대해서는 兩《唐書》에 기록이 없고《郡齋讀書志》에《李益詩》1卷,《直齋書錄解題》에는《李益集》2卷이 著錄되어 있음. 그리고 南宋 尤袤의《遂初堂書目》에는《李君虞集》이 보임. 그의 詩는《全唐詩》에 2卷(282·283), 그리고 《全唐詩續拾》에 詩 1首가 補入되어 있음.《舊唐書》(137) 및《新唐書》(203)를 참조할 것.

2.《唐詩紀事》(30)

○ 益, 姑臧人, 字君虞. 大曆四年登第. 其〈受降城聞笛〉詩, 教坊樂人取爲聲樂度曲. 又有寫〈征人歌〉·〈早行〉詩爲圖畫者, 迴樂烽前沙似雪之詩是也. 益有心疾, 不見用. 及爲幽州劉濟營田副使, 獻詩有『感恩知有地, 不上望京樓』之句, 左遷右庶子. 年且老, 門人趙宗儒自宰相罷免, 年七十餘. 益曰:「此吾爲東府所送進士也.」聞者憐益之困. 後遷禮部尚書, 致仕卒.

○ 益錄其從軍詩贈左補闕盧景亮, 自序云:「從事十八載, 五在兵間, 故爲文多軍旅之思. 或因軍中酒酣, 或時塞上兵寢, 投劍秉筆, 散懷於斯, 文率皆出乎慷慨意氣. 武毅獷厲, 本其涼國, 則世將之後, 乃西州之遺民歟?」亦其坎軻當世發憤之所致也. (其詩皆建中·貞元間作.)

○ 大曆十才子,《唐書》不見人數. 盧綸·錢起·郎士元·司空曙·李端·李益·苗發·皇甫曾·耿湋·李嘉祐. 又云: 吉頊·夏侯審亦是. 或云錢起·盧綸·司空曙·皇甫曾·李嘉祐·吉中孚·苗發·郎士元·李益·耿湋·李端. 二李皆出於姑臧, 庶子爲文章李益, 尚書爲門戶李益. 一日赴嘉會, 上書曰:「今日兩箇坐頭, 皆是李益.」

3.《全唐詩》(282)

李益, 字君虞, 姑臧人. 大曆四年登進士第, 授鄭縣尉, 久不調. 益不得意, 北遊河朔, 幽州劉濟辟爲從事. 嘗與濟詩, 有怨望語. 憲宗時, 召爲祕書少監·集賢殿學士, 自負才地, 多所凌忽, 爲衆不容. 諫官舉其幽州詩句, 降居散秩, 俄復用爲祕書監, 遷太子賓客·集賢學士. 判院事, 轉右散騎常侍. 太和初, 以禮部尚書致仕卒, 益長於歌詩. 貞元末, 與宗人李賀齊名, 每作一篇, 教坊樂人以賂求取, 唱爲供奉歌辭. 其〈征人歌〉·〈早行〉篇, 好事畫爲屏障. 集一卷, 今編詩二卷.

4.《唐才子傳》(4) 李益

益, 字君虞, 隴西, 姑臧人. 大曆四年, 齊映榜進士. 調鄭縣尉. 同輩行稍進達, 益久不陞, 鬱鬱去, 遊燕·趙間. 幽州節度劉濟, 辟爲從事, 未幾, 又佐邠寧幕府. 風流有辭藻, 與宗人賀相埒. 每一篇就, 樂工賂求之, 被於雅樂, 供奉天子. 如〈征人早行〉篇, 天下皆施繪畫. 二十三受策秩, 從軍十年, 運籌決勝, 尤其所長. 往往鞍馬間爲文, 橫槊賦詩, 故多抑揚激厲悲離之作, 高適·岑參之流也. 憲宗雅聞其名, 召爲秘書少監·集賢殿學士. 自負其才, 自負其才; 凌轢工衆, 有不能堪. 諫官因暴其詩「不上望京橫」等句, 以爲涉怨望, 詔降職. 俄復舊, 除侍御史, 遷禮部尚書. 致仕. 太和初卒. 益少有僻疾, 多猜忌, 防閑妻妾, 過爲苛酷, 有散灰扃戶之談, 時稱爲「妬癡尚書李十郎」. 有同姓名者, 爲太子庶子, 皆在朝, 人恐莫辨, 謂君虞爲「文章李益」, 庶子爲「門戶李益」云. 有集今傳.

137

〈雲陽館與韓紳宿別〉 ·························· 司空曙

한신과 함께 운양 객사에서 자며
이별을 생각하니

그대와 강해에서 이별한 뒤로,
몇 번이나 산천이 우리를 막았던고?
잠깐 이렇게 만나게 되니 꿈인가 의심스럽고,
서로 슬퍼하며 나이도 물어 보네.
외로운 등불 차갑게 밤비를 비추고,
어둡고 깊은 대나무 숲엔 내가 피어오르네.
내일 아침이면 또다시 그대와 이별의 한을 달래려,
이별의 잔에 아쉬움을 함께 담아 전하겠지.

故人江海別, 幾度隔山川.
乍見翻疑夢, 相悲各問年.
孤燈寒照雨, 深竹暗浮煙.
更有明朝恨, 離杯惜共傳.

【雲陽館】雲陽은 지금의 陝西 涇陽縣 서북. 館은 고대 郡縣에 설치한 驛院의
숙소. 客舍.

【韓紳】《全唐詩》에는 '韓升卿'으로 되어 있으며 馬茂元의 《唐詩選》에는 韓愈의 〈虢州司戶韓府君墓志銘〉에 기록된 虢州司戶 韓睿雲의 넷째 아들 韓紳卿이 司空曙와 가까웠다 하였으며 바로 이 사람이 아닌가 함. 高步瀛의 《唐宋詩擧要》에 "《元和姓纂》·《新唐書》世系表及〈韓昌黎年譜〉, 退之之叔曰 紳卿, 未知是否?"라 함.

【江海】외지. 사공서가 일찍이 한신을 강남 등지에서 만났던 적이 있음을 말함.

【乍見】잠깐 만남.

【離杯】이별의 술잔. 餞別을 말함.

1. 이는 司空曙가 雲陽의 역원 客舍에서 韓紳과 함께 밤을 보내면서 이튿날 헤어짐을 아쉬워 미리 지은 送別詩임.

2. 元 方回의 《瀛奎律髓》에 "久別忽逢之絶唱"이라 함.

3. 沈德潛 《唐詩別裁》에 "與'乍見翻疑夢, 相悲各問年', 撫衷述緒, 同一情至"라 함.

4. 韻脚은 川·年·煙·傳.

❀ 사공서(司空曙)

1. 司空은 복성, 이름은 曙. 자는 文明(혹 文初), 廣平(지금의 河北 鷄澤縣) 사람으로 '大曆十才子'의 하나. 韋皐가 劍南節度使였을 때 그를 幕下로 불렀으며 뒤에 洛陽主簿를 거쳐 左拾遺, 水部郎中을 역임함. 그의 詩友인 盧綸·李端 등은 모두 그를 '司空文明'이라 불렀음. 그의 文集은 《新唐書》(藝文志, 4), 그리고 《直齋書錄解題》(卷19) 등에 《司空曙詩集》 2卷이 著錄되어 있음.

2. 《唐詩紀事》(30)

曙, 字文明, 廣平人. 登進士第, 從韋皐於劍南. 貞元中, 爲水部郎中, 終虞部郎中.

3. 《全唐詩》(292)

司空曙, 字文明, 廣平人. 登進士第, 終韋皐於劍南. 貞元中, 爲水部郎中, 終虞部郎中. 詩格淸華, 爲大曆十才子之一. 集三卷, 今編詩二卷.

4.《唐才子傳》(4) 司空曙

曙, 字文明, 廣平人也. 磊落有奇才, 韋皋節度劍南, 辟致幕府. 授洛陽主簿, 未幾, 遷長林縣丞, 累官左拾遺, 終水部郎中. 與李約員外至交. 性耿介, 不干權要. 家無甔石, 晏如也. 嘗病中不給, 遣其愛姬, 亦嘗流寓長沙. 遷謫江右, 多結契雙林, 暗傷流景. 〈寄暕上人〉詩云:「欲就東林寄一身, 尚憐兒女未成人. 紫門客去殘陽在, 藥圃蟲喧秋雨頻. 近水方同梅市隱, 曝衣多笑阮家貧. 深山蘭若何時到, 羨與閒雲作四隣」閒園卽事, 高興可知. 屬調幽閒, 終篇調暢, 如新花笑日, 不容熏梁. 鏘鏘美譽, 不亦宜哉! 有詩集二卷, 今傳.

138

〈喜外弟盧綸見宿〉 ································ 司空曙

이종사촌 아우 노륜과
밤을 보내게 됨을 즐거워하며

고요한 밤 온 사방에 이웃도 없고,
거친 살림에 유산도 없이 가난하네.
비 내리는 가운데 누른 잎의 나무요,
등불 아래 머리가 흰 이 사람이라네.
나 이렇게 홀로 오래도록 몰락했기에,
그대 자주 찾아주는 것이 부끄럽다네.
한평생 각기 스스로 연분이 있다지만,
그래도 하물며 우리는 가까운 친척인데!

靜夜四無鄰, 荒居舊業貧.
雨中黃葉樹, 燈下白頭人.
以我獨沉久, 愧君相訪頻.
平生自有分, 況是蔡家親!

【外弟】姨母의 아들. 表弟. 盧綸은 司空曙의 이종사촌이었음을 알 수 있음.
【見宿】'見'은 피동법 문장을 만듦. 함께 숙박할 기회를 얻게 됨을 말함. 노륜이
기꺼이 그 집에서 하루를 머물러 묵어 줌을 말함.

【盧綸】자는 允言. 135 참조.

【靜夜】盧綸의 〈過司空曙村居〉에 "南北與山隣, 蓬庵庇一身. 繁霜疑有雪, 枯草 似無人"이라 하였음.

【舊業】흔히 고향의 유산을 뜻함. '舊業貧'은 유산이 없어 가난한 생활을 하고 있음을 말함.

【白頭人】사공서 자신을 말함.

【君】盧綸을 가리킴.

【分】緣分.

【蔡家親】《全唐詩》와 《唐詩別裁》에는 모두 '蔡'로 되어 있으나 원작에는 '霍'으로 되어 있음. 채옹의 친척. 진나라 때 양호는 채옹의 외손으로, 뒤에 양호를 '蔡家親'이라 불러 아주 가까운 친척관계임을 뜻하는 말로 쓰임. 《晉書》羊祜傳에 "祜, 蔡邕外孫"이라 하였고, "祜討吳賊有功, 將進爵士, 乞以 賜舅子蔡襲"이라 하여 蔡襲에게 그 공을 미룬 고사가 있음.

참고 및 관련 자료

1. 제목이 일부 판본에는 〈喜見外弟盧綸見宿〉으로 되어 있음.

2. 이는 사공서가 늙어 가면서 촌에서 홀로 외롭게 살 때 외제 노륜이 찾아와 함께 밤을 보내게 됨을 즐겁게 여겨 읊은 것임.

3. 明 謝榛의 《四溟詩話》에 "韋蘇州曰『窗裏人將老, 門前樹已秋』, 白樂天曰 『樹初黃葉日, 人欲白頭時』, 司空曙曰『雨中黃葉樹, 燈下白頭人』, 三詩同一機杼, 司空爲優. 善狀目前之景, 無限凄感, 見於言表. ……晚唐人多用虛詞, 若司空 曙『以我獨沉久, 愧君相見頻』, ……此皆一句一意, 雖瘦而健, 雖粗而雅"라 함.

4. 兪陛雲의 《詩境淺說》에 "前半首寫獨處之悲, 後言相逢之喜, 反正相生, 爲律詩 之一格"이라 함.

5. 韻脚은 隣·貧·人·頻·親.

139

〈賊平後送人北歸〉 ································ 司空曙
  적이 평정된 뒤에
  북으로 돌아가는 사람을 보내며

세상 난리에 함께 남쪽으로 왔었는데,
난이 평정되어 그대 홀로 북으로 돌아가는구려.
이곳 타향에서 이미 흰머리 생겼으나,
고향으로 돌아가면 옛 청산을 보겠구려.
새벽달에 허물어진 옛 보루를 지날 것이요,
총총한 별에 고향 관문에서 자겠지요.
가을 철새와 시든 풀들,
가는 곳마다 그대 수심 찬 얼굴을 맞이하겠지.

世亂同南去, 時淸獨北還.
他鄕生白髮, 舊國見靑山.
曉月過殘壘, 繁星宿故關.
寒禽與衰草, 處處伴愁顔.

【賊】安史의 난을 말함. 顧況의 〈送宣歙李衙推八郎使東都序〉에 "多士奔吳
爲人海"라 함. 安史의 난은 玄宗 天寶 14년(755)에 발발하여 代宗 廣德
원년(763)에 끝을 맺었음.

【時淸】 시국이 평온함. 安史의 난이 평정됨.
【白髮】 안사의 난으로 고향을 등질 때 청장년이었으나, 이미 15년이 흘러 반백의 노인이 되었음을 뜻함.
【舊國】 故鄕을 말함.
【殘壘】 전쟁터의 버려진 堡壘.
【寒禽】 가을이 되어 날씨가 추어지면 위치를 옮기는 철새인 기러기 따위.

참고 및 관련 자료

1. 북쪽에서 安史의 난을 만나 남쪽으로 피난을 왔다가, 난이 평정되어 다시 고향으로 돌아가는 사람을 두고 읊은 것. 사공서가 韋皐를 따라 劍南(蜀)에 갔을 때 지은 것으로 보고 있음.

2. 彭國棟의 《澹園詩話》에 "司空文明從韋皐於劍南, 所謂'世亂同南去', 蓋在蜀作也"라 함.

3. 明 王世懋의 《藝圃擷餘》에 "岑嘉州雲隨馬, 雨洗兵, 花迎蓋, 柳拂旌, 四言一法, 在彼正不自覺, 今用之能無受人挪揄?"라 함.

4. 《增訂唐詩摘鈔》에 "劉文方〈穆陵關作〉獨三四兩語居勝, 全篇雅潤, 尙不及此篇"이라 함.

5. 韻脚은 還·山·關·顔.

140

〈蜀先主廟〉 ·· 劉禹錫

촉나라 선주의 사당

천지 사이 영웅의 기개여,
천추를 두고 오히려 늠연하도다.
천하 형세를 솥 세 발처럼 나누고,
업적은 유씨 제국의 오주전을 회복했네.
훌륭한 재상 제갈량을 얻어 능히 나라 세웠으나,
아들 유선은 그런 능력이 전혀 없었지.
처량하도다, 촉의 옛날 기녀들,
위나라 궁궐에 잡혀온 유선 앞에서 춤을 춰야 했으니!

天地英雄氣, 千秋尚凜然.
勢分三足鼎, 業復五銖錢.
得相能開國, 生兒不象賢.
淒涼蜀故妓, 來舞魏宮前!

【英雄】劉備를 가리킴.《三國志》蜀志 先主傳에 "曹公從容謂先主曰:「今天下
英雄, 惟使君與操耳」"라 함.

【凜然】 공경하고 두려워하는 모습.

【三足鼎】 魏·蜀·吳의 三國이 鼎立함. 원래《史記》淮陰侯列傳에 "參分天下, 鼎足而居"라 하여 처음 나오는 말이며《三國志》諸葛亮傳에 "曹軍破, 必北還, 如此則荊吳之勢强, 鼎足之形成矣"라 함.

【五銖錢】 동전 이름. '오주전'으로 읽음. 漢室의 부흥을 뜻함.《後漢書》公孫述傳에 "漢末謠「黃牛白腹, 五銖當復.」"라 함. 처음 漢 武帝 元狩 원년(B.C.118)에 처음 주조하여 사용하기 시작하였으며 무게는 五銖, 銖는 무게의 단위로 24銖가 1兩이 됨. '五銖'라는 두 篆字를 새겨 넣었음. 西漢 말 王莽이 집권하자 이를 폐지하여 변방에서만 사용되었고, 東漢 光武帝가 다시 馬援의 건의에 의해 실시하였다가 동한 말 董卓이 다시 폐지하는 등 우여곡절을 겪음. 여기서는 선제 유비가 다시 五銖錢을 회복하여 劉氏 帝國을 세우고자 하였음을 말함.

【得相】 諸葛孔明을 얻었음을 말함.《三國志》蜀志 先主傳에 "章武元年, 以諸葛亮爲丞相"이라 함. 諸葛亮의 자는 孔明(191~234). 한말 陽都人으로 은거하여 스스로 밭을 갈며 자신을 管仲과 樂毅에 비교하여 사람들이 그를 臥龍先生이라 불렀음. 뒤에 蜀漢 劉備의 三顧草廬로 불려가 天下三分之策을 정하고 유비를 도와 荊州와 益州를 차지하여 吳, 蜀, 魏 삼국정립을 이루었음. 유비의 遺囑에 의해 그 아들 劉禪을 도와〈出師表〉를 쓰고 북벌을 시도했으나, 五丈原에서 생을 마침. 죽은 뒤 武鄕侯에 봉해졌으며 시호는 忠武.《三國志》(35)에 전이 있음.

【開國】《周易》師卦에 "大君有命, 開國承家"라 함. 한편 諸葛孔明의 "先取荊州爲家, 後卽西川建基業, 而成鼎足之勢"의 계책을 뜻함.

【生兒】 劉備의 아들 劉禪. 삼국 蜀의 제2대 황제. 後主라 칭함. 劉備의 아들이며 諸葛亮의 도움을 받았으나 나라가 망하고 말았음. 223~263년 재위함. 똑똑하지 못하여 유비가 늘 걱정을 하며 만약 여의치 않으면 제갈량에게 나라를 이어받아 다스리도록 遺囑하기도 하였음.《十八史略》(3)에 "後皇帝: 名禪, 字公嗣, 昭烈皇帝子也. 年十七卽位, 改元建興, 丞相諸葛亮受遺詔輔政, 昭烈臨終謂亮曰:「君才十倍曹丕, 必能安國家, 終定大事, 嗣子可輔輔之, 如其不可, 君可自取.」亮涕泣曰:「臣敢不竭股肱之力, 效忠貞之節, 繼之以死?」亮乃約官職修法制, 下教曰:「夫參署者, 集衆思廣忠益也. 若遠小嫌, 難相違覆, 曠闕損矣.」"라 함.

【象賢】 현명한 이가 나라를 본받음. 여기서는 아들 유선이 나라를 이어가야

했으나, 능력이 그에 미치지 못하였음을 말함.《書經》微子之命에 "殷王
元子, 惟稽古, 崇德象賢"이라 하였으며,《儀禮》士冠禮에 "繼世以立諸侯,
象賢也"라 함.

【故妓】魏가 蜀을 멸한 뒤 蜀의 妓女와 樂隊를 모두 魏나라로 궁궐로 옮겼
으며, 뒤에 魏 太尉 司馬昭가 항복해 끌려온 後主 劉禪 앞에서 그들로
하여금 춤을 추게 함.《三國志》裴松之의 주에《漢晉春秋》를 인용하여
"司馬文王(昭)與禪宴, 爲之作故蜀妓, 旁人皆爲之感愴, 而禪喜笑自若"이라 함.

【 참고 및 관련 자료 】

1. 이는 유우석이 穆宗 大慶 원년(821)부터 4년(824)까지 夔州刺史로 있을
때, 기주 奉節縣(지금의 重慶) 동쪽 元里에 있는 蜀 先主 劉備의 사당을 둘러
보고 감회를 읊은 것임.

2. 元 方回의《瀛奎律髓》에 "此詩用三足鼎, 五銖錢, 可謂精當"이라 함.

3. 紀昀은 "句句精拔, 起二句確是先主廟, 妙似不用事者; 後四句, 沈著之至,
不病其直"이라 함.

4. 韻脚은 然·錢·賢·前.

❀ 유우석(劉禹錫: 772~842)

1. 자는 夢得, 彭城(지금의 江蘇 銅山縣) 사람으로 貞元 9년(793) 21세에
진사에 올랐으며, 얼마 뒤 다시 博學宏辭科에 등제하여 監察御史에 오름.
王叔文의 추천으로 궁중에 들어가 짧은 기간에 승진하여 정치개혁에 참여
하였으나 왕숙문이 퇴출당하자, 그 역시 郎州(지금의 湖南 常德縣)의 司馬로
좌천되고 말았음. 당시 겨우 23세로 그는 낭주에 10여 년을 머무는 동안
그곳의 민가를 수집하여 그 곡조로 新詞를 지었음. 이로 인해 武陵 일대의
민가가 거의 그를 통해 정리, 윤색되었음. 元和 10년(815) 풀려나 궁중으로
돌아온 다음 玄都觀의 시로 인해 미움을 받아 다시 連州(지금의 廣東 連縣)
의 자사로 좌천됨. 그 뒤 夔州刺史, 和州刺史 등을 역임하다가 太和 2년
(828) 서울로 돌아와 太子賓客을 지냄. 그 때문에 그를 흔히 '劉賓客'으로
부름. 71세에 생을 마쳤으며 '詩豪'로 불리기도 함. 그의 文集은《新唐書》

(藝文志, 4)에 《劉禹錫集》40卷으로 著錄되어 있고, 《郡齋讀書志》(卷4, 上), 《直齋書錄解題》(卷6)와 《宋史》(藝文志, 7)에는 모두 《正集》30卷, 《外集》10卷으로 실려 있으며, 달리 劉禹錫과 다른 사람의 《唱和集》이 있음. 그의 詩는 《全唐詩》에 12卷(354~365)이 編輯되어 있으며 《全唐詩外編》 및 《全唐詩續拾》에 詩 6首, 斷句 6句가 실려 있음. 《舊唐書》(160)와 《新唐書》(168)에 전이 있음.

劉禹錫《晩笑堂畫傳》

2. 《唐詩紀事》卷39

禹錫, 字夢得. 附叔文, 擢度支員外郎. 人不敢斥其名, 號二王劉柳. 憲宗立, 禹錫貶連州. 未至, 斥朗州司馬, 作〈竹枝詞〉. 武元衡初不爲宗元所喜, 自中丞下除右庶子. 及是執政, 禹錫久落魄, 乃作〈問大鈞〉·〈謫九年〉等賦, 又紋張九齡事爲詩, 欲感諷權要, 久之, 召還, 宰相欲任南省郎, 乃作〈玄都觀看花君子〉詩, 當路不喜, 出爲播州, 易連州, 徙夔州. 由和州刺史入爲主客郎中, 復作〈遊玄都觀〉詩, 有『兎葵燕麥』之語, 聞者益薄其行. 俄分司東都, 裴度薦爲集賢學士. 度罷, 出刺蘇州, 徙汝·同二州. 會昌時, 檢校禮部尙書, 卒.

3. 《全唐詩》卷354

劉禹錫, 字夢得, 彭城人. 貞元九年, 擢進士第, 登博學宏詞科, 從事淮南幕府, 入爲監察御史, 王叔文用事, 引入禁中, 與之圖議. 言無不從, 轉屯田員外郎, 判度支鹽鐵案, 叔文敗. 坐貶連州刺史, 在道貶朗州司馬. 落魄不自聊, 吐詞多諷託幽遠, 蠻俗好巫, 嘗依騷人之旨. 倚其聲作〈竹枝詞〉十餘篇. 武陵谿洞間悉歌之, 居十年, 召還. 將置之郎署, 以作〈玄都觀看花〉詩涉譏忿, 執政不悅, 復出刺播州, 裴度以母老爲言. 改連州, 徙夔·和二州, 久之. 徵入爲主客郎中, 又以作〈重游玄都觀〉詩. 出分司東都, 度仍薦爲禮部郎中, 集賢直學士. 度罷, 出刺蘇州. 徙汝·同二州, 遷太子賓客分司, 禹錫素善詩, 晩節尤精, 不幸坐廢. 偃蹇寡所合, 乃以文章自適. 與白居易酬復頗多, 居易嘗紋其詩曰:「彭城劉夢得, 詩豪者」也. 其鋒森然, 少敢當者, 又言其詩在處應有神物護持, 其爲名流推重如此. 會昌時, 加檢校禮部尙書, 卒年七十二. 贈戶部尙書, 詩集十八卷, 今篇爲十二卷.

4. 《唐才子傳》(5) 劉禹錫

禹錫, 字夢得, 中山人. 貞元九年進士, 又中博學宏詞科. 工文章. 時王叔文得幸,禹錫與之交, 嘗稱其有宰相器. 朝廷大議, 多引禹錫及柳宗元與議禁中. 判度支·鹽鐵案, 憑藉其勢, 多中傷人. 御史竇羣劾云:「狹邪亂政」, 即日罷. 憲宗立, 叔文敗, 斥朗州司馬. 州接夜郎, 俗信巫鬼, 每祀, 歌〈竹枝〉, 鼓吹俄延, 其聲傖儜. 禹錫謂屈原居沅·湘間作〈九歌〉, 使楚人以迎送神, 乃倚聲作〈竹枝辭〉十篇, 武陵人悉歌之. 始坐叔文貶者, 雖赦不原. 宰相哀其才且困, 將澡濯用之, 乃詔悉補遠州刺史, 諫官奏罷之. 時久落魄, 鬱鬱不自抑, 其吐辭多諷託遠意, 感權臣, 而憾不釋. 久之, 召還, 欲任南省郎, 而作〈玄都觀看花君子〉詩, 語譏忿, 當路不喜, 又謫守播州. 中丞裴度言:「播猿狄所宅, 且其母年八十餘, 與子死決, 恐傷陛下孝治, 請稍內遷.」乃易連州, 又徙夔州. 後由和州刺史, 入爲主客郎中. 至京後, 遊玄都詠詩, 且言:「始謫十年還輦下, 道士種桃, 其盛若霞; 又十四年而來, 無復一存, 唯兔葵燕麥動搖春風耳.」權近聞者, 益薄其行. 裴度薦爲翰林學士, 俄分司東都, 遷太子賓客. 會昌時, 加檢校禮部尙書, 卒. 公恃才而放, 心不能平, 行年益晏, 偃蹇寡合, 乃以文章自適. 善詩, 精絶, 與白居易酬唱頗多. 嘗推爲「詩豪」, 曰:「劉君詩, 在處有神物護持」有集四十卷, 今傳.

古隆中 諸葛亮 초기 거주지 河北 襄陽

141
〈沒蕃故人〉 ···································· 張籍

토번 전투에 죽은 벗

지난해 월지와의 전투에서,
우리 전 군사가 모두 성 아래에서 죽고 말았다지.
토번과 우리 당나라 사이에 소식이 끊겼으니,
생사가 나뉘어 영원히 이별일세.
버려진 장막 거두는 이 없고,
말만이 찢어진 깃발 달고 왔으니 패배를 알 수 있었네.
제사 지내고자 하나 그래도 행여 살아 있을까 하여,
하늘 끝에서 지금 그저 곡만 할 뿐이라네.

前年戍月支, 城下沒全師.
蕃漢斷消息, 死生長別離.
無人收廢帳, 歸馬識殘旗.
欲祭疑君在, 天涯哭此時.

【蕃】 吐蕃을 가리킴. 唐나라 때 서쪽에 큰 제국을 세워 唐과 맞섰던 지금의
티베트를 말함.

【戌】일부 판본에는 '伐'로 되어 있음.

【月支】고대 西域의 나라 이름. 月氏·月氏라고도 표기함. 본래 敦煌과 祁連山
사이에 있던 유목민족으로 지금의 甘肅과 青海 사이에 있었음. 漢 文帝
때 匈奴의 공격을 받아 멀리 新疆 이리(伊犁) 河 지역으로 옮겨가 大月氏라
불렀음. 그러나 여기서는 吐蕃을 대신하는 말로 쓰인 것임.

【城下】《全唐詩》에는 '城上'으로 되어 있음.

【全師】모든 군사. 고대 군 조직은 上軍·中軍·下軍으로 되어 있으며, 이를
통틀어 全師라 함.

【漢】唐을 가리킴. 당시에서는 자신의 當代를 직접 거론할 수 없어, 모두
'漢'으로 지칭하였음.

【廢帳】전투에 패하여 그대로 버려진 장막.

【殘旗】말만이 찢어진 깃발을 그대로 단 채 돌아와, 비로소 그 전투에 처절
하게 패했음을 알게 됨.

【君在】아직 살아 있을지도 모른다고 기대를 가짐.

참고 및 관련 자료

1. 이는 吐蕃과의 전투에서 실종된 친구를 애도하여 지은 것임.

2. 俞陛雲의 《詩境淺說》에 "詩爲弔絶塞英靈而作, 蒼涼沈痛, 一篇哀誄文也"
라 함.

3. 白居易의 〈讀張籍古樂府〉에 "尤工樂府詩, 擧代少其倫"이라 함.

4. 韻脚은 支·師·離·旗·時.

✿ 장적(張籍: 786~830)

1. 자는 文昌, 和州 烏江(지금의 安徽 和縣) 사람. 혹 蘇州 사람이라고도 함.
唐 德宗 貞元 15년(799) 진사에 올라 元和 초에 西明寺太祝이 되어 10년 동안
승진을 하지 못하였음. 50세에 이르자 안질이 생겨 고통을 겪기도 함. 孟郊의
소개로 韓愈를 알게 되었으며, 한유의 추천으로 國子博士를 거쳐 水部員
外郎에 오름. 唐 文宗 太和 2년(828)에는 國子司業을 역임하여 그를 張水部,
혹 張司業이라 부름. 《張司業集》8권이 전함. 그의 文集은 《新唐書》(藝文志, 4)에

《張籍詩集》7卷(《崇文總目》도 같음)으로 되어 있으나《郡齋讀書志》에는 5卷, 《直齋書錄解題》에는 3·8·12卷 등의 세 가지 종류가 기록되어 있음.《全唐詩》에는 그의 詩 5卷(382~386)이 편집되어 있으며,《全唐詩續拾》에 詩 1首가 補入되어 있음.《舊唐書》(160)와《新唐書》(176)를 참조할 것.

2.《唐詩紀事》(34)

○ 籍, 字文昌, 和州人. 歷水部外郞, 終主客郞中.

○ 退之〈送東野序〉云:「唐有天下, 陳子昂·蘇源明·元結·李白·杜甫·李觀, 皆以其所能鳴, 其存而在下者. 孟郊東野, 始以其詩鳴. 其高出晉魏, 不懈而及於古, 其他浸淫乎漢氏矣. 從吾遊者, 李翶·張籍其尤也. 三子者之鳴信善矣, 抑不知天將和其聲, 使鳴國家之盛耶? 抑將窮餓其身, 思愁其心腸, 而使自鳴其不幸耶? 三子者之命, 則存乎天矣. 其在上也, 奚以喜; 其在下也, 奚以悲?」

3.《全唐詩》(382)

張籍, 字文昌, 蘇州吳人, 或曰和州烏江人. 貞元十五年登進士第, 授太常寺太祝, 久之. 遷祕書郞, 韓愈薦爲國子博士, 歷水部員外郞·主客郞中. 當時有名士皆與游, 而愈賢重之, 籍爲詩長于樂府, 多警句. 仕終國子司業, 詩集七卷, 今編爲五卷.

4.《唐才子傳》(5) 張籍

籍, 字文昌, 和州, 烏江人也. 貞元十五年, 封孟紳榜及第. 授秘書郞, 歷太祝, 除水部員外郞. 初至長安, 謁韓愈, 一會如平生歡, 才名相許, 論心結契. 愈力薦爲國子博士. 然性狷直, 多所責諷於愈, 愈亦不忌之. 時朝野名士皆與遊, 如王建·賈嶋·于鵠·孟郊諸公集中, 多所贈答, 情愛深厚. 皆別家千里, 遊宦四方, 廋馬羸童, 靑衫烏帽, 故每邂逅於風塵, 必多殷勤之思, 銜盃命素, 又況於同志者乎! 聲調相似, 況味頗同. 公於樂府古風, 與王司馬自成機軸, 絶世獨立. 自李·杜之後, 風雅道喪, 至元和中, 葉元·白謌詩, 爲海内宗匠, 謂之「元和體」, 病格稍振, 無愧洪河砥柱也. 樂天贈詩曰:「張公何爲者? 業文三十春. 尤工樂府詞, 擧代少其倫」仕終國子司業. 有集七卷, 傳於世.

〈八駿圖〉(淸) 郞世寧 臺北故宮博物館 소장

142

〈賦得古原草送別〉 .... 白居易

고원의 풀에서 송별을 읊음

무성하게 피어 있는 들판의 풀들,
일 년에 한 번씩 시들고 다시 피는구나.
들불로 태워도 사라지지 않은 채,
봄바람 불어오면 또다시 피어나지.
멀리 풀꽃은 옛길로 파고드는데,
갠 하늘 비취빛은 풀들이 거친 성에 이어졌네.
다시 또 그대를 보내나니,
무성한 풀들처럼 이별의 정 가득하네.

離離原上草, 一歲一枯榮.
野火燒不盡, 春風吹又生.
遠芳侵古道, 晴翠接荒城.
又送王孫去, 萋萋滿別情.

【賦得】 詩體名. 흔히 應制나 科擧 시험의 제목에 널리 쓰임.
【離離】 풀이 널리 무성하게 퍼져 있음. 歷歷과 같음.《詩經》王風 黍離에
　 '彼黍離離'라 함.

【晴翠】맑게 갠 하늘에 한 조각 비취빛과 같은 풀을 말함.
【王孫】귀공자. 친구, 신분이 높으나 떠도는 자를 말함.《楚辭》招隱士에
"王孫游兮不歸, 春草生兮萋萋"라 함.

참고 및 관련 자료

1. 본 제목은 일부 판본에는 〈草〉로 되어 있음.

2. 唐 張固의《幽閑鼓吹》에 의하면 백거이가 일찍이 과거에 응시하고자
長安에 이르렀을 때, 그의 선배 시인 著作郞 顧況이 그의 이름 '居易'를 보고
"장안은 물가가 비싸니 쉽게(易) 살기(居) 어렵다"
로 하면서 이 시를 보고 감탄을 감추지 못하여
얼른 "이 정도의 시를 지을 수 있을 정도라면
쉽게 거할 수 있지"라 하여 그 이름이 크게 알려
졌다는 고사를 싣고 있음. 한편《唐才子傳》(6)
에도 "居易, 字樂天, 太原下邽人. 弱冠名未振,
觀光上國, 謁顧況. 況, 吳人, 恃才, 少所推可,
因謔之曰:「長安百物皆貴, 居太不易!」及覽詩卷,
至「離離原上草, 一歲一枯榮. 野火燒不盡, 春風
吹又生.」乃歎曰:「有句如此, 居天下亦不難. 老夫
前言戲之爾.」"라 하여 같은 내용이 들어 있음.

白居易(樂天, 文公)《晚笑堂畫傳》

3. 韻脚은 榮·生·城·情.

143

〈旅宿〉 ··· 杜牧

나그네 잠자리

객지의 잠자리라 좋은 벗이 없어,
생각을 모아 스스로 쓸쓸히 지새우네.
차가운 등불 아래 옛일이 생각나고,
외기러기 울음에 근심스런 잠이 놀라네.
멀리 돌아가고픈 꿈은 뒤척이는 새벽까지 내 잠을 침범하고,
집의 편지는 받아본 지 이미 한 해를 넘겼구나.
내 고향 맑은 강 내 낀 달밤이면,
문 앞에 고기잡이배가 매여져 있을 텐데.

旅館無良伴, 凝情自悄然.
寒燈思舊事, 斷雁警愁眠.
遠夢歸侵曉, 家書到隔年.
滄江好煙月, 門繫釣魚船.

【凝情】 감정과 정서를 한 곳으로 모음.
【悄然】 고요함. 적막하고 우울한 모습.

【寒燈】홀로 있어 차갑게 느껴지는 외로운 등불.

【斷雁】무리를 잃은 외기러기.

【滄江】자신의 고향 깨끗한 자연을 말함. 옛 楚 지방의 〈古歌〉에 "滄浪之水 淸兮, 可以 濯吾纓; 滄浪之水濁兮, 可以濯吾足"이라 함.《孟子》(7)와 屈原 〈漁父辭〉 등에 널리 인용되어 있음.

참고 및 관련 자료

1. 여행 중 잠을 이루지 못하고, 고향 생각에 시름 잠긴 심정을 아주 잘 표현한 시로 널리 알려짐.

2. 韻脚은 然·眠·年·船.

❀ 두목(杜牧: 803~852)

1. 자는 牧之. 京兆 萬年(지금의 陝西 長安) 사람으로 유명한 史學者 杜佑의 손자이며 杜荀鶴의 아버지. 26세에 진사에 급제하여 宏文館校書郎에 오름. 뒤에 黃州·睦州·湖州 등의 刺史를 거쳐 司勳員外郎을 역임함. '晚唐의 李杜' 라 할 만큼 뛰어난 시를 많이 남겼으며, 杜甫와 구별하여 小杜라 부름.《樊 川文集》20권이 전하며, 杜牧의 文集은《新唐書》(藝文志, 4)에《樊川集》 20卷이 著錄되어 있고,《郡齋讀書志》와《直齋書錄解題》에는 그 밖에《外

集》1卷이 기록되어 있으며, 北宋 때 田槩가 집록한《樊川別集》1卷이 있음. 한편《全唐 詩》에는 杜牧의 詩를 8卷(520~527)으로 편집 하였으나, 그중에는 다른 사람의 作品이 잘못 들어간 詩가 상당량이 있음.《全唐詩外編》및 《全唐詩續拾》에 詩 9首가 補入되어 있으며 《新唐書》(藝文志, 3)에는 "杜牧注《孫子》三卷" 이 있음. 이는 뒤에 曹操·李筌·杜牧·梅堯臣 등 11명의 注를 합한《十一家注孫子》속에 들어 지금도 전함.《舊唐書》(190, 下)와《新唐書》 (201)에 전이 있음.

杜牧(舍人, 牧之)《晚笑堂畫傳》

2.《唐詩紀事》(56)

李義山作〈杜司勳〉詩云：『高樓風雨歡斯文, 短翼差池不及羣. 刻意傷春復傷別, 人間唯有杜司勳.』又云：『杜牧司勳字牧之, 清秋一首杜秋詩. 前身應是梁江總, 名總還曾字總持. 心鐵已從干鏌利, 鬢絲休嘆雪霜垂. 漢江遠弔西江水, 羊祜韋丹盡有碑.』(時杜撰韋碑)

3.《全唐詩》(520)

杜牧, 字牧之, 京兆萬年人. 太和二年, 擢進士第. 復舉賢良方正, 沈傳師表爲江西團練府巡官. 又爲牛僧孺淮南節度府掌書記, 擢監察御使. 移疾, 分司東都, 以弟顗病棄官. 復爲宣州團練判官, 拜殿中侍御史・內供奉. 累遷左補闕・史館修撰, 改膳部員外郎. 歷黃・池・睦三州刺史, 入爲司勳員外郎. 常兼史職, 改吏部. 復乞爲湖州刺史. 踰年, 拜考功郎中・知制誥, 遷中書舍人卒. 牧剛直有奇節, 不爲齪齪小謹. 敢論列大事, 指陳病利尤切. 其詩情致豪邁, 人號爲小杜, 以別甫云.《樊川詩》四卷,《外集詩》一卷, 今編爲八卷.

4.《唐才子傳》(6) 杜牧

牧, 字牧之, 京兆人也. 善屬文. 太和二年, 韋籌榜進士, 與厲玄同年. 初, 末第, 來東都, 時主司侍郎崔郾, 太學博士吳武陵策蹇進謁曰：「侍郎以峻德偉望, 爲明君選才, 僕敢不薄施塵露. 向偶見文士十數輩, 揚眉抵掌, 其讀一卷文書, 覽之, 乃進士杜牧〈阿房宮賦〉. 其人, 王佐才也.」因出卷, 搢笏朗誦之, 郾大加賞. 曰：「請公與狀頭!」郾曰：「已得人矣.」曰：「不得, 卽請第五人. 更否, 則請以賦見還!」辭容激厲. 郾曰：「諸生多言, 牧疏曠不拘細行, 然敬依所教, 不敢易也.」後又舉賢良方正科. 沈傳師表爲江西團練府巡官. 又爲牛僧孺淮南節度府掌書記. 拜侍御史, 累遷左補闕, 歷黃・池・睦三州刺史, 以考功郎中知制誥, 遷中書舍人. 牧剛直有奇節, 不爲齪齪小謹, 敢論列大事, 指陳利病尤切. 兵法戎機, 平昔盡意. 嘗以從兄悰更歷將相, 而己困躓不振, 怏怏難平. 卒年五十, 臨死自寫墓誌, 多焚所爲文章. 詩情豪邁, 語率驚人. 識者以擬杜甫, 故呼「大杜」・「小杜」以別之. 後人評牧詩：「如銅丸走坂, 駿馬注坡.」謂圓快奮急也. 牧美容姿, 好歌舞, 風情頗張, 不能自遏. 時淮南稱繁盛, 不減京華, 且多名姬絕色, 牧恣心賞, 牛相收街吏報 杜書記平安帖子至盈篋. 後以御史分司洛陽, 時李司徒閒居, 家妓爲當時第一, 宴朝士, 以牧風憲, 不敢邀, 牧因遣諷李使召己, 既至, 曰：「聞有紫雲者 妙歌舞, 孰是?」卽贈詩曰：「華堂今日綺筵開, 誰喚分司御史來. 忽發狂言驚四座, 兩行紅袖一時回.」意氣閒逸, 傍若無人, 座客莫不稱異. 太和末, 往湖州, 目成一女子, 方十餘歲, 約以「十年後

吾來典郡, 當納之.」結以金幣. 泊周墀入相, 上牋乞守湖州, 比至, 已十四年,
前女子從人, 兩抱雛矣. 賦詩曰:「自恨尋芳去較遲, 不須惆悵怨芳時. 如今風
擺花狼藉, 綠葉成陰子滿枝.」此其大概一二. 凡所牽繫, 情見於辭. 別業樊川.
有《樊川集》二十卷, 及註《孫子》, 并傳.

144

〈秋日赴闕題潼關驛樓〉 ·· 許渾
가을에 서울로 가다가 동관 역루에서 짓다

붉은 단풍 한창 늦은 저녁은 쓸쓸한데,
역정의 누각에서 한 잔 술을 마시네.
남은 구름은 태화산으로 돌아가고,
성긴 빗방울 중조산을 지나고 있네.
나무의 색깔은 고향 거리만큼 아스라하고,
강물소리 바다로 들어가며 아득하네.
장안은 내일이면 이를 수 있는 지점,
그래도 오히려 스스로 어초 생활을 꿈꾸네.

紅葉晩蕭蕭, 長亭酒一瓢.
殘雲歸太華, 疏雨過中條.
樹色隨山迥, 河聲入海遙.
帝鄕明日到, 猶自夢漁樵.

【赴闕】 서울로 향함. 궐은 황제가 있는 대궐, 즉 장안을 지칭하는 말로
쓰인 것임.
【潼關】 원래 관문 이름. 지금의 陝西 潼關縣.

【驛樓】 고대 왕래하는 관리나 사신을 위한 客舍의 門樓.

【蕭蕭】 蕭索과 같음. 바람 소리나 분위기, 환경 등의 쓸쓸함을 표현하는 말.

【長亭】 驛亭. 당나라 때는 30리를 1驛으로 하여 亭을 설치함.

【一瓢】 한 잔. 표는 표주박, 호로박. 술잔을 대신하여 쓰는 말.

【太華】 西嶽 華山. 지금의 陝西 潼關縣 서쪽에
있으며, 서남쪽 少華山과 상대하여 太華山
이라고 함.

【中條】 中條山. 雷首山이라고도 하며 동관의
동쪽 지금의 山西省 永濟縣 동남쪽에 있음.
산이 좁고 길며 동쪽은 太行山, 서쪽은 華嶽山
으로 그 사이에 있다하여 中條山이라 부름.

華山《三才圖會》

【帝鄉】 長安. 황제가 거처하는 곳. 동관은 장안의 울타리 역할을 하며 장안
으로부터 2백여 리 떨어져 있어 이틀이면 닿을 수 있는 거리라 표현한 것임.

【漁樵】 고기 잡는 일이나 나무하는 일. 고향의 일상생활을 그리워한 것. 비록
벼슬을 받아 설레는 마음으로 기대를 하지만 고향에 대한 미련은 버릴 수
없음을 말함.

참고 및 관련 자료

1. 이는 許渾이 집에서 潤州司馬로 발령을 받고 부임하기 전 長安의 選官에게
갈 때 지은 것임.

2. 唐末 張爲의 《詩人主客圖》에는 허혼을 "瑰奇美麗"의 시풍으로 분류하였음.

3. 《唐才子傳》에는 "渾樂林泉, 亦慷慨悲歌之士, 登高懷古, 已是壯心. 故其
格調豪麗, 猶强弩初張, 牙淺弦急, 俱無留戀耳"라 함.

4. 韻脚은 蕭·瓢·條·遙·樵.

❀ 허혼(許渾)

1. 자는 仲晦(혹, 用晦), 潤州 丹陽(지금의 江蘇 丹陽) 사람으로 太和 6년
(832)에 진사 급제하여 當塗縣과 太平縣 두 곳의 현령을 지냄. 뒤에 監察
御史를 거쳐 睦州·郢州·刺史를 역임함. 퇴임 후 丁卯澗橋의 촌락에 은거하며

자신의 작품을 정리, 《丁卯集》이라 함.《全唐詩》에는 그의 詩를 11卷(528~538)으로 싣고 있으며,《全唐詩外編》및《全唐詩續拾》에 詩 4首와 斷句 2句가 실려 있음.

2.《唐詩紀事》(56) 및《全唐詩話》(4)

渾, 字用晦, 睦州人, 圉師之後. 大中三年, 任監察御史, 以疾乞東歸, 終郢·睦二州刺史.

3.《全唐詩》(528)

許渾, 字用晦, 丹陽人. 故相圉師之後, 太和六年進士第, 爲當塗·太平二縣令. 以病免, 起潤州司馬. 大中三年, 爲監察御史, 歷虞部員外郞, 睦·郢二州刺史. 潤州有丁卯橋, 渾別墅在焉. 因以名其集, 集二卷, 今編詩十一卷.

4.《唐才子傳》(7) 許渾

渾, 字仲晦, 潤州, 丹陽人. 圉師之後也. 太和六年, 李珪榜進士, 爲當塗·太平二縣令. 少若學勞心, 有淸羸之疾, 至是以伏枕免. 久之, 起爲潤州司馬. 大中三年, 拜監察御史, 歷虞部員外郞, 睦·郢二州刺史. 嘗分司朱方, 買田築室, 後抱病退居丁卯橋, 每邨舍暇日, 綴錄所作, 因以名集. 渾樂林泉, 亦慷慨悲歌之士, 登高懷古, 已見壯心. 故其格調豪麗, 猶强弩初張, 牙淺弦急, 俱無留意耳. 至今慕者極多, 家家自謂得驪龍之照夜也. 早歲嘗遊天台, 仰看瀑布, 旁眺赤城, 辨方廣於非煙, 躡石橋於懸壁, 登陟兼晨, 窮覽幽勝, 朗誦孫綽古賦, 傲然有思歸之想. 志存不朽, 再三信宿, 彷徨不能去. 以王事不果, 有負初心. 後晝夢登山, 有宮闕凌虛, 問, 曰:「此崑崙也.」少頃, 遠見數人方飮, 招渾就坐, 暮而罷. 一佳人出箋求詩, 未成, 夢破. 後吟曰:「曉入瑤臺露氣淸, 庭中惟見許飛璚. 塵心未斷俗綠在, 十里下山空月明.」他日, 復夢至山中, 佳人曰:「子何題余姓名於人間?」遂改爲「天風吹下步虛聲」曰:「善矣.」渾才思翩翩, 仙子所愛, 夢寐求之, 一至於此. 昔子建賦〈洛神〉, 人以徒聞虛語, 以是謂迂誕不信矣. 未幾, 遂卒. 有詩二卷, 今傳.

145

〈早秋〉 ·· 許渾

초가을

긴 밤 맑은 소리 거문고 뜯으니,
푸른 여라에 가을바람 이는구나.
때 늦은 반딧불 이슬에 깃들고,
때 이른 기러기는 은하수를 흔드누나.
높이 솟은 나무는 새벽에 더욱 **빽빽**하고,
먼 산은 날이 개니 더욱 많이 보이누나.
회남에 나뭇잎 떨어지니 이미 가을이요,
동정에 파도 이니 계절 바뀜을 알겠도다.

遙夜泛淸瑟, 西風生翠蘿.

殘螢棲玉露, 早雁拂金河.

高樹曉還密, 遠山晴更多.

淮南一葉下, 白覺洞庭波.

【遙夜】〈古詩〉에 "愁多知夜長"이라 하였고, 魏 曹叡의 〈昭昭素明月〉에 "昭昭
素明月, 暉光燭我牀. 憂人不能寐, 耿耿夜何長!"이라 하여 시간과 공간을 함께
포함하여 표현한 것.

【泛淸瑟】'泛'은 晉〈和聲歌〉에 "黃絲咽素琴, 泛彈弦不斷"이라 하여 연주법을 말함. 唐나라 때 瑟은 25현이었으며, 그 음은 '淸和'하다고 여겼음. 따라서 '맑은 소리 내는 거문고를 연주하다'의 뜻.

【西風生翠蘿】'翠蘿生西風'의 도치구임. '翠蘿'는 靑蘿, 女蘿. 攀援 덩쿨식물의 일종. 여기서는 빽빽한 풀이나 숲을 말함.

【殘螢】이미 여름이 지나 사라질 때이지만, 아직도 몇몇 남아 날고 있는 반딧불을 말함.

【玉露】가을 이슬을 뜻함.

【金河】다른 판본에는 銀河로 되어 있음. 그러나 金은 五行으로 가을을 의미하여 '가을에 더욱 맑게 보이는 은하수'를 표현한 것임.《禮記》月令에 "立秋, 盛德在金"이라 함.

【淮南一葉下】淮水 이남에는 잎이 떨어져 이미 가을이 왔음을 알게 되었음을 말한 것.《淮南子》說山訓에 "以小明大, 見一葉而知歲之將暮"라 하였고, 唐 山僧의 시에 "山僧不解數甲子, 一葉落知天下秋"라 하여 '一葉知秋'를 의미함.

【洞庭波】《楚辭》湘夫人에 "嫋嫋兮秋風, 洞庭波兮木葉下"라 함. 동정에 파도가 일어나며 나뭇잎이 떨어지기 시작하면 가을이 됨을 알 수 있음. 혹 '老煙波'로 표기된 판본도 있음.

참고 및 관련 자료

1. 초가을을 느끼며 읊은 것임.
2. 韻脚은 蘿·河·多·波.

146

〈蟬〉 ··· 李商隱

매미

본래 청고하면 배부르기 어려운 법,
한갓 헛되이 원한의 소리만 허비하네.
오경에 희미한 소리는 곧 끊어질듯,
나무는 푸를 뿐 무정하기만 하구나.
낮은 벼슬이라 도경처럼 둥둥 떠다니기만 할 뿐,
고향의 농토는 황폐하여 이미 평지가 되고 말았구나.
그대의 수고는 나에게 가장 큰 경고이지만,
나 또한 온 집안 다 통틀어 맑게 살고 있단다.

本以高難飽, 徒勞恨費聲.
五更疏欲斷, 一樹碧無情.
薄宦梗猶泛, 故園蕪已平.
煩君最相警, 我亦擧家淸.

【本以高】 매미는 바람과 이슬만 먹고사는 것으로 여겼으며, 이는 《吳越春秋》
夫差內傳에 "夫秋蟬登高樹, 飮淸露"라 하였고, 《初學記》에도 《車服雜志》를
인용하여 "淸高飮露而不食"이라 함.

【五更】 고대 하룻밤을 甲乙丙丁戊 다섯으로 나누었
으며, 五更은 그중 새벽녘에 해당함.

【一樹】 梁 江淹의 〈江上山之賦〉에 "草自然而千花,
樹無情而百色"이라 함.

【梗】 桃梗. 복숭아나무로 만든 인형. 정처 없이 떠돎을
말함. 《戰國策》齊策(3)에 "孟嘗君將入秦, 止者千數
而弗聽. 蘇秦欲止之, 孟嘗曰:「人事者, 吾已盡知之矣;
吾所未聞者, 獨鬼事耳.」蘇秦曰:「臣之來也, 固不敢
言人事也, 固且以鬼事見君.」孟嘗君見之. 謂孟嘗君
曰:「今者臣來, 過於淄上, 有土偶人與桃梗相與語.

李商隱(義山)

桃梗謂土偶人曰:『子, 西岸之土也, 挺子以爲人, 至歲
八月, 降雨下, 淄水至, 則汝殘矣.』土偶曰:『不然. 吾西岸之土也, 土則復西岸耳.
今子, 東國之桃梗也, 刻削子以爲人, 降雨下, 淄水至, 流子而去, 則子漂漂者
將何如耳?』今秦四塞之國, 譬若虎口, 而君入之, 則臣不如君所出矣.」孟嘗君
乃止"라 하였으며 《史記》孟嘗君列傳 및 《說苑》正諫篇에도 실려 있음.

【蕪己平】 陶潛의 〈歸去來辭〉에 "歸去來兮, 田園將蕪胡不歸?"라 함.

【君】 매미를 가리킴. 자신처럼 살지 말도록 경고함을 말함.

[참고 및 관련 자료]

1. 이상은은 당쟁시대에 살아 많은 고초와 정치적 변화를 겪었음. 이에 매미
의 청고함을 빌어 세태를 풍자한 것임.

2. 淸 吳喬의 《圍爐詩話》에 "義山蟬詩, 絶不描寫用古, 誠爲傑作"이라 함.

3. 韻脚은 聲·情·平·淸.

147

〈風雨〉 ··· 李商隱

비바람

처량하다 〈보검편〉이여,

나그네 생활로 떠돌며 또 한 해를 궁하게 마치는구나.

누런 잎이건만 여전히 비바람 몰아치는데,

부잣집 푸른 누각엔 스스로 악기소리 드높구나.

새롭게 사귄 사람을 야박한 세상 풍속을 만나고,

오랜 친구는 그 좋은 인연을 끊어버리네.

이 고통 끊어버리려 신풍주를 찾노니,

근심을 삭이려면 한 말에 몇 천금을 써야 할까!

凄涼寶劍篇, 羈泊欲窮年.

黃葉仍風雨, 靑樓自管絃.

新知遭薄俗, 舊好隔良緣.

心斷新豐酒, 銷愁斗幾千!

【寶劍篇】이는 初唐 장군 郭震(자는 元振)의 시로 〈古劍篇〉이라고도 하며
그 끝에 "何言中路遭棄捐? 零落漂淪古獄邊. 雖復塵埋無所用, 猶能夜夜氣
衝天"이라 함.《新唐書》郭震傳에 "武后知所爲, 召欲詰, 旣與語, 奇之, 索所

爲文章, 上寶劍篇, 后覽嘉歎, 詔示學士"라 함. 여기서는 재주를 가지고도 때를 만나지 못하여 남이 알아주지 않음을 말한 것임.

【羈泊】 나그네 생활에 매이어 떠돌아다님.

【靑樓】 부귀한 사람의 누각을 말함. 혹 妓女의 樓閣을 말함.

【薄俗】 박정한 세상 풍속.

【新豐】 新豐은 지금의 陝西省 臨潼縣 동북. 高祖 7년(B.C.200)에 고조 劉邦이 자신의 아버지를 太上皇으로 모셔왔을 때, 그 아버지가 고향 豐邑 생각에 빠지자 이곳에 고향과 똑같이 새로운 마을을 건설하고 풍읍의 백성들까지 모두 이주시켜 新豐이라 한 것임.《元和郡縣志》에 "漢七年, 高祖以太上皇 思東歸, 於此置縣, 徙豐人以實之, 故曰新豐. 華淸宮在驪山上, 開元十一年初 置溫泉宮, 天寶六年, 改爲華淸宮"이라 함.《西京雜記》(2)에 "太上皇徙長安, 居深宮, 悽愴不樂. 高祖竊因左右問其故, 以平生所好, 皆屠販少年, 酤酒賣餠, 鬪雞蹴踘, 以此爲歡, 今皆無此, 故以不樂. 高祖 乃作新豐, 移諸故人實之, 太上皇乃悅. 故新豐多 無賴, 無衣冠子弟故也. 高祖少時, 常祭枌楡之社. 及移新豐, 亦還立焉. 高帝旣作新豐, 並移舊社, 衢巷棟宇, 物色惟舊. 士女老幼, 相攜路首, 各知 其室. 放犬羊雞鴨於通塗, 亦競識其家. 其匠人 胡寬所營也. 移者皆悅其似而德之, 故競加賞贈, 月餘, 致累百金"이라 함. 한편《三輔舊事》에는 "太上皇不樂關中, 思慕鄕里, 高祖徙豐沛屠兒沽酒 煮餠商人, 立爲新豐"이라 함. 여기서는 고향을 그리워한다는 뜻으로 쓰였음.

李長吉《晩笑堂畫傳》

【酒】 新豐에는 고래로 좋은 술이 나는 곳으로, 王維의 〈少年行〉에 "新豐美酒 斗十千"이라 하였음. 아울러 당나라 초기 명신 馬周가 어린 나이에 떠돌기를 좋아하여 長安으로 가는 길에 新豐에 투숙하였더니 여관 주인이 그를 깔보자, 一斗八升의 술을 마시고 自若한 모습을 보였다 함. 뒤에 그는 中郎將에 올라 다른 사람의 상소문을 대신 써 주는 등 재주를 보여, 唐 太宗이 이를 찾아 監察御史를 시켰으며, 이런 고사로 인해 李賀의 〈致酒 行〉에 "吾聞馬周昔作新豐客, 天荒地老無人識, 空將箋上兩行書, 直犯龍顔請 恩澤"이라는 시를 남겼으며, 이 고사를 원용한 것이 아닌가 함.

【又】 다른 판본에는 '斗'로 되어 있음.

1. 이상은은 어린 나이에 牛僧孺 당의 令狐楚에게 발탁되어 진사에 올랐으나, 그 뒤 그와 반대파였던 李德裕 당에 가담하여 그 당원이었던 王茂元의 딸을 아내로 맞이함. 그러나 令狐楚의 아들 令狐綯가 득세하자, 이상은은 희생되어 많은 고초를 겪게 됨. 따라서 이 시는 이러한 일련의 사정을 묶어 자신의 내심을 토로한 것이라 함.

2. 淸 何焯은 "義山爲宏農尉, 故以元振通泉自比"라 함.

3. 韻脚은 篇·年·絃·緣·千.

148

〈洛花〉 ·· 李商隱

낙화

높은 누각에 마침내 객은 모두 떠나가고,
작은 동산에 떨어지는 꽃만 어지러이 흩날리네.
꽃잎은 이리저리 굽은 길까지 떨어져 이어지고
가물가물 아득히 저녁 빛이 비쳐온다.
안타까움에 창자가 끊어질 듯 차마 쓸지 못하고,
눈은 뚫어지듯 봄 되어 다시 피었으면 바라본다.
꽃다운 마음 다 가는 봄을 향해 있어도,
얻은 것이란 다만 옷깃 적시는 눈물뿐.

高閣客竟去, 小園花亂飛.
參差連曲陌, 迢遞送斜暉.
腸斷未忍掃, 眼穿仍欲歸.
芳心向春盡, 所得是沾衣.

【參差】 가지런하지 못하여 올망졸망한 모습을 표현하는 雙聲連綿語. '참치'로
읽음. 《詩經》 關雎篇에 "參差荇菜, 左右流之. 窈窕淑女, 寤寐求之. 求之不得,
寤寐思服. 悠哉悠哉, 輾轉反側"이라 함.

【迢遞】아득히 먼 모습을 표현하는 역시 雙聲連綿語. '초체'로 읽음.

【斜暉】비긴 볕. 해가 지고 있음을 말함. 夕陽, 薄暮.

【斷腸】창자가 끊어짐.《搜神記》(20)에 "臨川東興, 有人入山, 得猿子, 便將歸. 猿母自後逐至家. 此人縛猿子於庭中樹上, 以示之. 其母便搏頰向人, 若哀乞狀. 直是口不能言耳. 此人旣不能放, 竟擊殺之. 猿母悲喚, 自擲而死. 此人破腸視之, 寸寸斷裂. 未半年, 其家疫死, 滅門"이라 하였고,《世說新語》黜免篇에는 "桓公入蜀, 至三峽中, 部伍中有得猨子者, 其母緣岸哀號, 行百餘里不去; 遂跳上船, 至便卽絶; 破視其腹中, 腸皆寸寸斷. 公聞之, 怒, 命黜其人"라는 고사가 실려 있음.

[참고 및 관련 자료]

1. 이는 詠物詩의 일종이며 떨어지는 꽃을 두고 안타까운 심정을 읊은 것.

2. 淸 何焯은 "一結無限深情, '得'字意外巧妙"라 함.

3. 韻脚은 飛·暉·歸·衣.

149

〈涼思〉 ··· 李商隱

쓸쓸한 생각

손님 떠나자 파도는 난간에 고요한데,
매미 울음 그치자 이슬은 가지에 가득하다.
이러한 절기를 당하여 그대를 그리워하는 마음 끝이 없으니,
난간에 기대어 서니 세월 빠름이 이와 같구나.
서울 장안은 두 해를 두고 멀리 있었고,
남릉 땅에 와 있은 지 돌아갈 날은 지연되네.
하늘 끝에서 자주 꿈을 점쳐보며,
새 친구가 생겼는가 의심하고 오해하네.

客去波平檻, 蟬休露滿枝.
永懷當此節, 倚立自移時.
北斗兼春遠, 南陵寓使遲.
天涯占夢數, 疑誤有新知.

【涼思】 淸凉한 가을밤의 정서를 말함.
【平檻】 난간에 다가오는 파도가 평온함.

【永懷】 영원한 그리움. 그리움의 상대는 장안 권력자를 뜻하는 것으로도 보고 있으나, 그보다는 현실적으로 친구나 가족, 사랑하는 사람으로 보는 편이 합리적일 듯함.

【移時】 시간의 變移가 아주 빠름. 시간이 유수처럼 흐름.

【北斗】 별의 이름. 서울을 말함. 杜甫의 〈秋興〉에 "每倚北斗望京華"라 함.

【兼春】 두 번의 봄. 두 해가 지났음을 말함.

【南陵】 지명. 唐나라 때 宣城郡의 南陵縣. 지금의 安徽 南陵.

【寓使遲】 남쪽으로 임무를 띠고 와서 寓居한 지가 오래됨. 돌아갈 날이 자꾸 지연됨. 당시 이상은은 鹽鐵使 崔鄲의 副官으로 임무를 받아 宣城 일대를 맡아 관리하고 있었음.

【數】 '잦다'의 뜻. '삭'으로 읽음.

【疑誤有新知】 이미 새로운 친구가 있어 나를 잊고 있는 것이라 오해함.

참고 및 관련 자료

1. 이는 작자 이상은이 大中 9년(855) 鹽鐵使 崔鄲의 副官인 鹽鐵推官이 되어 東南쪽 宣城을 순행할 때 지은 것임.

2. 淸 紀昀은 "起四句一氣涌出, 氣格殊高, 尤妙於倒轉下筆, 若換一二作三四, 則平鈍語矣. 五句在可解不可解間, 其妙可思. 結句承寓使遲來, 言家在天涯, 不知留滯之故, 幾疑別有新知也"라 함.

3. '天涯占夢數, 疑誤有新知'에 대하여 兪守眞의 《唐詩三百首詳析》에 "是因思而疑, 因疑而夢, 因夢而占, 因占而誤以爲別有新知, 竟忘我故交"라 함.

4. 韻脚은 枝·時·遲·知.

150

〈北青蘿〉 ··· 李商隱

북청라

남은 볕이 서쪽 엄자산으로 들어가는데,
모옥의 외로운 스님을 찾아가네.
낙엽 지고 있는데 사람은 어디 있는고?
차가운 구름 피어오르는 길 몇 층이던가?
홀로 초저녁에 예불의 경을 치고 나서,
한가로이 등나무 지팡이에 의지하고 서 있네.
이 세상은 작은 티끌 속에 있는 것이라 했으니,
내 어찌 사랑과 미움의 정을 품을 수 있으랴!

殘陽西入崦, 茅屋訪孤僧.

落葉人何在? 寒雲路幾層?

獨敲初夜磬, 閑倚一枝藤.

世界微塵裏, 吾寧愛與憎!

【北青蘿】 지명이 아닌가 함. 河南 濟源縣 서쪽 王屋山에 青蘿齋가 있으며,
浙江 浦江縣에도 青蘿山이 있음. 青蘿山의 북쪽으로 보고 있음. 江淹의
〈江山之山賦〉에 "挂青蘿兮萬仞, 堅丹石兮百重"이라 함.

【崦】崦嵫山. 甘肅 天水市 남쪽에 있으며 고대 전설에 '해가 지면 이 산으로 들어가는 곳'이라 믿었음. 《山海經》 西山經 西次四經 "崦嵫之山"에 郭璞은 "日沒所入山也, 見《離騷》"라 하였고, 《離騷》에는 "望崦嵫而勿迫"이라 하고 王逸의 주에 "崦嵫, 日所入山也. 下有蒙水, 水中有虞淵"이라 함. 《廣韻》에도 "崦, 崦嵫. 山下有虞泉, 日所入"이라 함.

【初夜磬】 고대 五更의 첫 저녁이 시작될 때 치는 磬소리. 여기서는 스님이 초저녁 예불을 드리고 있음을 말함.

【一枝藤】 藤杖. 등나무 줄기로 만든 지팡이.

【世界】 원래 불교 용어로 宇宙를 말함. 시간적으로는 과거, 현재, 미래와 공간적으로 팔방과 상하 모두를 말함.

【微塵】 大千世界가 모두 微塵 속에 있음. 《法華經》에 "譬如有經卷書寫三千大千世界事, 全在微塵中, 時有智人, 破彼微塵, 出此經卷"이라 하였고, 《楞嚴經》에는 "人在世間, 直微塵耳. 何必拘於憎愛而苦此心也?"라 함.

【寧】 '어찌 능히'와 같음.

```
참고 및 관련 자료
```

1. 가을 저녁 낙엽이 질 때 茅屋의 외로운 스님을 찾아간 풍경을 아름답게 읊고 있음.
2. 韻脚은 僧·層·藤·憎.

151

〈送人東游〉 ··· 溫庭筠

동쪽으로 가는 이를 보내면서

황량이 폐허가 된 수자리에 누런 잎 떨어지는데,
가슴을 활짝 열고 그대는 고향을 떠나는구려.
높은 바람은 한양 나루를 불어 건너고,
영문산 위로 아침 해가 솟고 있소.
강가에 그 몇 사람이나 남아 있는가?
하늘 끝에서 외로운 배 한 척만 돌아오는데.
어느 때에나 다시 만나랴?
한 동이 술로 이별의 얼굴을 위로하리라.

荒戍落黃葉, 浩然離故關.

高風漢陽渡, 初日郢門山.

江上幾人在? 天涯孤棹還.

何當重相見? 樽酒慰離顏.

【荒戍】 황량하게 폐허가 된 수자리 보루.
【浩然】 浩然之氣를 뜻함. 《孟子》 公孫丑(上)에 "我知言, 我善養吾浩然之氣"
라 하였고, 公孫丑(下)에는 "夫出晝而王不予追也, 予然後浩然有歸志"라 함.

【漢陽】지금의 湖北 漢陽.

【郢門山】荊門山. 虎牙山과 마주하고 있으며, 지금의 湖北 江陵 부근. 여기
서는 江陵 일대의 여러 산을 함께 말한 것. 그러나 郢은 고대 楚나라 도읍
이며, 郢門山은 강릉 일대의 여러 산을 뜻하는 것이라고도 함.

참고 및 관련 자료

1. 이는 大中 10년(856) 溫庭筠이 隨縣尉(지금의 湖北)로 좌천되었을 때 그
곳에서 지은 것임.

2. 兪陛雲의 《詩境淺說》에 "五言中用地名而兼風景自, 下三字皆實字, 上二字
以風景襯之, 此類甚多. 但上二字須切當有意義, 而非湊合乃佳"라 함.

3. 韻脚은 冠·山·還·顔.

❀ 온정균(溫庭筠: 813?~780?)

1. 晚唐의 詩人 및 詞作家. 자는 飛卿, 본명은 岐. 太原 祁縣(지금의 山西
祁縣) 사람. 재상 溫彦博의 손자이며, 어려서 음악에 심취하여 吳歌와 楚辭를
외웠다 함. 劉禹錫, 李德裕에게 시를 배웠으며, 민간 가요를 채집하여 新詞로
발전시켰음. 벼슬은 만년에 方城尉와 國子助教를
지냈을 뿐임. 그의 文集은 《新唐書》(藝文志, 4)에
본문 그대로 《漢南眞藁》 10권, 《握蘭集》 3권,
《金荃集》 10권, 《詩集》 5권, 《學海》 30권, 《採茶
錄》 1권, 《乾饌子》 1권이 著錄되어 있으나 지금은
대부분 失傳되었음. 《全唐文》에 그의 문장 1권이
있고, 《全唐詩》에 詩가 9권(575~583)으로 編輯
되어 있으며, 그 외 871·891에도 逸詩가 채집되어
있음. 《全唐詩外編》 및 《全唐詩續拾》에 詩 1首,
斷句 6首가 실려 있음. 《舊唐書》(190, 下)와 《新
唐書》(91)에 전이 있음.

溫庭筠 《晚笑堂畫傳》

2. 《唐詩紀事》(14)

○ 庭筠才思艷麗, 工於小賦, 每入試, 押官韻作賦, 凡八叉手而八韻成, 詩號

『溫八叉』. 多爲隣鋪假手, 號曰救數人也. 而士行玷缺, 縉紳薄之. 李義山謂曰:
「近得一聯句韻: 遠比召公, 三十六年宰輔, 未得偶句」溫曰:「何不云近同郭令,
二十四考中書?」宣宗嘗賦詩, 上句有'金步搖', 未能對, 遣未第進士對之. 庭筠
乃以'玉條脫'續之, 宣宗賞焉. 又藥名有白頭翁, 溫以蒼耳子爲對. 他皆類此. 宣宗
愛唱〈菩薩蠻詞〉, 丞相令狐綯假其所撰密進之, 戒令勿洩. 而遽言於人, 由是
疏之. 溫亦有言云:「中書堂內坐將軍, 譏相國無學也」宣宗好微行, 遇於逆旅,
溫不識龍顏, 傲然而詰之曰:「公非長史·司馬之流?」帝曰:「非也」又曰:「得非
六參·簿尉之類?」帝曰:「非也.」謫爲方城尉, 其制詞曰:「孔門以德行爲先,
文章爲末. 爾旣德行無取, 文章何以補焉? 徒負不羈之才, 罕有適時之用, 竟流落
而死.」杜悰自西川除淮海, 庭筠詣韋曲杜氏林亭, 留詩云:『卓氏壚前金線柳,
隋家堤畔錦帆風. 貪為兩地行霖雨, 不見池蓮照水紅.』幽公聞之, 遺絹千疋.
曾於江淮爲親表辱之, 由是改名.

○ 庭筠又改名擧場, 多爲擧人假手. 沈詢知擧, 別施鋪席授庭筠, 不與諸公隣比,
困於場屋, 卒無成而終.

○ 令狐綯曾以故事訪於庭筠, 對曰:「事出南華, 非僻書也.」或冀相公燮理之暇,
時宜覽古」綯益怒, 奏庭筠有才無行, 卒不登第. 庭筠有詩曰:『因知此恨人多積,
悔讀南華第二篇.』

3.《全唐詩》(575)

溫庭筠, 本名岐, 字飛卿, 太原人. 宰相彦博裔孫, 少敏悟, 才思豔麗. 韻格淸拔,
工爲詞章小賦, 與李商隱皆有名. 稱『溫李』, 然行無檢幅, 數擧進士不第. 思神速,
每入試, 押官韻作賦. 凡八叉數而成, 時號『溫八叉』. 徐商鎭襄陽, 署爲巡官,
不得志去. 歸江東, 後商知政事, 頗右之. 欲白用, 會商罷相, 楊收疾之. 貶方城尉,
再遷隋縣尉卒. 集二十八卷, 今編詩爲九卷.

4.《唐才子傳》(8) 溫庭筠

庭筠, 字飛卿, 舊名岐, 幷州人, 宰相彦博之孫也. 少敏悟, 天才雄贍, 能走筆
成萬言. 善鼓琴吹笛, 云:「有絃卽彈, 有孔卽吹, 何必爨桐與柯亭也」側詞豔曲,
與李商隱齊名, 時號「溫李」. 才情綺麗, 尤工律賦. 每試, 押官韻, 燭下未嘗起草,
但籠袖凭几, 每一韻一吟而已, 場中曰「溫八吟」. 又謂八叉手成八韻, 名「溫八叉」.
多爲隣鋪假手. 然薄行無檢幅, 與貴冑裴誠·令狐滈等飲博. 後, 中夜嘗醉訴狹
邪間, 爲邏卒折齒, 訴不得理. 擧進士, 數上又不第. 出入令狐相國書館中, 待遇
甚優. 時宣宗喜歌〈菩薩蠻〉, 綯假其新撰進之, 戒令勿泄, 而遽言於人. 綯又
嘗問玉條脫事, 對以出《南華經》, 且曰:「非僻書, 相公燮理之暇, 亦宜覽古.」

又有言曰:「中書省內坐將軍」譏絢無學, 由是漸疏之. 自傷云:「因知此恨人多積, 悔讀《南華》第二篇」徐商鎮襄陽, 辟巡官, 不得志, 遊江東. 大中末, 山北沈侍郎主文, 特召庭筠試於簾下, 恐其潛救. 是日不樂, 逼暮, 先請出, 仍獻啟千餘言. 詢之, 已占授八人矣. 執政鄙其所爲, 留長安中待. 徐宣宗微行, 遇於傳舍, 庭筠不識, 傲然詰之曰:「公非司馬‧長史之流乎?」又曰:「得非六參‧簿‧尉之類?」帝曰:「非也.」後謫方城尉, 中書舍人裴坦當制, 忸怩含毫久之, 詞曰:「孔門以德行居先, 文章爲末. 爾旣早隨計吏, 宿負雄名, 徒誇不羈之才, 罕有適時之用. 放騷人於湘浦, 移賈誼於長沙, 尙有前席之期, 未爽抽毫之思」庭筠之官, 文士詩人爭賦詩祖餞, 惟紀唐夫擅場, 曰:「鳳凰詔下雖霑命, 鸚鵡才高卻累身.」唐夫舉進士, 有詞名. 庭筠仕終國子助敎. 竟流落而死. 今有《漢南眞藁》十卷, 《握蘭集》三卷, 《金筌集》十卷, 《詩集》五卷, 及《學海》三十卷. 又《採茶錄》一卷, 及著《乾巽子》一卷, 《序》云:「不爵不觥, 非炮非炙, 能說諸心, 庶乎乾巽之義歟?」竝傳於世.

152

⟨灞上秋居⟩ ·· 馬戴

파수 가에서의 가을 생활

파수 언덕에 비바람 멎더니,
저녁 늦게 기러기 떼 자주 보이네.
우수수 떨어지는 잎은 타향의 나무요,
차가운 등불에 외로운 밤 보내는 사람이로다.
텅 빈 뜰엔 흰 이슬 방울져 달리고,
외로운 벽에는 야승이 이웃하고 있다네.
떠돌이 신세 교외에 사립문 걸치고 누워 있은 지 오래,
어느 해에나 임금 위해 내 몸을 바칠 것인가?

灞原風雨定, 晚見雁行頻.
落葉他鄉樹, 寒燈獨夜人.
空園白露滴, 孤壁野僧鄰.
寄臥郊扉久, 何年致此身?

【灞原】灞水 가의 언덕. 파수는 지금의 陝西 藍田縣 동쪽에서 발원하여 渭水로
흘러 들어감.

【雁行】 기러기가 무리지어 남쪽으로 날아감.

【寄臥】 羈旅의 몸으로 타향에서 臥病, 혹은 隱居함을 뜻함.

【致此身】 이 몸을 바쳐 임금에게 충성을 다함. 杜甫의 〈奉贈韋左丞丈
　二十二韻〉에 "致君堯舜上, 再使風俗淳"이라 함.

【何年】 일부 판본에는 '何門'으로 되어 있음.

　　┌─────────────┐
　　│ 참고 및 관련 자료 │
　　└─────────────┘

1. 이 시는 會昌 4년(844) 마대가 진사에 급제하기 전 長安의 灞上에 살 때
지은 것임.

2. 韻脚은 頻·人·鄰·身.

❀ 마대(馬戴)

1. 자는 虞臣, 華州(지금의 陝西 華陰縣) 사람으로 會昌 4년 진사에 급제
하여 咸通 말년에 大同軍幕에 일을 보며 賈島, 許棠과 교유함. 집이 가난하여
농사를 함께 짓기도 하였으며 청정한 품격을 지켰음. 뒤에 太上博士에 오름.
《新唐書》(藝文志, 4)에 시집이 著錄되어 있으며 《全唐詩》에는 詩 2卷
(555·556)이 편집되어 있고, 《唐詩紀事》(卷54) 및 《全唐詩話》(卷4)에 관련
기록이 실려 있음.

2. 《唐詩紀事》(54)

《金華子》云: 戴大中初掌書記於太原李司空幕, 以正言被斥, 貶龍陽尉. 行道
興詠以自傷. 其〈方城懷古〉云:『申胥任向秦庭哭, 靳尙終貽楚國羞.』〈新春聞敕〉
云:『道在猜讒息, 仁深疾苦除, 堯聰能下聽, 湯網本來疎.』

3. 《全唐詩》(555)

馬戴, 字虞臣. 會昌四年進士第, 宣宗大中初, 太原李司空辟掌書記, 以此言被
斥爲龍陽尉. 懿宗咸通末, 佐大同軍幕, 終太學博士. 詩集一卷, 今編二卷.

4. 《唐才子傳》(7) 馬戴

戴, 字虞臣, 華州人. 會昌四年, 左僕射王起下進士, 與項斯·趙嘏同榜, 俱有盛名.
初, 應辟佐大同軍幕府, 與賈嶋·許棠唱答. 苦家貧, 爲祿代耕, 歲廩殊薄, 然終

日吟事, 清虛自如.〈秋思〉一絶云:「萬木秋霖後, 孤山夕照餘. 田園無歲計, 寒近憶樵漁.」調率如此. 後遷國子博士, 卒.

○ 戴詩壯麗, 居晚唐諸公之上, 優游不迫, 沈著痛快, 兩不相傷, 佳作也. 早耽幽趣, 旣鄕里當名山, 秦川一望, 黃埃赤日, 增起凌雲之操. 結茅堂玉女洗頭盆下, 軒窗甚僻, 對懸瀑三十仞, 往還多隱人. 誰謂白頭從宦, 俸不醫貧, 徒興猿鶴之誚, 不能無也? 有詩一卷, 今傳.

153

〈楚江懷古〉 ··· 馬戴

초강에서의 회고

이슬 기운엔 차가운 빛이 모여 반짝이고,
저녁 희미한 빛은 초산 언덕을 타고 내려오네.
원숭이는 동정호의 나무에서 울고,
사람은 목란주에 타고 있구나.
드넓은 못에는 밝은 달이 떠오르고,
푸른 산엔 어지러운 시냇물이 끼어 있네.
구름의 신이 보이지 않으니,
온 밤 스스로 가을을 슬퍼하도다.

露氣寒光集, 微陽下楚丘.
猿啼洞庭樹, 人在木蘭舟.
廣澤生明月, 蒼山夾亂流.
雲中君不見, 竟夕自悲秋.

【楚江】 고대 초나라 지역이었던 곳이어서 이렇게 부른 것. 龍陽은 沅水에
가까움.

【微陽】석양의 희미한 광채.

【洞庭】동정호. 龍陽의 동쪽에 위치함.

【木蘭舟】木蘭나무를 사용하여 만든 배로 나무 향과 깨끗함을 상징함.《楚辭》九歌 湘君에 "桂棹兮蘭枻, 斲冰兮積雪"이라 하였고,《述異記》에는 "木蘭洲在潯陽江中, 多木蘭樹. 七里洲中有魯班刻木蘭爲舟. 舟至今在洲中. 詩人云木蘭舟出於此"라 함.

【雲中君】구름 神.《幼學瓊林》에 "雲師系是豐隆, 雪神乃是滕六"이라 하여 구체적인 이름은 豐隆임(《離騷》王逸 주 참조).《楚辭》九歌 雲中君에 "靈皇皇兮旣降, 猋遠擧兮雲中. 思夫君兮太息, 極勞心兮懺懺"이라 함.

> ### 참고 및 관련 자료

1. 마대는 文宗 大中 연간에 朗州 龍陽尉로 좌천된 적이 있으며, 그곳은 洞庭湖에 가까워 이때 지은 것으로 보임.

2. 明 楊愼의 《升庵詩話》에 "馬戴薊門(楚江)懷古, 雅有古調, 至如「猿啼洞庭樹, 人在木蘭舟」. 雖柳吳興無以過也. 晚唐有此, 亦稀聲乎?"라 함.

3. 宋 嚴羽의 《滄浪詩話》에는 "馬戴在晚唐諸人之上"이라 함.

4. 韻脚은 丘·舟·流·秋.

154

〈書邊事〉 ··· 張喬

변방 사건을 기록함

군중의 호각 소리 맑은 가을에 끊어지고,
원정 온 군사들 수루에 기대어 섰네.
봄바람은 왕소군의 청총을 마주하고,
한낮 밝은 해는 양주에 떨어지누나.
드넓은 사막에 전쟁으로 막히는 일이 없어,
궁벽한 변방임에도 유람객이 있구나.
토번의 정세도 이 물과 같아서,
길이 남으로 흘러 귀순해 오기를.

調角斷清秋, 征人倚戍樓.
春風對靑塚, 白日落梁州.
大漠無兵阻, 窮邊有客游.
蕃情似此水, 長願向南流.

【書邊事】懿宗 咸通 4년(863)부터 廣明 원년(880) 張義潮가 吐蕃에게 점령
당했던 河湟의 여러 주를 수복한 사건을 기록한 것임.
【調角】군중에서 신호용으로 부는 호각.

【戍樓】 변경 戍자리를 지키며 경계하는 鼓樓.

【王昭君】 王嬙. 지금의 湖北 秭歸縣 동쪽 40리 長江 三峽 근처에 출생유지가 있음. 晉나라 때 司馬昭의 이름 ‘昭’자를 피하여 明君이라 불렀음. 漢나라 元帝 때의 宮人으로, 畫工 毛延壽가 고의로 醜하게 그려 임금의 사랑을 받지 못하였으며, 도리어 漢 元帝 竟寧 元年(B.C.33), 흉노의 호한야선우(呼韓邪單于)가 漢나라 宮女를 요구하여 자신의 연지(閼氏, 왕비)를 삼고자 함에 王昭君을 주어 화친을 맺기로 약속하였음. 그가 떠날 때 元帝가 불러보고 그녀의 美色을 그제야 알아차리고 모연수를 斬首하였음. 왕소군은 흉노로 보내져서 寧胡閼氏가 되었고, 호한야선우가 죽자 그 아들 株㮈若鞮單于가 다시 왕소군을 아내로 삼아 딸 둘을 낳음. 왕소군은 죽은 후 흉노 땅에 묻혔다. 그는 한나라를 그리워하여 “胡地無花草, 春來不似春”(唐 東方虯의 〈昭君怨〉(明妃曲))의 구절을 낳기도 하였음. 뒤에 역대 문인들은 王昭君을 두고 많은 작품을 썼으며, 특히 원곡 《漢宮秋》는 이 고사를 바탕으로 이루어진 것으로 원극 최고의 작품으로 알려져 있음. 《漢書》 元帝紀, 匈奴傳 및 《太平廣記》(210), 《西京雜記》(2), 《歷代名畫記》 등에 널리 그의 고사가 전함.

【青冢】 王昭君의 墓. 변방 풀은 모두 제대로 자라지 않아 白草인데, 오직 王昭君의 묘는 유독 푸르렀다 하여 ‘靑冢’이라 부름. 지금의 內蒙古 후허호트(呼和浩特) 市 남쪽에 있음. 《歸州圖經》에 “王昭君冢草獨靑, 號曰靑冢” 이라 함.

【梁州】 옛날 九州의 하나. 陝西·甘肅·寧夏 일대. 그러나 涼州의 오기가 아닌가 함. 지금의 甘肅省 武威·酒泉·張掖·敦煌 일대. 여기서는 변방을 의미하는 말로 쓰였음.

【蕃】 吐蕃. 지금의 티베트. 藏族으로 河湟의 여러 주는 代宗 寶應 연간으로부터 懿宗 大中 연간까지 70~80년간 이곳을 점거하였음.

【似此水】 涼州 일대에는 馬城河 등 黃河 지류가 있으며 ‘이들이 남으로 흘러 황하에 합류하듯이 토번인들이 조정에 귀순하기를 바라다’의 뜻임.

참고 및 관련 자료

1. 河西의 일대가 吐蕃에 점령당하자, 張義潮가 분연히 일어나 沙州를 수복하고 아울러 瓜州, 伊州, 西州 등 11州를 되찾아 조정에 바침. 이에 조정에서는 그를 義軍節度使에 임명하였음. 이에 張喬가 이 사실 등을 기록한 것임.

2. 兪陛雲의 《詩境淺說》에는 "此詩高視闊步而出, 一氣直書, 而仍頓挫, 亦高格之一也"라 함.

3. 韻脚은 秋·樓·州·游·流.

❀ 장교(張喬)

1. 池州(지금의 安徽 貴池縣) 사람으로 懿宗 咸通 연간에 진사에 올랐으나 黃巢의 난이 일어나자 九華山에 은거함. 苦學으로 시를 배워 당시 東南에 才子들이었던 許棠, 喩坦之, 劇燕, 吳罕, 任濤, 周繇, 張蠙, 鄭谷, 李棲遠 등과 함께 '十哲'로 불렸음. 《新唐書》(藝文志, 4)·《宋史》(藝文志, 7)에 《詩集》 2卷이 著錄되어 있으며 《全唐詩》에 詩 2卷(638·639)이 실려 있고, 《全唐詩外編》에 詩 1首가 補入되어 있음.

2. 《唐詩紀事》(70)

○ 喬, 池州人, 有詩名. 咸通中, 與許棠·兪坦之·劇燕·任濤·吳宰·張蠙·周繇·鄭谷·李栖遠·溫憲·李昌符謂之『十哲』. (『十哲』而十二人.)

○ 喬與兪坦之受知許下薛尙書能, 許棠首薦, 能以詩啥二子曰:『何事盡參差, 惜哉吾子詩. 日令銷此道, 天亦負明時. 有路當重振, 無門卽不知. 何當見堯日, 相與啜澆漓.』

○ 咸通中, 京兆府解, 試〈月中桂〉詩, 喬擅場. 云:『與月轉洪濛, 扶疏萬古同. 根非生下土, 葉不墜秋風. 每以圓時足, 還隨缺處空. 影高羣木外, 香滿一輪中. 未種丹霄日, 應虛白冤宮. 如何當羽化, 細得問神功.』其年李建州頻主試, 以許棠老於場屋, 以爲首薦. 未幾, 巢寇爲亂, 遂與伍喬之徒隱九華.

3. 《全唐詩》(638)

張喬, 池州人. 咸通中進士, 黃巢之亂, 罷擧, 隱九華, 詩二卷.

4. 《唐才子傳》(10) 張喬

喬, 隱居九華山, 池州人也. 有高致, 十年不窺園以苦學. 詩句淸雅, 逈少其倫. 當時東南多才子, 如許棠·喩坦之·劇燕·吳罕·任濤·周繇·張蠙·鄭谷·李栖遠 與喬, 亦稱「十哲」, 俱以韻律馳聲. 大順中, 京兆府解試, 李參軍頻時主文, 試 〈月中桂〉詩, 喬云:「根非生下土, 葉不墜秋風」遂擅場. 其年頻以許棠久困場屋, 以爲首薦. 喬與喩坦之復受許下薛尙書知, 欲表於朝, 以他, 不果. 竟岨峿名途, 徒得一進耳. 有詩集二卷, 傳世.

155

〈除夜有懷〉 ··· 崔塗

제야의 회포

가물가물 삼파로 가는 길,
떠도는 나그네는 만리 밖의 몸일세.
어지러이 널린 산 잔설 가득한 밤,
외로이 타향에서 떠도는 사람.
골육과는 점점 멀어지고,
도리어 동복과 친해지고 있네.
어찌 견디리? 이 떠돌이 생활,
내일이면 새해가 밝아오는데.

迢遞三巴路, 羈危萬里身.
亂山殘雪夜, 孤獨異鄉人.
漸與骨肉遠, 轉於僮僕親.
那堪正飄泊, 明日歲華新.

【巴山】 三巴, 즉 巴郡(四川 巴縣, 忠縣 일대), 巴東(四川 雲陽, 奉節 일대), 巴西
(四川 閬中縣) 지역의 산들. 지금의 湖北 북부와 重慶 및 四川 동부 일대.
三峽이 있음.

【迢遞】'초체'로 읽으며 아득함을 표현하는 雙聲連綿語.

【羈危】객지의 나그네 생활에 매여 늘 삶이 위태롭고 안전하지 못함을 말함.

【殘雪夜】일부 다른 판본에는 '殘雪後'로 되어 있음.

【異鄕人】다른 판본에는 '異鄕春'으로 되어 있음.

【僮僕】자신의 시중을 드는 어린 종. 王維의 〈宿鄭州詩〉에 "孤客親僮僕"
이라 함.

【那堪】'어찌 감당하리오?'의 뜻. '那'는 '哪'와 같으며 疑問副詞.

【歲華】새해가 됨.

╭───────────────╮
│ 참고 및 관련 자료 │
╰───────────────╯

1. 다른 책에는 제목이 〈巴山道中除夜有懷〉로 되어 있음.

2. 이 시는 혹 孟浩然의 작으로 알려져 있으나 이는 잘못임. 崔塗는 僖宗 中和
원년(881) 가을 黃巢의 난을 피하여 蜀으로 들어갔다가 4년(884)에 그곳을
떠났으며, 그때 지은 것임.

3. 韻脚은 身·人·親·新.

🌸 **최도**(崔塗)

1. 자는 禮山, 江南 사람으로 光啓 4년(888)에 진사에 올랐음. 늙도록 외지를
떠돌았으며, 특히 巴蜀 지역에 오래 있었음. 늙어 龍山에 머물며 고향에 대한
그리움을 노래한 시를 많이 남김. 《新唐書》(藝文志, 4)에 詩 1卷이 著錄되어
있으며, 《全唐詩》(卷679)에 詩 1卷이 편집되어 있음.

2. 《唐詩紀事》(61)
塗, 字禮山, 光啓進士也.

3. 《全唐詩》(679)
崔塗, 字禮山, 江南人. 光啓四年, 登進士第. 詩一卷.

4. 《唐才子傳》(9) 崔塗
塗, 字禮山. 光啓四年, 鄭貽矩榜進士及第. 工詩, 深造理窟, 端能竦動人意, 寫景
狀懷, 往往宣陶肺腑. 亦窮年羈旅, 壯歲上巴蜀, 老大遊隴山. 家寄江南, 每多
離怨之作. 警策如:「流年川暗度, 往事月空明.」〈巫娥〉云:「江山非舊主, 雲雨

是前身.」又如:「病知新事少, 老別故交難.」〈孤雁〉云:「渚雲低暗度, 關月冷相隨.」〈山寺〉云:「夕陽高鳥過, 疏雨一鐘殘.」又:「谷樹雲埋老, 僧窗瀑照寒.」〈鸚鵡洲〉云:「曹瞞尙不能容物, 黃祖何因解愛才.」〈春夕〉云:「蝴蝶夢中家萬里, 杜鵑枝上月三更.」〈隴上〉云:「三聲戍角邊城暮, 萬里歸心塞草春.」〈過峽〉云:「五千里外三年客, 十二峰前一望秋.」等聯, 作者於此斂衽. 意味俱遠, 大名不虛. 有詩一卷, 今傳.

156

⟨孤雁⟩ ·· 崔塗

외기러기

몇 행렬 모두 변새 밖으로 다 날아갔는데,
외로운 그림자 홀로 어디로 가고 있나?
저녁 비에 서로 부르다 무리를 잃고,
차가운 못에 홀로 내려앉으려다 늦고 말았으리.
모래톱 구름 낮은 곳을 어둠 속에 건넜으나,
관새의 달은 차갑게 너를 따라가는구나.
화살은 만날 위험이 반드시 있는 것은 아니지만,
홀로 날아가니 스스로 늘 경계하려무나!

幾行歸塞盡, 片影獨何之?
暮雨相呼失, 寒塘欲下遲.
渚雲低暗渡, 關月冷相隨.
未必逢矰繳, 孤飛自可疑!

【孤雁】 무리를 잃고 홀로 날고 있는 기러기.
【塞盡】 변새 밖으로 모두 날아가고 없음. 혹 '去盡'으로 된 기록도 있음. 봄이
되어 북쪽으로 날아가는 기러기를 가리킴.

【片影】한 마리의 외로운 기러기의 그림자. 혹 '念爾'로 된 기록도 있음.

【遲】느리게 날며 배회함.

【矰繳】새 잡는 기구. 화살에 실을 매어 새 잡는 방법. 기러기는 이를 피하기 위하여 갈대 잎을 부리에 물고 난다 함.《淮南子》에 "雁銜蘆而飛, 以避矰繳" 이라 함.

【疑】그 앞길이 어떨지 측량하기 어려우니 경계심과 의심을 잃지 않도록 당부함을 뜻함.

참고 및 관련 자료

1. 역시 巴蜀을 떠돌 때 지은 것으로,《全唐詩》에 같은 제목의〈孤雁〉제1수 "湘浦離應晚, 邊城去已孤. 如何萬里計? 只在一枝蘆. 迥起波搖楚, 寒棲月映蒲. 不知天畔侶, 何處下平蕪"가 실려 있음.

2. 한편《全唐詩》에는 "幾行歸去盡, 片影獨何之? 暮雨相呼失, 寒塘獨下遲. 渚雲低暗度, 關月冷遙隨. 未必逢矰繳, 孤飛自可疑"라 하여 글자의 표기에 차이가 있음.

3. 韻脚은 之·遲·隨·疑.

157

〈春宮怨〉 ·· 杜荀鶴

봄날 궁궐의 원망

일찍이 아리따움으로 인해 일생을 그르쳐,
화장을 하려 해도 거울 앞에서는 게을러지네.
은총을 입는다는 것은 미모에 있지 않으니,
이 첩으로 하여금 누구를 위해 얼굴을 꾸미라는 것인가?
봄바람 따뜻해지니 새소리 뒤섞여 자지러지고,
해가 높아지니 꽃 그림자도 짙어지네.
해마다 처녀들과 약야계에서 서시를 흉내내며,
부용을 함께 따던 그 시절 그리워 떠올리네.

早被嬋娟誤, 欲妝臨鏡慵.
承恩不在貌, 敎妾若爲容?
風暖鳥聲碎, 日高花影重.
年年越溪女, 相憶采芙蓉.

【嬋娟】 아름다운 모습을 표현하는 疊韻連綿語.
【慵】 게으로고 흐트러짐을 말함. 교태다움으로 인한 게으름.
【若爲容】 '누구를 위해 용모를 꾸미는가'의 뜻.《詩經》衛風 伯兮에 "豈無

膏沐, 誰適爲容?"이라 함.

【越溪女】越溪는 若耶溪이며, 지금의 浙江 紹興 일대를 말함.《方輿覽勝》에
"若耶溪, 一名越溪, 西施采蓮於此"라 하여 西施가 若耶溪에서 연꽃을 따던
모습을 뜻함. 王維의 〈西施詠〉에도 "朝爲越溪女, 暮作吳宮妃"라 함.

【芙蓉】西施가 若耶溪에서 따던 연꽃. 실제 연꽃과 부용은 다른 것이지만
唐詩에서는 흔히 부용을 연꽃으로 간주함.

참고 및 관련 자료

1. 봄날 궁궐에서 사랑의 한을 품은 여인들을 대신하여 쓴 宮怨詩.

2. 元 方回의 《瀛奎律髓》에 "譬之事君而不遇者, 初亦恃才, 而卒爲才召誤, 愈欲
自衒, 而愈不見知. 蓋寵不在貌, 則難乎其容矣. 女爲悅己者容是也. 風景如此,
不思從平生貧賤之交, 可乎?"라 함.

3. 紀昀은 "前四句微覺太露, 然晚唐詩又別作一格論, 結句妙於對面落筆, 便有
多少微婉"이라 함.

4. 《才調集補注》에는 黙庵의 평을 인용하여 "奇妙在落句, 得力在頷聯"이라 함.

5. 韻脚은 慵·容·重·蓉.

❀ 두순학(杜荀鶴: 856~907)

1. 晚唐 唐末의 시인. 자는 彦之. 池州 석태(石埭, 지금의 安徽 石埭縣)에서
두목의 첩의 아들로 태어났음. 출신이 미천하여 매우 늦은 나이인 昭宗
大順 2년(891)에 겨우 진사에 급제하여 田頵의 막하에 들어갔다가 後梁
太祖 朱溫(朱全忠)이 당나라를 찬탈하고 칭제하자(907), 그로부터 翰林學士
벼슬을 받았으나 닷새 만에 죽고 말았음.《唐風集》이 전하며 《舊五代史》
(24)에 전이 실려 있음. 그의 文集은 지금도 宋蜀本 《杜荀鶴文集》 3卷이
전하며 《全唐詩》에는 그의 詩를 3卷(691~693)으로 편집하였고,《全唐詩
續拾》에 詩 4首, 斷句 6句가 실려 있음.

2. 《唐詩紀事》(65)

○ 荀鶴有詩名, 號『九華山人』. 大順初擢第, 授翰林學士, 主客外郎·知制誥.
序其文爲《唐風集》. 或曰荀鶴, 牧之微子也. 牧之會昌末自齊安移守秋浦, 時年

四十四, 所謂『使君四十四, 兩佩左銅魚』者也. 時妾有娠, 出嫁長林鄉正杜筠,
而生荀鶴. 擢第年四十六矣.

○ 荀鶴初謁梁王朱全忠, 雨作而天無行雲. 梁曰:「此謂天泣, 知何祥? 請先
作無雲雨詩.」乃賦曰:『同是乾坤事不同, 雨絲飛洒日輪中. 若教陰翳都相似,
爭表梁王造化功!』梁悅之.

3.《全唐詩》(691)

杜荀鶴, 字彥之, 池州人. 有詩名, 自號『九華山人』. 大順二年, 第一人擢第,
復還舊山. 宣州田頵遣至汴通好, 朱全忠厚遇之. 表授翰林學士, 主客員外郎·
知制誥. 恃勢侮易縉紳, 衆怒, 欲殺之而未及. 天祐初卒, 自序其文爲《唐風集》
十卷, 今編詩三卷.

4.《唐才子傳》(9) 杜荀鶴

荀鶴, 字彥之, 牧之微子也. 牧會昌末, 自齊安移守秋浦時, 妾有娠, 出嫁長林
鄉正杜筠, 生荀鶴. 早得詩名, 嘗謁梁王朱全忠, 與之坐, 忽無雲而雨, 王以爲
天泣, 不祥, 命作詩, 稱意, 王喜之. 荀鶴寒畯, 連敗文場, 甚苦, 至是, 遣送名
春官, 大順二年, 裴贄侍郎下第八人登科, 正月十日放榜, 正荀鶴生朝也. 王希
羽獻詩曰:「金榜曉懸生世日, 玉書潛記上昇時. 九華山色高千尺, 未必高於
第八枝.」荀鶴居九華, 號「九華山人」. 張曙拾遺亦工詩, 又同年, 嘗醉謔曰:
「杜十五大榮, 而得與曙同年.」荀鶴曰:「是公榮. 天下只知有荀鶴, 若箇知有張
五十郎耶?」各大笑而罷. 宣州田頵甚重之, 常致箋問梁王, 立薦爲翰林學士,
遷主客員外郎. 頗恃勢侮慢縉紳, 爲文多主箴刺, 衆怒欲殺之, 未得. 天祐元年,
卒. 荀鶴苦唫, 平生所志不遂, 晚始成名, 況丁亂世, 殊多憂惋思慮之語. 於一
觴一詠, 變俗爲雅, 極事物之情, 足邱壑之趣, 非易能及者也. 與太常博士顧雲
初隱一山, 登第之明年, 寧親相會. 雲撰集其詩三百餘篇, 爲《唐風集》三卷,
且序以爲:「壯語大言, 則決起逸發, 可以左攬工部袂, 右拍翰林肩, 吞賈·喩
八九於胸中, 曾不芥蒂, 或情發乎中, 則極思冥搜, 神遊希夷, 形兀枯木, 五聲勞
於呼吸, 萬象貧於抉剔, 信詩家之雄傑者矣.」荀鶴嗜酒, 善彈琴, 風情雅度,
千載猶可想望也.

158

〈章臺夜思〉 ⋯⋯⋯⋯⋯⋯⋯⋯⋯⋯⋯⋯⋯⋯⋯⋯⋯ 韋莊

장대에서의 밤

맑은 비파 소리 긴 밤을 원망하고,
감기어진 비파 줄은 비바람에 애절하다.
외로운 등불에 초나라 호각 소리 들리는데,
새벽달은 장대 아래로 넘어간다.
꽃다운 풀들 이미 시들어가건만,
그리운 사람은 아직도 오지 않네.
집으로 보낼 편지 부칠 수가 없는데,
가을 기러기 또다시 이 남쪽으로 날아오네.

淸瑟怨遙夜, 繞弦風雨哀.
孤燈聞楚角, 殘月下章臺.
芳草已云暮, 故人殊未來.
鄕書不可寄, 秋雁又南廻.

【章臺】전국시대 秦나라 궁궐 안에 있던 누대. 지금의 陝西 長安 옛 성
서남쪽에 있음. 秦王이 藺相如를 만났던 곳임. 그러나 다른 해석에는 楚나라

靈王의 行宮인 章華臺를 가리키는 것으로 보았음. 지금의 湖北 潛江의 옛 華容城에 있음. 본문 '楚角'으로 보아 章華臺가 맞을 것으로 봄.

【淸瑟】唐나라 때 瑟은 25현이었으며, 그 음은 '淸和'하다고 여겼음. 따라서 '맑은 소리 내는 瑟을 연주하다'의 뜻.

【遙夜】〈古詩〉에 "愁多知夜長"이라 하였고, 魏 曹叡의 〈昭昭素明月〉에 "昭昭 素明月, 暉光燭我牀. 憂人不能寐, 耿耿夜何長!"이라 하여 시간과 공간을 함께 포함하여 표현한 것.

【云暮】세월이 이미 늦었음. 세월이 이미 가 버렸음.

【殊】語氣辭. 대략 '마침내, 그래도'의 뜻임.

【鄕書】집으로 보낼 편지. 韋莊의 집은 京兆 杜陵(지금의 陝西 西安 동남쪽) 이었음.

참고 및 관련 자료

1. 멀리 고향을 떠나 章臺에서 밤을 보내며 旅愁를 읊은 것임.

2. 明 陸時雍의 《詩境淺說》에 "五律中有高唱入雲, 風華掩映而意不多者. 韋詩 其上選也. 前半首借淸瑟以寫懷, 泠泠二十五弦, 每一發聲, 若凄風苦雨繞弦雜 沓而來, 況殘月孤燈? 蓋以角聲悲奏, 楚江行客, 其何以堪勝! 誦此四句, 如聞 雍門之琴·桓伊之笛也. 下半首言草木變衰, 所思不見, 雁行空過, 天遠書沉, 與李白'鴻雁幾時到, 江湖秋水多'相似, 皆一片空靈, 含情無際. 初學宜知此 詩之佳處, 前半在神韻悠長, 後半在筆勢老健, 如筆力尙弱而强學之, 則寬廓 無當矣"라 함.

3. 淸 王士禎의 《帶經堂詩話》에는 "律詩貴工於發端, 承接二句尤貴得勢, …… '錦瑟怨遙夜'下云'孤燈聞楚角, 殘月下章臺', 此皆轉石萬仞手也"라 함.

4. 明 鍾惺과 譚元春은 그의 풍격을 "悲豔動人, 苦調柔情"이라 함.

5. 淸 管世銘의 《讀雪山房唐詩序例》에는 "溫庭筠'古戍落黃葉', 劉綺莊'桂楫 木蘭舟', 韋莊'淸瑟怨遙夜', 便覺去開·寶不遠. 可見文章雖限於時代, 豪傑之士, 終不爲風氣所囿也"라 함.

6. 韻脚은 哀·臺·來·廻.

🏵 위장(韋莊: 851~909)

1. 唐末五代 초의 시인. 자는 端己, 長安 杜陵 사람. 재상 韋見素의 후손이며, 10세 때 白居易의 고향 下邽로 이사를 하여 香山(白居易)의 시를 매우 앙모하여 그 영향을 받음. 30세에 과거에 응시하였으나 낙방하고 곧바로 黃巢의 난을 만나기도 하였음. 뒤에 洛陽으로 옮겼으나 中和 3년(883) 난을 피해 江南을 유랑하였음. 乾寧 원년(894) 44세에 겨우 진사에 급제하여 校書郎에 올라 四川으로 사명을 받고 갔다가, 그곳에서 王建의 幕下에 들어가 掌書記가 되기도 함. 朱溫(朱全忠, 後梁 高祖)이 唐을 찬탈하자, 王建에게 칭제할 것을 권유하여 前蜀(907~925)을 세우는데 공신이 되어 재상에 오름. 《浣花集》을 남겼으며, 만년에 禪門에 들어 맑은 생활을 하였음. 《蜀檮杌》(卷下)에는 韋莊의 《浣花集》 20卷이라 하였고, 《郡齋讀書志》에는 5卷이라 하였음. 지금 전하는 것은 《浣花集》 10卷, 《補遺》 1卷이 있음. 《又玄集》 3卷은 지금도 전하며, 상권에는 杜甫와 王維 등 52名, 중권에는 杜牧 등 37名, 하권은 馬載 등 53名, 모두 142名의 詩를 모은 것임. 그의 시는 《全唐詩》에 6卷(695~700)이 전하며 《全唐詩外編》에 詩 2首가 補入되어 있음.

2. 《唐詩紀事》(68)

○ 莊, 字端己, 杜陵人, 見素之後. 曾祖小微, 宣宗中書舍人. 莊疎曠不拘小節, 李詢爲兩川宣諭和協使, 辟爲判官, 以中原多故, 潛欲依王建, 建辟爲掌書記. 尋召爲起居舍人, 建表留之. 後相建爲僞平章事.

○ 莊應擧時, 遇巢寇犯闕, 著〈秦婦吟〉一篇, 內一聯云: 『內庫燒爲錦繡灰, 天街踏盡公卿骨.』 爾後公卿多垂訝, 莊乃諱之. 時人號『秦婦吟秀才』. 又有『帝子夢魂煙水闊, 謝公詩思碧雲低.』 最爲警策. 至若〈閑臥〉詩云: 『誰知閑臥意, 非病亦不眠.』 又『手從彫扇落, 頭任漉巾偏.』 識者知其不祥. 後誦子美詩: 『白沙翠竹江村暮, 相送柴門月色新.』 吟諷不輟, 是歲卒於花林坊, 葬於白沙.

○ 莊集詩人一百五十人, 得詩三百章, 爲《又玄集》. 序云:「此蓋詩中鼓吹, 名下笙簧. 擊嶰氏之鐘, 霜淸日觀; 淬雷公之劍, 影動星津. 雲間分合璧之光, 海上運摩天之翅. 奪造化而雲雷噴湧, 役鬼神而風雨奔馳. 但思其食馬留肝, 徒云染指; 豈慮其烹魚去乙, 或致傷鱗.」

3. 《全唐詩》(695)

韋莊, 字端己, 杜陵人. 見素之後, 疎曠不拘小節. 乾寧元年第進士, 授校書郎, 轉補闕. 李詢爲兩川宣諭和協使, 辟爲判官. 以中原多故, 潛欲依王建. 建辟爲掌書記, 尋召爲起居舍人. 建表留之, 後相建爲僞平章事. 集二十卷, 今編詩五卷, 補遺一卷.

4.《唐才子傳》(10) 韋莊

莊, 字端己, 京兆, 杜陵人也. 少孤貧力學, 才敏過人. 莊應舉, 正黃巢犯闕, 兵火交作, 遂著〈秦婦吟〉, 有云:「内庫燒爲錦繡灰, 天街踏盡卻重回.」亂定, 公卿多訝之, 號爲「秦婦吟秀才」. 乾寧元年, 蘇檢榜進士. 釋褐校書郎. 李詢宣諭西川, 舉莊爲判官. 後王建辟爲掌書記. 尋徵起居郎, 建表留之. 及建開僞蜀, 莊託在腹心, 首預謀畫, 其郊廟之禮, 冊書赦令, 皆出莊手, 以功臣, 授吏部侍郎同平章事. 莊早嘗寇亂, 間關頓躓, 攜家來越中, 弟妹散居諸郡. 江西·湖南, 所在曾遊, 舉目有山河之異, 故於流離漂泛, 遇目緣情, 子期懷舊之辭, 王粲傷時之製, 或離羣軫慮, 或反袂興悲,〈四愁〉·〈九怨〉之文, 一咏一觴之作, 俱能感動人也. 莊自來成都, 尋得杜少陵所居浣花溪故址, 雖蕪沒已久, 而柱砥猶存, 遂誅茅重作草堂而居焉. 性儉, 秤薪而爨, 數米而炊, 達人鄙之. 弟藹, 撰莊詩爲《浣花集》六卷, 及莊嘗選杜甫·王維等五十二人詩爲《又玄集》, 以續姚合之《極玄》, 今並傳世.

159

<尋陸鴻漸不遇> ························· 僧 皎然

육홍점을 찾아갔으나 만나지 못함

이사 간 집 비록 성곽에 가깝다 하였지만,
그래도 거친 들길 뽕밭 삼밭을 지나야 하는 곳.
울타리 옆 가까이에 국화를 심었으나,
가을이 왔는데도 아직 꽃이 피지 않았구나.
문을 두르려도 개 짖는 소리조차 없어,
그냥 돌아서려다 서쪽 이웃에게 물었다네.
그의 말이 "산속으로 갔는데,
매번 해가 기울어야 돌아온답니다"라 하더라.

移家雖帶郭, 野徑入桑麻.
近種籬邊菊, 秋來未著花.
扣門無犬吠, 欲去問西家.
報道山中去, 歸來每日斜.

【陸鴻漸】 陸羽(733~?). 자는 鴻漸, 竟陵(지금의 湖北 天門) 사람으로 호는
竟陵子. 至德 연간에 난을 피하여 湖州(지금의 江蘇 湖州)로 갔다가 그곳에서

皎然과 忘年之交로 사귀며 스스로 호를 桑苧翁이라 하였음. 뒤에 태자 문학의 벼슬을 받았으나, 나가지 않고 江湖를 떠돌며 생을 마쳤음. 시에 뛰어났으며, 특히 차에 조예가 깊어 《茶經》을 지었고, '茶聖'으로 추앙되고 있음. 《新唐書》(196) 隱逸傳에 "陸羽, 字鴻漸, 復州竟陵人, 天寶中, 廬火門山. 上元初, 更隱苕溪. 自稱桑苧翁, 闔門著書, 或獨行野中. 貞元末, 卒. 羽嗜茶, 著經三篇"이라 함. 한편 《唐才子傳》(3)에는 "陸羽, 字鴻漸, 不知所生. 初, 竟陵 禪師智積得嬰兒於水濱, 育爲弟子. 及長, 恥從削髮, 以《易》自筮, 得〈蹇〉之 〈漸〉曰:「鴻漸於陸, 其羽可用爲儀.」始爲姓名. 有學, 愧一事不盡其妙. 性詼諧, 少年匿優人中, 撰《笑談》萬言. 天寶間, 署羽伶師, 後遁去. 古人謂「潔其行而 穢其迹」者也. 上元初, 結廬苕溪上, 閉門讀書. 名僧高士, 談讌終日. 貌寢, 口吃 而辯. 聞人善, 若在已, 與人期, 雖阻虎狼不避也. 自稱「桑苧翁」. 又號「東崗子」. 工古調歌詩. 興極閑雅, 著書甚多. 扁舟往來山寺, 唯紗巾藤鞋, 短褐犢鼻, 擊林木, 弄流水. 或行曠野中, 誦古詩, 裵回至月黑, 興盡慟哭而返. 當時以比 接輿也. 與皎然上人爲忘言之交. 有詔拜太子文學. 羽嗜茶, 造妙理, 著《茶經》 三卷, 言茶之原·之法·之具, 時號「茶仙」, 天下益知飲茶矣. 鬻茶家以瓷陶羽形, 祀爲神, 買十茶器, 得一鴻漸. 初, 御史大夫李季卿宣慰江南, 喜茶, 知羽, 召之, 羽野服挈具而入. 李曰:「陸君善茶, 天下所知; 揚子中泠水又殊絶. 今二妙千 載一遇, 山人不可輕失也.」茶畢, 命奴子與錢. 羽愧之, 更著《毁茶論》. 與皇甫 補闕善, 時鮑尙書防在越, 羽往依焉, 冉送以序曰:「君子究孔·釋之名理, 窮歌 詩之麗則. 遠峴孤嶋, 通舟必行; 魚梁釣磯, 隨意而往. 夫越地稱山水之鄉, 轅門當節鉞之重. 鮑侯, 知子愛子者, 將解衣推食, 豈徒嘗鏡水之魚, 宿耶溪之 月而已?」集倂《茶經》今傳"라 함.

【著花】꽃망울이 맺혀 꽃이 핌.

【無犬吠】개를 함께 데리고 갔음을 표현한 것.

[참고 및 관련 자료]

1. 皎然의 〈同李侍御萼李判官集陸處士羽新宅〉이라는 시가 있으며, 李萼은 大曆 8년부터 11년 湖州團練副使를 지냈으므로 본문 '移家'로 보아 이 시는 육우가 집을 새로 옮긴 직후에 쓰여진 것으로 보임.

2. 湖州 歸安縣에 지금도 桑苧翁 유적지가 있음.

3. 兪陛雲의 《詩境淺說》에 "此詩之蕭灑出塵, 有在章句之外, 非務爲高調者"라 함.

4. 韻脚은 麻·花·家·斜.

❀ 교연(皎然)

1. 唐나라 때의 유명한 승려이며 시인. 속명은 謝晝, 자는 清晝, 晝上人이라 부르기도 함. 吳興(지금의 江蘇 吳興) 사람으로 宋나라 謝靈運의 10세손. 佛家에 귀의하여 杼山에서 수업하며 靈徹, 陸羽 등과 함께 妙喜寺에서 수도함. 저산에 살아 문집을 《杼山集》이라 하였으며 그 외 시론 《晝公詩式》이 전함. 唐僧 福琳의 〈唐湖州杼山皎然傳〉에 "釋皎然, 名晝, 姓謝氏. 長城人, 康樂侯十世孫也"라 하였으며, 그의 文集은 자신이 쓴 《晝公詩式》 5卷이 《新唐書》(藝文志, 4)에 著錄되어 있으며 《詩評》 3卷도 역시 著錄되어 있음. 《宋史》(藝文志)에는 《詩議》 1卷이 著錄되어 있으며 《新唐書》(藝文志)에 따로 《皎然詩集》 10卷, 그리고 《郡齋讀書志》(卷4)에 《杼山集》 10卷, 《直齋書錄解題》에는 《吳興集》 1卷이 著錄되어 있음. 한편 《全唐詩》에는 皎然의 詩 7卷(815~821)이 실려 있고, 《全唐詩續拾》에 補詩 2首가 실려 있음.

2. 《唐詩紀事》(73)

○ 僧皎然, 姓謝, 字清晝, 吳興人, 靈運十世孫, 居杼山, 顏眞卿爲刺史, 集文士撰《韻海》, 皎然預其論著. 貞元中, 集賢院取其集藏之, 于頔爲序. ○ 嘗於舟中抒思, 作古體十數篇, 求合韋蘇州, 韋大不喜. 明日, 獻其舊製, 乃極稱賞云: 「師幾失聲名. 何不但以所工見投, 而猥希老夫之意?」 人各有所得, 非卒能至. 晝大服其鑒裁之精.

3. 《全唐詩》(815)

皎然, 名晝, 姓謝氏, 長城人, 靈運十世孫也. 居杼山, 文章儁麗, 顏眞卿·韋應物並重之, 與之酬倡. 貞元中, 敕寫其文集, 入於祕閣. 詩七卷.

4. 《唐才子傳》(4) 皎然上人

皎然, 字清晝, 吳興人. 俗姓謝, 宋靈運之十世孫也. 初入道, 肄業杼山, 與靈徹·陸羽同居妙喜寺. 羽於寺傍創亭, 以癸丑歲癸卯朔癸亥日落成, 湖州刺史顏眞卿, 名以「三癸」, 皎然賦詩, 時稱「三絶」. 眞卿嘗於郡齋集文士撰《韻海鏡源》, 預其論著, 至是, 聲價藉甚. 貞元中, 集賢御書院取《高僧集》, 得上人文十卷, 藏之,刺史于頔爲之序. 李端在匡嶽, 依止稱門生. 一時名公, 俱相友善, 題云「晝上人」是也. 時韋應物以古淡矯俗, 公嘗擬其格, 得數解爲贄, 韋心疑之. 明日, 又錄舊製以見, 始被領畧, 曰:「人各有長, 蓋自天分. 子而爲我, 失故步矣. 但以所詣自名可也.」公心服之. 往時住西林寺, 定餘多暇, 因撰序作詩體式, 兼古今人詩, 爲《晝公詩式》五卷, 及撰《詩評》三卷. 皆議論精當, 取舍從公, 整頓狂瀾, 出色〈騷〉·〈雅〉. 公性放逸, 不縛於常律. 初, 房太尉琯, 早歲隱終南峻壁之下, 往往聞湫中龍吟, 聲淸而靜, 滌人邪想. 時有僧潛憂三金以寫之, 惟銅酷似. 房公往來, 他日至山寺, 聞林嶺間有聲, 因命僧出其器, 歎曰:「此眞龍吟也.」大曆間, 有秦僧傳至桐江, 皎然憂銅椀效之, 以警深寂. 緇人有獻譏者, 公曰:「此達僧之事, 可以嬉禪. 爾曹胡凝滯於物, 而以瑣行自拘耶?」時人高之. 公外學超然, 詩興閒適, 居第一流·第二流不過也. 詩集十卷.

임동석(苗浦 林東錫)

慶北 榮州 上苗에서 출생. 忠北 丹陽 德尙골에서 성장. 丹陽初中 졸업. 京東高 서울
教大 國際大 建國大 대학원 졸업. 雨田 辛鎬烈 선생에게 漢學 배움. 臺灣 國立臺灣師範
大學 國文研究所(大學院) 博士班 졸업. 中華民國 國家文學博士(1983). 建國大學校
教授. 文科大學長 역임. 成均館大 延世大 高麗大 外國語大 서울대 등 大學院 강의.
韓國中國言語學會 中國語文學研究會 韓國中語中文學會 會長 역임. 저서에《朝鮮
譯學考》(中文)《中國學術槪論》《中韓對比語文論》. 편역서에《수레를 밀기 위해 내린
사람들》《栗谷先生詩文選》. 역서에《漢語音韻學講義》《廣開土王碑研究》《東北
民族源流》《龍鳳文化源流》《論語心得》〈漢語雙聲疊韻研究〉등 학술 논문 50여 편.

임동석중국사상100

당시삼백수 唐詩三百首

孫洙 編 / 林東錫 譯註
1판 1쇄 발행/2010년 12월 12일
2쇄 발행/2018년 1월 10일
발행인 고정일
발행처 동서문화사
창업 1956. 12. 12. 등록 16-3799
서울중구다산로12길6(신당동,4층) ☎546-0331~5 (FAX)545-0331
www.dongsuhbook.com
잘못 만들어진 책은 바꾸어 드립니다.

*

*
사업자등록번호 211-87-75330
ISBN 978-89-497-0638-2 04080
ISBN 978-89-497-0542-2 (세트)